W0317499

Alexandra Hildebrandt
Es geschah am Checkpoint Charlie

Alexandra Hildebrandt
It Happened at Checkpoint Charlie

Alexandra Hildebrandt
Cela s'est passé Checkpoint Charlie

gewidmet meinem verstorbenen Ehemann,
dem Gründer und langjährigen Leiter des
Mauermuseums – Museum Haus am Checkpoint Charlie

Dr. Rainer Hildebrandt
(14. Dezember 1914 – 9. Januar 2004)

dedicated to the memory of my late husband, founder and
long standing Director of the Museum at Checkpoint Charlie

Dr Rainer Hildebrandt
(14th December 1914 – 9th January 2004)

à la mémoire de feu mon époux,

le Dr Rainer Hildebrandt,
(14 décembre 1914 – 9 janvier 2004)

fondateur et longtemps directeur de
Mauermuseum – Museum Haus am Chackpoint Charlie

Impressum

Imprint

Notice

Autorin: Alexandra Hildebrandt
Titel: Es geschah am Checkpoint Charlie

Verlag Haus am Checkpoint Charlie, Berlin
Friedrichstr. 43–45, 10969 Berlin, Tel. 030.25 37 25-0,
Internet www.mauermuseum.de, E-Mail info@mauermuseum.de
Grafische Gestaltung: gamma.ray communication, Berlin, www.gamma-ray.net

Druck: dmp digital- und offsetdruck gmbh, Berlin
Printed in Germany

ISBN 978-3-922484-56-1

Inhaltsverzeichnis
Content
Sommaire

	Vorwort: Checkpoint Charlie heißt füreinander einstehen, heißt für Freiheit und Menschenrechte eintreten	**7**
	Preface: Checkpoint Charlie means commitment to peace, to human rights, to one another	12
	Avant-propos: Checkpoint Charlie est synonyme d'engagement les uns pour les autres, pour la liberté et les droits de l'homme	17
1	**Ende des Krieges, Teilung Deutschlands**	**22**
1	The end of the war and the division of Germany	27
1	Fin de la guerre et division de l'Allemagne	31
2	**Geschichte des Checkpoint Charlie**	**98**
2	History of Checkpoint Charlie	98
2	Histoire de Checkpoint Charlie	98
2.1	**Einrichtung eines Kontrollpunkts durch die US Army**	**101**
2.1	Construction of a checkpoint by the U.S. Army	101
2.1	Création d'un poste de contrôle par l'Armée américaine	101
2.2	**Erste Kontrollbaracke der Westalliierten, die erste Generation der Grenzübergangsstelle Friedrich-/Zimmerstraße der DDR**	**102**
2.2	The first checkpoint booth is built by the western allies; the first DDR (East German) border crossing point at Friedrichstraße/Zimmerstraße	102
2.2	Premier baraquement des alliés occidentaux, première génération du poste-frontière de la RDA Friedrichstrasse – Zimmerstrasse	102
2.3	**Zweite Generation des Kontrollpunkts der Westalliierten, die zweite und erweiterte Grenzübergangsstelle Friedrich-/Zimmerstraße der DDR**	**116**
2.3	The second generation western allied checkpoint; the second and extended DDR (East German) border crossing at Friedrichstraße/Zimmerstraße	116
2.3	Deuxième génération du poste de contrôle des alliés occidentaux – aménagement et élargissement du poste-frontière Friedrichstrasse – Zimmerstrasse de la RDA	116
2.4	**Dritte Generation des Kontrollpunkts der Westalliierten, die dritte Generation der Grenzübergangsstelle Friedrich-/Zimmerstraße der DDR**	**131**

2.4	The third generation western allied checkpoint, third generation DDR (East German) border crossing point at Friedrichstraße/Zimmerstraße	131
2.4	Troisième génération du poste de contrôle des alliés occidentaux, troisième génération du poste-frontière Friedrichstrasse – Zimmerstrasse de la RDA	131
2.5	**Vierte Generation des Kontrollpunkts der Westalliierten, die vierte Generation der Grenzübergangsstelle Friedrich-/Zimmerstraße der DDR**	**138**
2.5	The fourth generation western allied checkpoint, the fourth generation DDR (East German) border crossing at Friedrichstraße/Zimmerstraße	138
2.5	Quatrième génération du poste de contrôle des alliés occidentaux, quatrième génération du poste-frontière de la RDA Friedrichstrasse – Zimmerstrasse	138
2.6	**Der 9. November 1989**	**148**
2.6	November 9th 1989	148
2.6	Le 9 novembre 1989	148
2.7	**Abbau der alliierten Kontrollbaracke am 22. Juni 1990**	**156**
2.7	Dismantling of the allied checkpoint booth on June 22nd 1990	156
2.7	Démontage du baraquement de contrôle allié, le 22 juin 1990	156
2.8	**Checkpoint Charlie heute**	**167**
2.8	Checkpoint Charlie today	167
2.8	Checkpoint Charlie aujourd'hui	167
3	**Geschehnisse am Checkpoint Charlie**	**174**
3	Incidents at Checkpoint Charlie	174
3	Evénements survenus Checkpoint Charlie	174
3.1	**Der Volksaufstand vom 17. Juni 1953 in der DDR**	**175**
3.1	The DDR (East Germany) uprising of June 17th 1953	175
3.1	Le soulèvement populaire du 17 juin 1953 en RDA	175
3.2	**Beginn des Mauerbaus am 13. August 1961 und Panzeraufmarsch vom August 1961**	**181**
3.2	Starting to build the wall on August 13th, 1961 and the deployment of tanks in August 1961	181
3.2	Début de la construction du Mur, le 13 août 1961, et arrivée des blindés en août 1961	181
3.3	**Panzerkonfrontation vom Oktober 1961**	**198**
3.3	Tank standoff of October 1961	198
3.3	Face à face des blindés en octobre 1961	198
3.4	**Presspoint Berlin, das Mauermuseum – Museum Haus am Checkpoint Charlie**	**208**
3.4	Presspoint Berlin, the Wall Museum – the Museum at Checkpoint Charlie	208
3.4	Rendez-vous de la presse à Berlin, Mauermuseum - Museum Haus am Checkpoint Charlie	208
3.5	**Fluchten**	**214**
3.5	Escapes	214
3.5	Fuites	214

3.6	**Leben an der Grenze**	**259**
3.6	Life at the border	259
3.6	Vivre à proximité de la frontière	259
3.7	**Aktivisten**	**272**
3.7	Activists	272
3.7	Résistants	272
3.8	**Demonstrationen**	**279**
3.8	Demonstrations	279
3.8	Manifestations	279
3.9	**Künstler**	**292**
3.9	Artists	292
3.9	Artistes	292
4	**Politiker und Persönlichkeiten am Checkpoint Charlie**	**302**
4	Politicians and personalities at Checkpoint Charlie	302
4	Personnalités politiques et de la vie publique Checkpoint Charlie	302
5	**Internationaler Menschenrechtspreis „Dr. Rainer-Hildebrandt-Medaille"**	**346**
5	International human rights award Dr Rainer Hildebrandt Medal	354
5	Prix international des droits de l'homme «Médaille Dr Rainer Hildebrandt»	361
6	**Gedenkstätte „Sie wollten nur die Freiheit" am Checkpoint Charlie**	**380**
6	Memorial "All they wanted was Freedom" at Checkpoint Charlie	382
6	Mémorial de Checkpoint Charlie «Ils ne voulaient que la liberté»	384
7	**Anhang** | Appendix | Annexe	**404**
7.1	**Verzeichnis der Abkürzungen**	**405**
7.1	Directory of abbreviations	405
7.1	Répertoire des abréviations	405
7.2	**Personenregister**	**408**
7.2	Index	408
7.2	Index des noms de personnes	408
7.3	**Bildnachweis**	**415**
7.3	Picture credits	415
7.3	Crédits photographiques	415
7.4	**Publikationen des Verlages Haus am Checkpoint Charlie**	**417**
7.4	Publications of the publishers Haus am Checkpoint Charlie	417
7.4	Publication des éditions Haus am Checkpoint Charlie	417
7.5	**Mauermuseum – Museum Haus am Checkpoint Charlie**	**421**
7.5	Mauermuseum – Museum Haus am Checkpoint Charlie	421
7.5	Mauermuseum – Museum Haus am Checkpoint Charlie	421
8	**Klaus Lehnartz: Nachwort** | Postscript | Postface	**422**

We want
ALLIED
CHECK POINT

Vorwort
Checkpoint Charlie heißt füreinander einstehen, heißt für Freiheit und Menschenrechte eintreten

Wenn man von einem Besuch des Roten Platzes erzählt, weiß jeder, dass dieser Platz sich in Moskau befindet. Wenn man vom Platz des Himmlischen Friedens berichtet, weiß jeder, dass dieser Platz in Peking ist. Wenn man sagt, „ich war am Checkpoint Charlie", bedeutet das, ich war in Berlin.
Die Aufzählung der Prominenten, die den Checkpoint Charlie seit dem Bau der Mauer bis heute besucht haben, würde im Kalender Berlins wichtige Ereignisse an allen Tagen des Jahres bedeuten. Prominente Persönlichkeiten kamen bei ihrem Berlin-Besuch zum Checkpoint Charlie, um der Opfer zu gedenken und den Einsatz der Alliierten für die Freiheit Berlins zu würdigen, um hier Geschichte einzuatmen und um nachzudenken.

Óscar Arias Sánchez, James A. Baker, Silvio Berlusconi, Elena Bonner, Lucius D. Clay, Chelsea Clinton, Kevin Costner, Farah Diba, Roland Dumas, Sarah Ferguson, Prinz Frederick, Ela Gandhi, Michail Gorbatschow, Richard Hambleton, Keith Haring, Douglas R. Hurd, Eugène Ionesco, Philip Johnson, König Karl XVI. Gustav und Königin Silvia, John F. Kennedy, Robert F. Kennedy, Jiří Kolář, Lew Kopelew, Sergej Kowaljow, Åase Lionaes, Roger Moore, Richard M. Nixon, Lew Nussberg, Ronald W. Reagan, Mstislaw Rostropowitsch, Eduard Schewardnadse, Sylvester Stallone, John Steinbeck, Andrzej Wajda, Lech Walesa und viele andere waren hier.

Fragt ein Journalist oder ein Besucher unseres Museums nach der Bedeutung des Checkpoint Charlie, hören wir zugleich in seiner Frage schon die Antwort, und seine Augen erwarten nur die Bestätigung.

Nach dem Ende des Zweiten Weltkrieges wurde das besiegte Deutschland in vier Zonen und Berlin in vier Sektoren geteilt: der amerikanische, der britische, der französische und der sowjetische.

Am 13. August 1961 machte die DDR ihre Grenzen dicht, sie baute die Mauer. Die Welt schaute auf eine geteilte Stadt, wo sich die Siegermächte und die beiden Deutschlands gegenüberstanden. Der Checkpoint Charlie, Grenzübergang für Ausländer und Diplomaten, wurde zum Epizentrum dieser

Konfrontation, und die alliierte Kontrollbaracke, die am 22. September 1961 aufgebaut wurde, markierte ihn.

Mit der Teilung der Friedrichstraße am Checkpoint Charlie entstand eine Sackgasse. Mehrere Geschäfte und auch Gaststätten wurden nach und nach geschlossen. Nur einige wenige versuchten durchzuhalten, darunter auch das „Café Köln" im letzten rechten Haus vor der Grenze.

Seit dem Bau der Mauer hatte das Café kaum noch Gäste außer Fotografen und Journalisten. Die Reporter wollten die Ereignisse am Checkpoint Charlie nicht verpassen und haben sich deshalb täglich stundenlang im Café Köln aufgehalten. Hier konnten sie im Warmen sitzen und brauchten ihr Leben nicht zu riskieren. Für diese Möglichkeit war die Presse sehr dankbar, nachdem im Haus gegenüber, das nach dem Ende des Krieges noch lange als Ruine stand, ein Fotograf bei Aufnahmen gestürzt war und sich schwer verletzt hatte.

Im Dezember 1962 zog Dr. Rainer Hildebrandt, der Gründer des Mauermuseums – Museum Haus am Checkpoint Charlie, in die Räume des „Café Köln", das zu diesem Zeitpunkt auch aufgeben musste. Dort baute er mit ehemaligen politischen DDR-Häftlingen und West-Berliner Studenten eine Ausstellung über „DIE MAUER" auf. Der hilfreiche kurzzeitige Vormieter, eine Fernsehgesellschaft, behielt sich das Recht vor, zu jeder Stunde, bei Tag oder Nacht, Einlass zu erhalten, um durch Fenster und eigens geschaffene Hauswandlöcher filmen zu können.

Zwei Ereignisse beeinflussten noch über Jahre das tägliche Leben an dem Grenzübergang in der Stadtmitte Berlins: die Panzerkonfrontation und der Tod des Flüchtlings Peter Fechter.

In der vierten Oktoberwoche 1961 hatten die Kontrollposten der DDR (die Sowjets traten nicht in Erscheinung) die zivilen Fahrzeuge der westlichen Militärverwaltung gestoppt und zur Bedingung der Weiterfahrt gemacht, dass die Insassen ihre Ausweise zeigten. Der Status Berlins implizierte jedoch, dass Angehörige der Militärverwaltung, ebenso der sowjetischen, unkontrolliert in den jeweils anderen Stadtteil gelangen könnten. Eine so gravierende Verletzung des Status von Berlin wollten die Schutzmächte nicht hinnehmen.

Die USA fuhren schwere Panzer auf, und zwar bis an die Grenzlinie. Ein Zivilfahrzeug der Militärverwaltung – darin ein hoher US-Offizier – versuchte einzufahren. Noch ehe das Stoppen der DDR-Grenzposten wirksam werden konnte, hatten sechs GIs mit gezogenem Bajonett den Pkw ihres Vorgesetzten eingekreist und die unkontrollierte Einfahrt erzwungen. Eine Woche lang, etwa jede dritte Stunde, mussten die DDR-Grenzposten es sich gefallen lassen, dass die Amerikaner ein fundamentales Recht der Alliierten verteidigten. Dies auch bei der Ausfahrt. Wurde der Pkw gestoppt, fuhren die GIs ein und umkreisten den Pkw und sicherten seine unkontrollierte Rückkehr. Als nun sowjetische Panzer erschienen, sahen sich die Schutzmächte in dem Verdacht bestätigt, dass Moskau die Verantwortung für den Status der Stadt nicht an die DDR abgetreten hatte, wiewohl seit dem 13. August 1961 DDR-Truppen vertragswidrig in Ost-Berlin standen.

Um auch weiterhin das Recht des unkontrollierten Zuganges nach Ost-Berlin deutlich zu machen, gingen oder fuhren von nun an regelmäßig die Angehörigen der Schutzmächte nach Ost-Berlin, bei Tag und bei Nacht. Einzelne zur Flucht entschlossene DDR-Bürger nutzten dies und versuchten mit selbstgeschneiderten Uniformen zu flüchten. Den Fluchthelfern in West-Berlin kam es nun darauf an, möglichst echte Uniformstücke zu erhalten. Gefährlich war, wenn die Flüchtlinge nicht wussten, dass die Angehörigen der Schutzmächte den Befehl hatten, die DDR-Grenzer zu ignorieren, sie „wie Luft" zu behandeln und nicht zu grüßen.

Auch einige der DDR-Grenzer flüchteten am Checkpoint Charlie in die Freiheit. In den ersten beiden Jahren nach dem Bau der Mauer war das einfacher, weil die Posten noch direkt am weißen Grenzstrich standen, nur einen Meter entfernt vom Eingang zu einer der ältesten Apotheken von West-Berlin, an deren Stelle sich heute das „Café Adler" befindet. Später durften sich die DDR-Grenzer dem weißen Grenzstrich nur noch bis auf 30 Meter nähern.

Weil Fluchthilfe mit gefälschten Pässen wegen „Urkundenfälschung" auch von westlichen Gerichten bestraft wurde, schleuste Albert Schütz, von Beruf Gastwirt, mit Phantasiepässen. Statt „Corps Diplomatique" war „CONFEDERATION DIPLOMATIQUE" auf dem Pass zu lesen. Oder er dachte sich Pässe der Vereinten Nationen aus. Die damit Reisenden wurden besonders höflich behandelt, war doch die DDR bestrebt, in die UNO aufgenommen zu werden. Versagte eine Fluchtmethode – etwa 1.200 Flüchtlinge kamen in den ersten beiden Mauerjahren über den Ostkontrollpunkt Friedrich-/Zimmerstraße zum Checkpoint Charlie –, erkannte man daran die ständige Anwesenheit von Stasispitzeln. In dieser Zeit wuchs aber auch der Zusammenhalt derer, die einander kannten und vertrauten.

Der Tod des 18jährigen Flüchtlings Peter Fechter am 17. August 1962, der am letzten Grenzhindernis von einer Kugel getroffen wurde, erschütterte die Welt. Bis endlich nach 50 Minuten das Bergungskommando eintraf, sammelten sich diesseits der Mauer Verzweifelte und Protestierende. Polizisten wagten es, auf die Mauer zu klettern und dem an der Mauer Liegenden blutstillende Verbandspäckchen zuzuwerfen. In dieser Nacht und in den folgenden zwei Jahren musste an jeder Wiederkehr des 13. August und des 17. August die Mauer von West-Berliner Polizei beschützt werden. Die Demonstrationszüge, die nachmittags aus allen Teilen West-Berlins mit Sprechchören „Die Mauer muss weg!" kamen, hatten den Checkpoint Charlie zu ihrem Ziel, und schon an der Kochstraße musste die Straße durch gestaffelte Polizeiketten abgesperrt werden.

Als US-Sergeant Pool, der in der Kontrollbaracke des Checkpoint Charlie seit 1963 Dienst tat, vom Tode Peter Fechters berichtet wurde, sagte er: „Mir dürfte das nicht passieren. Ich würde meinen Helm aufsetzen und mir den Jungen holen."

Als ob ein guter Geist es gehört hätte, wurde er gerufen, als der 20jährige Flüchtling Michael Meyer am 13. September 1964 verletzt an der Mauer lag, bedroht von Maschinenpistolen. Pool erkletterte die Mauer und rief: „Der Junge gehört uns!", warf ihm ein Seil zu und rettete ihn.

Geradezu schlagartig hatten die Massendemonstrationen 1965 aufgehört. Die tiefere Ursache veranschaulichte ein Berlin-Besucher – vielleicht ein Politologe oder Soziologe –, indem er auf dem weißen Grenzstrich balancierte. Er wollte das „weltgeschichtliche Gleichgewicht der Kräfte" nachempfinden, auch „Gleichgewicht des Friedens" und ebenso „Gleichgewicht des Schreckens" genannt. Die „Zementierung der Teilung" und die beginnende Studentenrevolte schufen neue politische Schwerpunkte und führten zu einem Sich-Abfinden mit der Teilung. Aber für Einzeldemonstranten blieb der Checkpoint Charlie das ideale Forum. Hier wurde für die Einheit Europas, für die Freiheit für politische Häftlinge, für die Zusammenführung von Familien und gegen die Mauer demonstriert.

Für den US-Bürger John Runnings war der Checkpoint Charlie die geeignetste Stelle, gegen die Mauer zu demonstrieren: Er spazierte auf ihr entlang und schlug ein Stück aus der Rohrauflage heraus. Die häufigsten Demonstrationen Einzelner galten jedoch Angehörigen, die in der DDR verhaftet worden waren oder deren Aussiedlung viele Jahre verweigert wurde. Einer der Demonstranten erhielt in der Cafeteria des Mauermuseums – Museum Haus am Checkpoint Charlie einen Anruf seiner Angehörigen: „Ich bin beim Staatssicherheitsdienst und verhandle. Du musst sofort verschwinden vom Checkpoint Charlie. Dann werde ich in wenigen Tagen ausgesiedelt."

Zu den gelungenen Fluchten gehört die von drei jungen Leuten, alle unter zwanzig. Einer arbeitete in einem Grenzhaus einer Elektrizitätsgesellschaft, nur 50 Meter vom Übergang entfernt. Die zur Mauer gerichteten Räume waren plombiert, aber der Schlüssel zu den Türen hing in der Portierloge. Mit Hammer, Schaufel und Messer hatten sie in den Weihnachts- und Neujahrstagen 1971/72 einen Tunnel gebaut und sogar Tagebuch geführt.

Der lauteste Grenzdurchbruch geschah 1986, als ein mit Sand beladener Lastwagen gewaltsam durchfuhr. Er war besetzt mit drei Personen: dem Fahrer, seiner Lebensgefährtin und dem Kind. Ohne Tempoverlust wurden der erste

Schlagbaum und zwei weitere Sperren durchbrochen. Eine Automatik setzte das letzte Hindernis – ein massives Eisentor – in Bewegung. Aber es war gerade noch möglich durchzukommen.

Der Checkpoint Charlie erinnert auch an die originellste Flucht. Einem DDR-Bürger war es gelungen, unbemerkt die letzte Kontrollstelle zu erreichen. Er sei Österreicher, sagte er außer Atem zu dem Posten. Soeben habe er ein Telegramm erhalten, seine Mutter in West-Berlin würde im Sterben liegen. Vor Aufregung habe er seinen Pass vergessen. Der Kontrolleur holte einen anderen herbei und ging dann selbst ins Kontrollhaus, um sich dort zu erkundigen. Dem neuen Kontrolleur und Bewacher erzählte der „Österreicher" nun dieselbe Geschichte, nur dass seine sterbende Mutter in Ost-Berlin sei. „Glauben Sie, dass man mich durchlässt, ohne Pass?" Die Antwort war pessimistisch. „Ich wohne ganz in der Nähe, dann will ich lieber noch einmal zurück und meinen Pass holen", sagte er und war in West-Berlin.

Heute fühlt sich jeder am Checkpoint Charlie zu Hause. So bewegen sich Menschen an einem Ort, auf den sie stolz sind. So setzen sich Menschen ein für eine Geschichte, die sie auch als ihre eigene Geschichte betrachten. Die Amerikaner, Briten und Franzosen erinnern sich an jene Zeiten, als sie hier für die Freiheit Berlins einstanden. Die Bürger der osteuropäischen Länder denken am Checkpoint Charlie an das Ende der Mauer und des Eisernen Vorhangs und daran, mit welchen Opfern die Freiheit erkämpft wurde. Menschen, die heute noch in geteilten Ländern leben, in Israel, Palästina, Nord- und Südkorea, Irland, Zypern, träumen von einem friedlichen Zusammenleben. Und für alle ist der Checkpoint Charlie ein Ort der Freiheit und ein Ort, wo Weltgeschichte sich manifestiert.

Preface
Checkpoint Charlie means commitment to peace, to human rights, to one another.

When people mention their visit to Red Square, everyone knows the Square is in Moscow. When talk is of Tiananmen Square, everyone knows it is in Beijing. If someone says "I was at Checkpoint Charlie" it means they were in Berlin.
The list of celebrities that have visited Checkpoint Charlie since the fall of the Wall is long and illustrious. Many famous personages have sought out the Checkpoint during their visit to Berlin. They have come here to ponder, to steep themselves in history and to honour both the victims and the Allied commitment to the freedom of Berlin. All the following people were here, and many others besides:

Óscar Arias Sánchez, James A. Baker, Silvio Berlusconi, Elena Bonner, Lucius D. Clay, Chelsea Clinton, Kevin Costner, Farah Diba, Roland Dumas, Sarah Ferguson, Prince Frederick, Ela Gandhi, Mikhail Gorbachev, Richard Hambleton, Keith Haring, Douglas Hurd, Eugène Ionesco, Philip Johnson, King Karl XVI Gustav and Queen Silvia, John F. Kennedy, Robert F. Kennedy, Jiří Kolář, Lev Kopelev, Sergei Kovalyov, Åase Lionaes, Roger Moore, Richard M. Nixon, Lev Nussberg, Ronald Reagan, Mstislav Rostropovich, Eduard Shevardnadze, Sylvester Stallone, John Steinbeck, Andrzej Wajda, Lech Walesa.

Journalists and visitors to our museum ask about the significance of Checkpoint Charlie. Yet their question already implies the answer, and their eyes only await confirmation.

The end of the Second World War saw a conquered Germany split into four zones and Berlin divided into four sectors – an American, a British, a French and a Soviet.

On 13th August 1961 the GDR closed its borders and built the Wall. The eyes of the world were focussed on a divided city where the victorious powers faced each other off and the two Germanies confronted each other. Checkpoint Charlie, border crossing for foreigners and diplomats, became the epicentre of this confrontation, its physical representation the Allied control post, built on 22nd September 1961.

The division of Friedrichstrasse at Checkpoint Charlie produced a dead-end street. Shops and restaurants gradually began to close down. Only a few establishments endeavoured to stay open. One of them was the Café Köln located in the last building on the right before the border.

After the Wall went up the café's clientele dwindled to photographers and journalists. The reporters were loath to miss anything that happened at Checkpoint Charlie and whiled away many hours of every day at the Café Köln. It was a warm place to sit and they were not putting their lives on the line. The press was glad to have such a place at their disposal. In the building opposite, which had been a ruin since the end of the war, a photographer had been badly injured in a fall while taking pictures.

In December 1962 Dr Rainer Hildebrandt, founder of the Museum Haus am Checkpoint Charlie Wall Museum, moved into the premises of the Café Köln, which at the same time was forced to shut down. Together with former political prisoners from the GDR and students from West Berlin he mounted an exhibition entitled "THE WALL". The previous, short-term tenant, a helpful TV station, retained the right to enter the building at any time of the day or night so that it could film through the windows and through holes that it had made in the wall of the building for that purpose.

Over the course of the years two events were to influence daily life at the border crossing point in the heart of Berlin: the face-off between tanks and the death of the refugee Peter Fechter.

In the fourth week of October 1961 the GDR control posts (the Soviets remained in the background) halted the civilian vehicles of the western military administration and made it a condition of their continued passage that they show their ID. Yet Berlin's status implied that members of the military administration, including the Soviet administration, were entitled to patrol in the respective other half of the city. The protecting powers were not prepared to accept this violation of the status of Berlin.

The US brought up armoured tanks and stationed them at the border. A civilian vehicle from the military administration, containing a high-ranking US officer, then attempted to drive over the border. But before the GDR border post could halt the vehicle six GIs with drawn bayonets had surrounded their superior officer's car and forced their way over the border. Approximately every three hours for the next week the GDR control post had to stand by as the Americans asserted a fundamental right of the Allied powers. The same procedure was repeated when the US car left the Soviet sector. If the car was stopped the GIs drove over the border, encircled the car and escorted it back to the American sector. When the Soviet tanks arrived on the scene it amounted to confirmation that Moscow had not turned over responsibility for the status of the city to the GDR, just as the GDR in its turn had violated the Allied agreement by stationing troops in East Berlin since 13th August 1961.

In order to underscore their right to unchecked access to East Berlin members of the protecting powers continued to make regular sorties into East Berlin, day and night. A few GDR citizens intent on escaping exploited this situation and tried to flee the sector wearing homemade uniforms. Those West Berliners who had taken it upon themselves to assist escapees in their attempts now had to do all they could to obtain genuine items of uniform. The situation was made more dangerous when prospective refugees were unaware that the protecting powers were under orders to ignore the GDR border guards, to act as if they were not there and to refrain from greeting them.

GDR border guards were among those who fled to freedom at Checkpoint Charlie. In the first two years after the construction of the Wall this was easier to do because the guards were posted directly on the white line of the border, just one metre from the entrance to one of the oldest chemist's in West Berlin, the site of today's Café Adler. In later years GDR border guards were prohibited from going within 30 metres of the white line.

Since assisting escapes using falsified ID – or "forged documents" – was also considered an offence in western courts Albert Schütz, a restaurant owner by trade, used made-up ID cards to help escapees. Instead of "Corps Diplomatique" they printed the words "CONFEDERATION DIPLOMATIQUE" on the document. Or he invented United Nations ID documents. Refugees travelling on these documents were treated with special politeness; after all, the GDR was intent on being granted membership of the UN. Whenever an escape method was foiled – in the first two years after the Wall was built approximately 1,200 people escaped to Checkpoint Charlie via the east control post at Friedrichstrasse / Zimmerstrasse – people were reminded of the constant presence of Stasi spies. Yet at the same time the solidarity felt between people who knew and trusted each was growing.

The death on 17th August 1962 of 18-year-old Peter Fechter, who had succeeded in climbing the last obstacle, the Wall itself, before he fell back, shot in the lung, sent shock waves around the world. By the time the retrieval team arrived on the scene, 50 minutes after the incident, a crowd of desperate protestors had gathered on this side of the Wall. Policemen dared to climb onto the Wall and throw dressings and bandages down to the man lying at its foot. That night, and on each 13th and 17th of August for the next two years, the West Berlin police found it necessary to protect the Wall from protesters. The demonstrations that originated in different parts of West Berlin, their participants shouting slogans such as "Down with the Wall!", all had Checkpoint Charlie as their intended destination and had to be prevented by ranks of police from getting further than Kochstrasse.

On hearing of the death of Peter Fechter, US Sergeant Pool, who began duties at the Checkpoint Charlie control post in 1963, declared: "If I'd been there it wouldn't have happened. I would've put my helmet on and gone and got the boy."

And sure enough he was the soldier called when 20-year-old Michael Meyer lay wounded at the foot of the Wall on 13th September 1964, menaced by machine pistols. Pool climbed up on the Wall, shouted out "The boy belongs to us!", threw him a rope and rescued him.

In 1965 the mass demonstrations suddenly ceased. One Berlin visitor, possibly a political scientist or sociologist, expressed a profound reason for this in his own way by performing a balancing act on the white line marking the border. His motive: to coin a way of truly grasping this historically important "balance of Powers" – also referred to as a "balance of peace" or a "balance of terror". The "cementing of the split" and the gathering student revolts of the time gave people new political issues to focus on and led them to resign themselves to the fact of the division. For some individuals, however, Checkpoint Charlie remained the ideal forum for their protest. It was here that demonstrations were held against the Wall and in support of European unity, freedom for political prisoners and the reuniting of families.

For the US citizen John Runnings Checkpoint Charlie was the perfect place to demonstrate against the Wall. He did so by walking along the top of the wall and breaking off a piece of the piping that formed its crown. But most individual protesters were demonstrating in support of relatives who had been arrested in the GDR or who been denied exit permits for years. One such demonstrator received a telephone call from his relative as he sat in the cafeteria of the Museum Haus am Checkpoint Charlie Wall Museum: "I'm negotiating with the State Security service at this very moment. You've got to leave Checkpoint Charlie at once. If you do that I'll have my exit papers in a few days."

The successful escape attempts included one made by three young people, all under 20 years of age. One of them worked for an electricity company in a building directly adjacent to the border, just 50 metres from the Checkpoint. The rooms giving onto the Wall had been sealed off, but the key to the doors hung in the porter's lodge. Over Christmas and New Year 1971/72 they dug a tunnel using hammers, shovels and knives. They even kept a diary of their activities.

The loudest break-out occurred in 1986 when a lorry loaded with sand and carrying three people – the driver, his partner and their child - burst through the control post. They crashed their vehicle through the first barrier and two others obstacles without losing speed. This triggered the automatic closing of the last hindrance – a solid iron gate – but it was too slow to prevent them getting through.

Checkpoint Charlie also witnessed one of the most original escape bids. A GDR citizen managed to reach the final control point without his ID being checked. There he stammered breathlessly to the border officials that he was Austrian and had just received a telegram saying that his mother in West Berlin was on the point of death. In the excitement he'd forgotten his passport. The official fetched a colleague and then went back into the control post building to get advice. The "Austrian" now told the colleague the same story, with one small difference: his dying mother was in East Berlin. "Do you think they'll let me in without a passport?" The colleague was pessimistic. "I don't live far away. I think I'll nip back and get my passport," said the man and walked into West Berlin.

Today everybody feels at home at Checkpoint Charlie. They feel at ease here because it is a place they are proud of. The story of Checkpoint Charlie captures the imagination of people, who see it as a reflection of their own stories. The Americans, the British and the French are reminded of the time when they stood firm in support of the freedom of Berlin. When citizens of east European countries visit Checkpoint Charlie they think of the collapse of the Wall and the Iron Curtain and the sacrifices made by countless individuals along the long road to liberty. People who live in countries still divided – Israel, Palestine, North and South Korea, Ireland, Cyprus – dream of a time when they will live together in peace. For all these people Checkpoint Charlie symbolizes freedom, a place where world history has left its stamp.

Avant-propos
Checkpoint Charlie est synonyme d'engagement les uns pour les autres, pour la liberté et les droits de l'homme

Certains lieux ont un pouvoir emblématique puissant: la Place Rouge veut dire Moscou, la place de la Paix Céleste renvoie à Pékin et lorsque l'on dit «Je suis allé Checkpoint Charlie», chacun sait qu'il s'agit de Berlin.
La chronique des visites qu'y ont faites les personnalités de ce monde depuis la construction du Mur est en fait un agenda des événements qui ont marqué la vie de Berlin, jour après jour. Pendant leur déplacement à Berlin, ces hommes ont tenu à se rendre Checkpoint Charlie pour rendre hommage à la mémoire des victimes, à l'engagement des alliés pour la liberté de Berlin, pour se sentir au contact de l'histoire en train de se faire et réfléchir à tout ce qui agite le monde.

Óscar Arias Sánchez, James A. Baker, Silvio Berlusconi, Elena Bonner, Lucius D. Clay, Chelsea Clinton, Kevin Costner, Farah Diba, Roland Dumas, Sarah Ferguson, le prince Frederick, Ela Gandhi, Mikhail Gorbatchev, Richard Hambleton, Keith Haring, Douglas R. Hurd, Eugène Ionesco, Philip Johnson, le roi Karl XVI Gustav et la reine Silvia, John F. Kennedy, Robert Kennedy, Jiří Kolář, Liev Kopelev, Sergueï Kovalev, Åase Lionaes, Roger Moore, Richard M. Nixon, Liev Nussberg, Ronald W. Reagan, Mstislav Rostropovitch, Edouard Chevardnadze, Sylvester Stallone, John Steinbeck, Andrzej Wajda, Lech Walesa et de nombreux autres sont venus ici.

Aussi n'est-ce qu'une question rhétorique lorsqu'un journaliste demande quelle a été l'importance de Checkpoint Charlie: la réponse est déjà dans la question et celui qui la pose n'attend qu'une confirmation.

A la fin de la Seconde Guerre mondiale, l'Allemagne vaincue a été divisée en quatre zones et Berlin en quatre secteurs, répartis entre les Américains, les Britanniques, les Français et les Soviétiques.

Le 13 août 1961, la RDA a fermé hermétiquement ses frontières et a entrepris la construction du Mur. Le monde entier retenait son souffle, les yeux braqués sur la ville divisé où se faisaient face à face les puissances victorieuses et les deux Allemagnes. Checkpoint Charlie, point de passage pour les ressortissants non allemands et les diplomates, devint l'épicentre de cette confrontation, avec pour point de réfraction le baraquement de contrôle allié installé le 22 septembre 1961.

La coupure de la rue Friedrichstrasse à la hauteur de Checkpoint Charlie faisait de cette voie de circulation un cul-de-sac. Les uns après les autres, les restaurants et les magasins ont fermé, à l'exception de quelques-uns qui cherchaient désespérément à survivre. C'était le cas du «Café Köln» dans le dernier bâtiment, à droite avant la frontière.

Après la construction du Mur, les photographes et les journalistes étaient pratiquement les seuls à le fréquenter. Les reporters ne voulaient à aucun prix manquer le scoop Checkpoint Charlie et attendaient ainsi des heures durant au Café Köln où ils étaient protégés des intempéries et, surtout, n'avaient pas à risquer leur vie. C'était quelque chose d'appréciable dans la mesure où un photographe qui s'était installé dans l'immeuble d'en face, en ruine depuis la fin des hostilités, était tombé et s'était blessé grièvement.

En décembre 1962, le Dr Rainer Hildebrandt, fondateur de Mauermuseum – Museum am Checkpoint Charlie, s'est établi dans les locaux du «Café Köln» qui, lui aussi, avait renoncé à cette date. Avec l'aide d'anciens détenus politiques de RDA et d'étudiants de Berlin-Ouest, il y a monté une exposition sur «LE MUR». La société de télévision qui avait loué les locaux quelques mois plus tôt, se réservait le droit de venir n'importe quand, de jour comme de nuit pour pouvoir saisir l'image par les fenêtres et plusieurs orifices pratiqués dans la façade.

Deux grands événements sont venus marquer le quotidien au poste-frontière du centre de Berlin: le face à face des blindés et la mort du fugitif Peter Fechter.

La quatrième semaine d'octobre 1961, les gardes-frontière de RDA se mirent à stopper les véhicules civils des gouvernements militaires occidentaux de Berlin et exigé des occupants, pour qu'ils poursuivent leur route, qu'ils montrent leurs papiers militaires. Ils le faisaient seuls, en l'absence des Soviétiques. Le statut de Berlin était clair sur ce point, les personnels des gouvernements militaires, même les Soviétiques, avaient accès sans contrôle à toutes les parties de la ville. Les puissances protectrices décidèrent de ne pas accepter une violation aussi grave du statut de Berlin.

Les Américains firent avancer des blindés lourds jusqu'à la ligne matérialisant la frontière, après quoi un véhicule civil du gouvernement militaire américain avec un officier embarqué, tenta de poursuivre sa route. Avant même que les gardes-frontière de RDA aient pu intervenir, six soldats américains, baïonnette au canon, entouraient la voiture et imposaient la poursuite du déplacement, sans contrôle. Pendant une semaine, à raison d'une fois toutes les trois heures environ, les gardes-frontière de RDA ont dû assister impuissant à la mise en œuvre des droits fondamentaux des alliés par les Américains. La procédure était identique pour regagner Berlin-Ouest. Lorsque les gardes-frontière essayaient de stopper le véhicule, les soldats américains accouraient, entouraient la voiture, et forçaient la sortie, sans contrôle. Lorsque des blindés soviétiques arrièrent et prirent position eux aussi, les puissances protectrices ont vu se confirmer leurs suppositions, à savoir que Moscou n'avait pas cédé la haute main sur le statut de Berlin à la RDA, même si des troupes de RDA étaient déployées à Berlin-Est depuis le 13 août 1961, en violation du statut.

Pour faire valoir le droit d'accéder à Berlin-Est sans être contrôlés, les personnels des puissances protectrices se rendirent alors régulièrement à Berlin-Est, de jour comme de nuit. Plusieurs ressortissants de la RDA, bien résolus à fuir, ont profité de cet état de choses et ont tenté de passer avec des uniformes de leur confection. Les passeurs à Berlin-Ouest étaient vivement intéressés par les parties d'uniformes d'origine. La situation devenait périlleuse pour les fugitifs lorsqu'ils ne savaient pas que les personnels des puissances protectrices avaient pour ordre d'ignorer totalement les gardes-frontière de RDA et de les considérer «comme du vent», c'est-à-dire de ne saluer en aucun cas.

Plusieurs gardes-frontière de RDA ont eux aussi pris la fuite par Checkpoint Charlie. Durant les deux premières années après la construction du mur, les choses étaient relativement faciles parce que les soldats de faction ne prenaient pas place immédiatement sur la ligne matérialisant la frontière, mais à un mètre environ en retrait, à la hauteur de l'entrée de l'une des plus anciennes pharmacies de Berlin-Ouest, aujourd'hui «Café Adler». Par la suite, les gardes-frontière de RDA durent se tenir à une trentaine de mètres en arrière de la ligne.

Les tribunaux occidentaux punissaient eux aussi les fugitifs et les passeurs utilisant des passeports de leur confection pour «faux en écritures authentiques», aussi le restaurateur Albert Schütz eut l'idée de composer des documents fantaisistes pour ne pas tomber sous le coup de la loi. Ces passeports de complaisance ne portaient pas la mention «Corps Diplomatique» mais «CONFÉDÉRATION DIPLOMATIQUE» ou encore passeport des Nations Unies. Ceux qui exhibaient ces documents étaient traités avec infiniment de respect car la RDA rêvait d'être admise à l'ONU. De l'Ouest, on pouvait identifier l'échec d'une filière au fait que les espions de la Stasi étaient sur place pendant des heures. Il n'en reste pas moins qu'environ 1.200 personnes ont réussi à fuir par le poste de contrôle Friedrichstrasse – Zimmerstrasse de Berlin-Est. A cette époque se sont établis des liens très forts pour l'action commune entre ceux qui se connaissaient et s'entraidaient.

La mort du jeune fugitif Peter Fechter, le 17 août 1962, atteint d'une balle alors qu'il voulait franchir le dernier obstacle, a mis le monde en émoi. Pendant les 50 minutes qui s'écoulèrent avant l'arrivé du commando de sauvetage, un grand attroupement se forma à l'Ouest. La clameur était vive de tous ceux qui assistaient impuissants à ce cauchemar. Plusieurs policiers grimpèrent sur le mur pour lancer en direction du blessé qui perdait son sang des pansements pour arrêter l'hémorragie. Pendant toute la nuit et durant les deux années qui suivirent, la police de Berlin-Ouest dut barrer les approches du mur, chaque 13 août et 17 août. L'après-midi de ces journées, des cortèges de manifestants scandant «A bas le Mur!» se formaient à Berlin-Ouest et se dirigeaient vers Checkpoint Charlie. L'accès était barré par les cordons de la police à la hauteur de la rue Kochstrasse.

Apprenant ce qui était arrivé à Peter Fechter, le sergent américain Pool, en service au baraquement de contrôle Checkpoint Charlie à partir de 1963, fit cette remarque: «Cela ne me serait pas arrivé. J'aurais pris mon casque et je serais allé chercher le jeune homme.»

C'est affectivement ce qui s'est passé le 13 septembre 1964 alors que Michael Meyer, âgé de 20 ans, avait été blessé en essayant de fuir et gisait à côté du mur, sous la menace des pistolets mitrailleurs. Pool grimpa alors sur le mur et cria «Ce jeune est à nous!», après quoi il lança une corde en direction du fugitif et put le sauver ainsi.

Les grandes manifestations cessèrent brusquement en 1965. Un visiteur de Berlin-Ouest, peut être fin connaisseur en politique ou en sociologie, en illustra la cause en se promenant sur la ligne blanche matérialisant la frontière pour, comme il le dit plus tard, «sentir ce qu'était l'équilibre des forces», également appelé «équilibre de la paix» ou «équilibre de la terreur» au gré des sensibilités. La pérennisation de la division et les débuts de la contestation étudiante à Berlin-Ouest déplacèrent alors les priorités et débouchèrent sur la résignation devant la séparation. Checkpoint Charlie resta pourtant un point chaud pour les protestataires isolés. On y manifestait pour l'unité de l'Europe, pour la liberté des détenus politiques, pour la réunion des familles, contre le Mur.

Pour John Runnings, citoyen américain, Checkpoint Charlie a été le lieu idéal pour manifester contre le mur. Il parcourut plusieurs mètres sur la construction et détacha même un morceau dans la partie sans enduit. Les protestations les plus fréquentes venaient toutefois de ceux qui avaient des proches internés en RDA ou à qui l'on refusait de partir depuis des années. L'un de ceux-ci reçut un appel téléphonique à la cafeteria de Mauerrmuseum – Museum am Checkpoint Charlie. C'était l'un de ses proches, qui lui dit: «Je suis à la Stasi. Si tu quittes immédiatement Checkpoint Charlie, je pourrai partir dans quelques jours.»

Parmi les fuites réussies, celle de trois jeunes hommes de moins de vingt ans. L'un d'eux travaillait dans un atelier électrotechnique dans un immeuble donnant sur la frontière, à une cinquantaine de mètres seulement. Les salles donnant directement sur le Mur étaient condamnées par des scellées mais les clés pendaient dans la loge du concierge. Munis de marteaux, de pelles et de couteaux, ils percèrent un tunnel entre Noël et Nouvel An 1971-1972 et prirent même le soin de tenir un agenda.

La fuite la plus bruyante eut lieu en 1986, lorsqu'un camion chargé de sable força les barrages. Trois personnes avaient pris place dans la cabine: le chauffeur, sa compagne et un enfant. Sans perdre de vitesse, le camion emporta la première barrière et le second obstacle mais déjà l'installation automatique commandait la fermeture de la porte massive en acier, dernier obstacle, trop tard toutefois pour arrêter le véhicule.

Checkpoint Charlie fut aussi le lieu de la fuite la plus originale. Un ressortissant de la RDA était parvenu à se présenter devant le dernier contrôle, sans se faire repérer. Simulant une course folle par sa respiration haletante, il dit au soldat qu'il était Autrichien, qu'il avait reçu un télégramme lui annonçant que sa mère était mourante à Berlin-Ouest et que, dans la précipitation, il avait oublié son passeport. Le soldat de faction alla en chercher un autre et partit ensuite dans les baraquements pour se renseigner. L' «Autrichien» d'un jour répéta son histoire au soldat venu remplacer le premier, avec cette différence que sa mère se mouraient à Berlin-Est, et lui demanda: «Vous croyez qu'on me laissera passer sans passeport?» Devant la réponse négative du soldat, il dit: «Bon, j'habite jusque à côté d'ici. Je préfère repartir et chercher mon passeport» et, déjà, il était à Berlin-Ouest.

Checkpoint Charlie appartient aujourd'hui à chacun. Tous ceux qui viennent ici éprouvent un sentiment de fierté devant l'acquis et assimilent une histoire qui est avant tout la leur. Les Américains, les Britanniques et les Français se rappellent les jours où ils étaient là pour la liberté de Berlin. Pour les ressortissants des pays d'Europe de l'Est, Checkpoint Charlie symbolise la fin du mur et du rideau de fer, les sacrifices qu'il a fallu consentir pour conquérir la liberté. Les populations qui vivent dans des pays toujours divisés: en Israël, en Palestine, en Corée du Nord et du Sud, en Irlande, à Chypre, rêvent d'une réunion paisible. Pour tous, Checkpoint Charlie est un des hauts lieux de la liberté, de l'histoire du monde telle qu'elle s'est faite.

„Die deutsche Teilung hat nicht mit dem Ende des Zweiten Weltkrieges begonnen, sondern mit dem Überfall Hitlers auf Polen 1939 und die Sowjetunion 1941" – postulierte der Gründer und langjährige Leiter des Mauermuseums – Museum Haus am Checkpoint Charlie, Dr. Rainer Hildebrandt (14. Dezember 1914 – 9. Januar 2004).

1 Ende des Krieges, Teilung Deutschlands

Schon 1944 bildeten die USA, Großbritannien und die UdSSR die European Advisory Commission (EAC), die am 12. September 1944 in London die Teilung Deutschlands und Berlins beschloss. Die Zuweisung einer Besatzungszone an Frankreich kam später.

Londoner Protokoll vom 12. September 1944 (Auszug)
geändert gemäß EAC-Abkommen vom 14.11.1944
Die Regierungen der Vereinigten Staaten von Amerika, des Vereinigten Königreichs von Großbritannien und Nordirland und der Union der Sozialistischen Sowjetrepubliken haben das folgende Abkommen betreffend die Durchführung des Artikels 11 der Urkunde über die bedingungslose Kapitulation Deutschlands geschlossen:

1) Deutschland wird innerhalb seiner Grenzen nach dem Stand vom 31. Dezember 1937 für Besatzungszwecke in drei Zonen aufgeteilt, von denen jeweils eine jeder der drei Mächte zugewiesen wird, und in ein besonderes Gebiet von Berlin, das der gemeinsamen Besatzung durch die drei Mächte unterworfen ist.

2) Der Grenzverlauf der drei Zonen und des Gebiets von Berlin sowie die Zuweisung der drei Zonen an die USA, das VK und die UdSSR werden wie folgt festgelegt:

Östliche Zone *(wie auf der beigefügten Karte „A" auf S.36 ersichtlich)*
Das Gebiet Deutschlands (einschließlich der Provinz Ostpreußen), das östlich einer Linie liegt, die wie folgt verläuft: Von dem Punkt an der Lübecker Bucht, an dem die Grenzen Schleswig-Holsteins und Mecklenburgs aufeinandertreffen, entlang der westlichen Grenze Mecklenburgs bis zur Grenze der Provinz Hannover, von dort entlang der östlichen Grenze Hannovers bis zur Grenze Braunschweigs, von dort entlang der westlichen Grenze der preußischen Provinz Sachsen bis zur westlichen Grenze Anhalts, von dort entlang der westlichen Grenze Anhalts, von dort entlang der westlichen Grenze der preußischen Provinz Sachsen und der westlichen Grenze Thüringens bis zu dem Punkt, an dem letztere auf die bayrische Grenze trifft, von dort ostwärts entlang der nördlichen Grenze Bayerns bis zur Grenze der Tschechoslowakei von 1937. Dieses Gebiet wird von Streitkräften der UdSSR besetzt, mit Ausnahme des Gebiets von Berlin, für das nachstehend ein besonderes Besatzungssystem vorgesehen ist.

Nordwestliche Zone
Das Gebiet Deutschlands, das westlich der in der Beschreibung der östlichen Zone bezeichneten Linie liegt und im Süden durch eine Linie begrenzt wird, die wie folgt verläuft: Von dem Punkt, an dem die Grenze zwischen den preußischen Provinzen Hannover und Hessen-Nassau auf die westliche Grenze der preußischen Provinz Sachsen trifft, von dort entlang der südlichen Grenze Hannovers, von dort entlang der nordwestlichen, der westlichen und der südlichen Grenze Hessen-Nassaus bis zu dem Punkt, an dem der Rhein letztere verläßt, von dort entlang der Mittellinie der Fahrrinne des Rheins bis zu dem Punkt, an dem er Hessen-Darmstadt verläßt, von dort entlang der westlichen Grenze Badens bis zu dem Punkt, an dem diese Grenze zur deutsch-französischen Grenze wird. Dieses Gebiet wird von Streitkräften des Vereinigten Königreichs besetzt.[1]

Südwestliche Zone
Das Gebiet Deutschlands, das südlich einer Linie liegt, die wie folgt verläuft: Von dem Punkt, an dem die Grenzen Sachsens, Bayerns und der Tschechoslowakei aufeinandertreffen, westwärts entlang der nördlichen Grenze Bayerns bis zu dem Punkt, an dem die Grenzen Hessen-Nassaus, Thüringens und Bayerns aufeinandertreffen, von dort nord-, west- und südwärts entlang der östlichen, der nördlichen, der westlichen und der südlichen Grenze Hessen-Nassaus bis zu dem Punkt, an dem der Rhein die südliche Grenze Hessen-Nassaus verläßt, von dort südwärts entlang der Mittellinie der Fahrrinne des Rheins bis zu dem Punkt, an dem er Hessen-Darmstadt verläßt, von dort entlang der westlichen Grenze Badens bis zu dem Punkt, an dem diese Grenze zur deutsch-französi-

schen Grenze wird. Dieses Gebiet wird von Streitkräften der Vereinigten Staaten von Amerika besetzt.[1]

Die Grenzen der Länder und Provinzen innerhalb Deutschlands, auf die in den vorstehenden Beschreibungen der Zonen Bezug genommen wurde, sind diejenigen, die nach dem Inkrafttreten der Verordnung vom 25. Juni 1941 (veröffentlicht im Reichsgesetzblatt Teil I, Nr. 72, 3. Juli 1941) bestanden.

Gebiet von Groß-Berlin

Das Gebiet von Berlin (unter diesem Begriff wird das Gebiet von Groß-Berlin im Sinne des Gesetzes vom 27. April 1920 verstanden) wird gemeinsam von Streitkräften der USA, des VK und der UdSSR besetzt, die von den jeweiligen Oberbefehlshabern hierfür bestimmt werden. Zu diesem Zweck wird das Gebiet von Groß-Berlin in die folgenden drei Teile aufgeteilt:

Der nordöstliche Teil von Groß-Berlin (die Bezirke Pankow, Prenzlauerberg, Mitte, Weißensee, Friedrichshain, Lichtenberg, Treptow, Köpenick) wird von den Streitkräften der UdSSR besetzt.

Der nordwestliche Teil von Groß-Berlin (die Bezirke Reinickendorf, Wedding, Tiergarten, Charlottenburg, Spandau, Wilmersdorf) wird von den Streitkräften ... besetzt.[2]

Der südliche Teil von Groß-Berlin (die Bezirke Zehlendorf, Steglitz, Schöneberg, Kreuzberg, Tempelhof, Neukölln) wird von den Streitkräften ... besetzt.[2]

Die Grenzen der Bezirke innerhalb von Groß-Berlin, auf die in den vorstehenden Beschreibungen Bezug genommen wurde, sind diejenigen, die nach dem Inkrafttreten der am 27. März 1938 veröffentlichten Verordnung bestanden (Amtsblatt der Reichshauptstadt Berlin, Nr. 13 vom 27. März 1938, Seite 215).

3) Die Besatzungstruppen in jeder der drei Zonen, in die Deutschland aufgeteilt ist, unterstehen einem Oberbefehlshaber, der von der Regierung des Landes bestimmt wird, dessen Streitkräfte die betreffende Zone besetzen.

4) Jede der drei Mächte kann nach eigenem Ermessen in die für Besatzungsaufgaben unter dem Befehl ihres Oberbefehlshabers bestimmten Streitkräfte Hilfskontingente aus den Streitkräften jeder sonstigen alliierten Macht einbeziehen, die an militärischen Operationen gegen Deutschland teilgenommen hat.

5) Eine interalliierte Regierungsbehörde (Komendatura), die aus drei von ihren jeweiligen Oberbefehlshabern ernannten Kommandanten besteht, wird errichtet, um gemeinsam die Verwaltung des Gebietes von Groß-Berlin zu leiten.

6) Dieses Protokoll wurde in drei Urschriften in englischer und russischer Sprache abgefaßt. Die beiden Wortlaute sind verbindlich. Das Protokoll tritt mit der Unterzeichnung der Urkunde über die bedingungslose Kapitulation durch Deutschland in Kraft.

Vertreter der Regierung der USA bei der EAC:
J. G. Winant
Vertreter der Regierung des Vereinigten Königreiches bei der EAC:
W. Strang
Vertreter der Regierung der UdSSR bei der EAC:
F. T. Gousev

Lancaster House London, S. W. 1.[3]

1 geänderte Beschreibung gemäß EAC-Abkommen vom 14.11.1944. Darüber hinaus wurden den US-Streitkräften die Kontrolle über die Häfen von Bremen und Bremerhaven und die erforderlichen Umschlagplätze in deren Nachbarschaft sowie Transit-Möglichkeiten durch die britische Zone eingeräumt.

2 Der nordwestliche Teil von Berlin wurde im Abkommen vom 14.11.1944 den Streitkräften des Vereinigten Königreiches zugewiesen, der südliche Teil den Streitkräften der USA. Die Zuweisung der Bezirke Reinickendorf und Wedding an die französische Besatzungsmacht wurde später geregelt.

3 Zitiert nach: Deutschland 1945. Vereinbarungen der Siegermächte, in: Seminarmaterial zur Deutschen Frage, hrsg. v. Gesamtdeutschen Institut, 2., erg. Aufl., 3. Ausg., Bonn 1987, S. 4f.; Übersetzung des Gesamtdeutschen Instituts; Amtliche Texte in: United Nations, Treaty Series, Vol. 227.

"The division of Germany did not begin with the end of the Second World War but with Hitler's invasions of Poland in 1939 and the Soviet Union in 1941" – Dr. Rainer Hildebrandt (14th December 1914 – 9th January 2004), the founder and long-serving Director of the Wall Museum – Museum House at Checkpoint Charlie.

1 The end of the war and the division of Germany

As early as 1944 the USA, Great Britain and the USSR set up the European Advisory Commission (EAC), which on the 12th of September 1944 decided on the division of Germany and Berlin. The allocation of an occupation zone to France came later.

Excerpt from Agreement of the 12th September 1944
as amended according to the EAC agreement of the 14th November 1944

Protocol between the governments of the Union of Soviet Socialist Republics, the United Kingdom and the United States of America, on the zones of occupation in Germany and the administration of Greater Berlin. The Governments of the Union of Soviet Socialist Republics, the United Kingdom of Great Britain and Northern Ireland, and the United States of America have reached the following agreement with regard to the execution of Article 11 of the instrument of surrender of Germany:

1) Germany, within her frontiers as they were on the 31st December, 1937, will, for the purposes of occupation, be divided into three zones, one of which will be alloted to each of the three Powers, and a special Berlin area, which will be under joint occupation by the three Powers.

2) The boundaries of the three zones and of the Berlin area, and the allocation of the three zones as between the U.S.S.R., the U.K. and the U.S.A. will be as follows:

Eastern zone (as shown on the annexed map "A", page 36)

The territory of Germany (including the province of East Prussia situated to the East of a line drawn from the point on Lubeck Bay where the frontiers of Schleswig-Holstein and Mecklenburg meet, along the western frontier of Mecklenburg to the frontier of the province of Hannover, thence, along the eastern frontier of Brunswick; thence along the western frontier of Anhalt; thence along the western frontier of Anhalt; the western frontier of the Prussian province of Saxony and the western frontier of Thuringia to where the latter meets the Bavarian frontier; thence eastwards along the northern frontier of Bavaria to the 1937 Czechoslovakian frontier, will be occupied by the armed forces of the U.S.S.R., with the exception of the Berlin area, for which a special system of occupation is provided below.

Northwestern zone

The territory of Germany situated to the west of the defined above, and bounded on the south by a line drawn from the point where the western frontier of Thuringia meets the frontier of Bavaria; thence westwards along the southern frontiers of the Prussian provinces of Hessen-Nassau and Rheinprovinz to where the latter meets the frontier of France will be occupied by the armed forces of ... The territory of Germany situated to the west of the defined above, and bounded on the south by a line drawn from the point where the frontiers of the Prussian provinces of Hannover and Hessen-Nassau meet the western frontier of Prussian province of Saxony; thence westwards along the southern frontier of the province of Hannover; thence along the north-western, western and southern frontiers of the Prussian province of Hessen-Nassau to the point where the latter leaves the Rhein; thence along the center of the navigation channel of the Rhein to the point to where the latter leaves Hessen-Darmstadt; thence along the western frontier of Baden to the point where the latter meets the frontier of France will be occupied by the armed forces of the U.K..[1]

Southwestern zone

All the remaining territory of Western Germany situated to the south of the line defined in the description of the North-Western zone will be occupied by the armed forces of ... The territory of Germany situated to the South of a line drawn from the point where the frontiers of Prussian province of Saxony, Bavaria and Czechoslovakia meet, westwards along the northern frontier of Bavaria to the point where the frontiers of Prussian province of Hessen-Nassau, Thuringia and Bavaria meet; thence northwards, westwards and southwards along the eastern, the northern, the western and the southern frontiers of Hessen-Nassau to the point where the latter leaves the Rhein; thence along the center of the naviga-tion channel of the Rhein to the point to where the latter leaves Hessen-Darmstadt; thence along the western frontier of Baden to the point where the latter meets the frontier of France will be occupied by the armed forces of the U.S.A..[1]

The frontiers of States (Lander) and provinces within Germany, referred to in the foregoing descriptions of the zones, are those which existed after the coming into effect of the decree of the 25th June, 1941 (published in the Reichsgesetzblatt, Part I, No. 72, 3rd July, 1941).

Berlin area

The Berlin area (by which expression is understood the territory of "Greater Berlin" as defined by the law of the 27th April 1920) will be jointly occupied by the armed forces of the U.S.S.R., U.K. and U.S.A. assigned by the respective Commanders-in-Chief. For this purpose the territory of "Greater Berlin" will be divided into the following three parts:

North-Eastern part of "Greater Berlin" (districts of Pankow, Prenzlauer-berg, Mitte, Weissensee, Friedrichshain, Lichtenberg, Treptow, Kopenick) will be occupied by the forces of the U.S.S.R..

North-Western part of "Greater Berlin" (districts of Reinickendorf, Wed-ding, Tiergarten, Charlottenburg, Spandau, Wilmersdorf, will be occupied by the forces of ... [2]

Southern part of "Greater Berlin" (districts of Zehlendorf, Steglitz, Scho neberg, Kreuzberg, Tempelhof, Neukolln) will be occupied by the forces of ... [2]

The boundaries of districts within "Greater Berlin" referred to in the for-going descriptions, are those which existed after the coming into effect of the decree published on 27th March, 1938 (Amtsblatt der Reichshauptstadt Berlin No. 13 of 27th March, 1938, page 215).

3) The occupying forces in each of the three zones into which Germany is divided will be under a Commander-in-Chief designated by the Government of the country whose occupying that zone.

4) Each of the three powers may, at its discretion, include among the forces assigned to occupation duties under the command of its Commander-in-Chief, auxilary contingents from the forces of any other Allied Power which has participated in military operations against Germany.

5) An Inter-Allied Governing Authority (Komendatura) consisting of three Commandants, appointed by their respective Commanders-in-Chief, will be established to direct jointly the administration of the "Greater Berlin" area.

6) This protocol has been drawn up in triplicate in the Russian and English languages. Both texts are authentic.

Representative of the Government of the United States of America
on the European Advisory Commission
J.G. Winant
Representative of the Government of the United Kingdom
on the European Advisory Commission
W. Strang
Representative of the Government of the Union of Soviet Socialist
Republics on the European Advisory Commission
F.T. Gousev

Lancaster House London, S. W. 1.[3]

1 Modified description according to the EAC Agreement from the 14/11/1944. In addition, the U.S. armed forces were granted control of Bremen and Bremerhaven harbours as well as the necessary reloading points near to the harbours. They were also granted transit rights through the British Zone.

2 In the Agreement from 14/11/1944 the north-western part of Berlin was allocated to the armed forces of the United Kingdom and southern part to the forces of the U.S.A. The allocation of the districts of Reinickendorf and Wedding to the French occupation forces was settled later.

3 Quoted from: Germany 1945, Vereinbarungen der Siegermächte, in Seminarmaterial zur Deutschen Frage, editors, Gesamtdeutschen Institut, 2nd extended Edition., 3rd printing, Bonn, 1987, page 4 et seq; translation by the Gesamtdeutschen Institutes; official text in: United Nations, Treaty Series, Vol. 227.

«La division de l'Allemagne n'a pas commencé à la fin de la Seconde Guerre mondiale mais avec l'invasion de la Pologne par Hitler en 1939 et de l'Union soviétique en 1941» disait le Dr Rainer Hildebrandt (14 décembre 1914 – 9 janvier 2004), fondateur et longtemps directeur de Mauermuseum – Museum Haus am Checkpoint Charlie.

1 Fin de la guerre et division de l'Allemagne

En 1944 déjà, les Etats-Unis, la Grande-Bretagne et l'URSS ont créé l'European Advisory Commission (EAC), qui prit le 12 septembre 1944 à Londres la décision de diviser l'Allemagne et Berlin. L'attribution d'une zone d'occupation à la France s'est effectuée plus tard.

Protocole de Londres du 12 septembre 1944 (extraits)
modifié conformément à l'Accord EAC du 14 novembre 1944
Les gouvernements des Etats-Unis d'Amérique, du Royaume-Uni de Grande-Bretagne et d'Irlande du Nord, et de l'Union des Républiques Socialistes Soviétiques sont parvenus à l'accord suivant relatif à l'application de l'article 11 de l'Instrument de Reddition inconditionnelle de l'Allemagne:

1) L'Allemagne à l'intérieur de ses frontières telles que celles-ci existaient au 31 décembre 1937, sera divisée pour les besoins de l'occupation en trois zones, une de ces zones étant attribuée à chacune des trois Puissances, et une zone spéciale pour Berlin qui sera occupée conjointement par les trois puissances.

2) Les limites de ces trois zones et de la zone de Berlin ainsi que l'attribution respective de ces zones aux Etats-Unis, au Royaume-Uni et à l'Union soviétique sont arrêtées comme suit:

Zone Est (comme l'indique la carte jointe «A», page 36 et suivante)
Le territoire de l'Allemagne (y compris la province de Prusse orientale) situé à l'est d'une ligne partant du point de la baie de Lübeck où se rencontre les frontières du Schleswig-Holstein et du Mecklembourg, longeant la frontière ouest du Mecklembourg jusqu'à la frontière de la province de Hanovre, puis de là longeant la frontière orientale du Hanovre jusqu'à la frontière du Brunswick, passant ensuite le long de la frontière occidentale de la province prussienne de la Saxe jusqu'à la frontière de l'Anhalt, puis de là longeant la frontière ouest de l'Anhalt, longeant ensuite la frontière ouest de la province prussienne de la Saxe et la frontière ouest de la Thuringe jusqu'au point où cette dernière rencontre la frontière bavaroise, et longeant enfin vers l'est la frontière nord de la Bavière jusqu'à la frontière tchécoslovaque de 1937, sera occupé par les forces armées de l'URSS à l'exception de la zone de Berlin pour laquelle est prévu ci-dessous un régime particulier d'occupation.

Zone Nord-Ouest
Le territoire allemand situé à l'est de la ligne définie dans la description de la zone orientale, et bordé au sud par une ligne tirée du point où la limite entre les provinces prussiennes de Hanovre et de Hesse-Nassau rencontre la frontière occidentale de la province prussienne de Saxe – de là le long de la frontière méridionale de Hanovre – de là le long des frontières nord-ouest, ouest et sud de Hesse-Nassau, jusqu'au point où le Rhin s'en éloigne, de là le long du centre de la voie navigable du Rhin jusqu'au point où il quitte Hesse-Darmstadt – de là le long de la frontière occidentale de Bade jusqu'au point où la dite frontière devient la frontière franco-allemande, (ce territoire) sera occupé par les Forces Armées du Royaume-Uni.[1]

Zone sud-ouest
Le territoire allemand situé au sud d'une ligne prenant naissance à la jonction des frontières de Saxe, Bavière et Tchécoslovaquie, et s'étendant vers l'ouest le long de la frontière septentrionale de Bavière, jusqu'au point de jonction des frontières de Hesse-Nassau, Thuringe et Bavière – de là au nord, à l'ouest et au sud le long des frontières orientales, septentrionales, occidentales et méridionales de Hesse-Nassau, jusqu'au point où le Rhin quitte la frontière occidentale de Hesse-Nassau – de là vers le sud le long du centre de la voie navigable du Rhin, jusqu'au point où il quitte Hesse-Darmstadt – de là le long de la frontière occidentale de Bade, jusqu'au point où la dite frontière devient la frontière franco-allemande (ce territoire) sera occupé par les Forces armées des Etats-Unis d'Amérique.[1]

Les frontières des laender et des provinces à l'intérieur de l'Allemagne auxquelles se réfèrent les descriptions des zones ci-dessus sont celles qui existaient après l'application du décret du 25 juin 1941 (publié dans Reichsgesetzblatt Partie I, n° 72, 3 juillet 1941).

Zone de Berlin

La Zone de Berlin (ainsi qu'il est convenu de désigner le territoire du «Grand Berlin» tel qu'il est défini par la loi du 27 avril 1920) sera occupé conjointement par les forces armées des Etats-Unis, du Royaume-Uni et de l'URSS qui y seront affectées par leurs Commandants en Chef respectifs. A cette fin, le territoire du «Grand Berlin» sera divisé en trois parties comme suit:

Partie Nord-Est du «Grand Berlin» (districts de Pankow, Prenzlauer Berg, Mitte, Weissensee, Friedrichshain, Lichtenberg, Treptow, Koepenick) qui sera occupé par les forces de l'URSS.

Partie Nord-Ouest du «Grand Berlin» (districts de Reinickendorf, Wedding, Tiergarten, Charlottenburg, Spandau, Wilmersdorf) qui sera occupée par les forces de ... [2]

Partie Sud du «Grand Berlin» (districts de Zehlendorf, Steglitz, Schoeneberg, Kreuzberg, Tempelhof, Neukoelln) qui sera occupée par les forces de ... [2]

Les limites des districts à l'intérieur du «Grand Berlin», mentionnées dans les descriptions ci-dessus, sont celles qui existaient après la mise en vigueur du décret publié le 27 mars 1938 (Amtsblatt der Reichhauptstadt Berlin, n° 13, en date du 27 mars 1938, page 215).

3) Les forces d'occupation dans chacune des trois zones entre lesquelles l'Allemagne est divisée seront placées sous les ordres d'un Commandant en Chef désigné par le gouvernement du pays dont les forces occupent cette zone.

4) Chacune des trois puissances peut inclure à son gré dans les forces affectées à l'occupation, sous les ordres de leur Commandant en Chef, des contingents auxiliaires provenant des forces de toute autre Puissance Alliée qui a participé aux opérations militaires contre l'Allemagne.

5) Une Autorité gouvernementale interalliée (Kommandantur), comprenant trois commandants nommés par leurs Commandants en Chef respectifs, sera établie pour diriger en commun l'administration de la région du «Grand Berlin».

6) Ce protocole a été rédigé en triple exemplaire en langue anglaise et en langue russe. Les deux textes sont authentiques. Le protocole entrera en vigueur à la signature par l'Allemagne de l'Instrument de Reddition Inconditionnelle.

Le Représentant du Gouvernement des Etats-Unis à
la Commission Consultative Européenne:
J.G. Winant
Le Représentant du Gouvernement du Royaune-Uni à
la Commission Consultative Européenne:
W. Strang
Le Représentant du Gouvernement de l'URSS à
la Commission Consultative Européenne:
F.T. Gousev

Lancaster House London, S. W. 1.[3]

1 Convention amendée conformément à l'Accord EAC du 14 novembre 1944. Par ailleurs, les forces armées des Etats-Unis ont obtenu le contrôle des ports de Brême et de Bremerhaven et les périmètres de manutention nécessaires à proximité de ces ports et diverses possibilités de transit à travers la zone britannique.

2 La partie Nord-Ouest de Berlin a été affectée par l'Accord du 14 novembre 1944 aux forces armées du Royaume-Uni, la partie Sud aux forces armées des Etats-Unis. L'attribution des districts de Reinickendorf et de Wedding à la puissance d'occupation française a été effectuée par la suite.

3 D'après Centre Virtuel de la Connaissance sur l'Europe, site Internet european navigator.

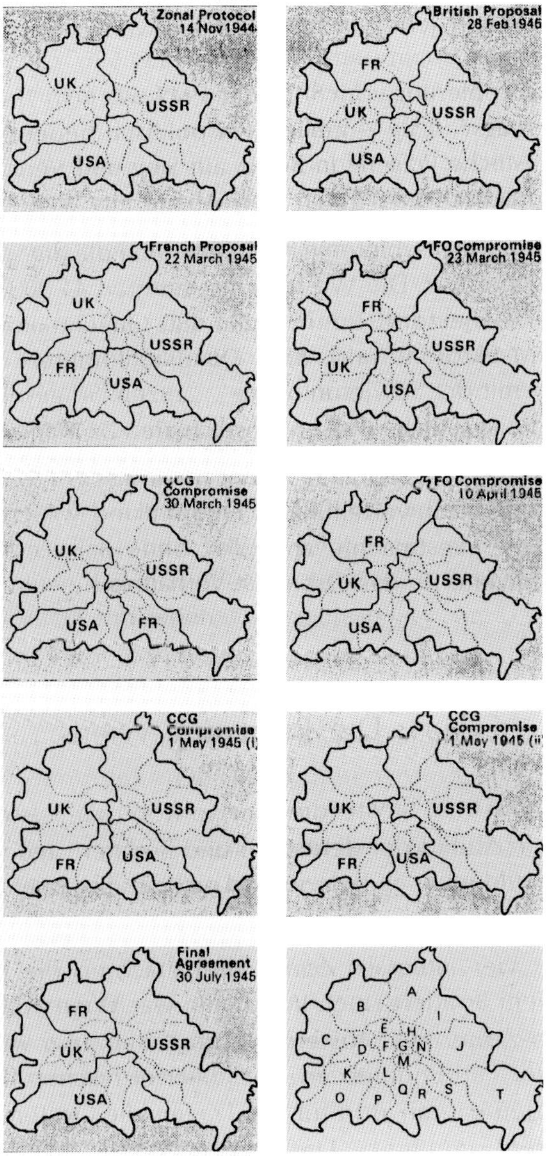

←

Sektorenvorschläge für Berlin 1944/45.

Proposed Sectors for Berlin 1944/45.

Les secteurs de Berlin tels qu'ils furent proposés en 1944 – 1945.

A Pankow
B Reinickendorf
C Spandau
D Charlottenburg
E Wedding
F Tiergarten
G Mitte
H Prenzlauer Berg
I Weissensee
J Lichtenberg
K Wilmersdorf
L Schöneberg
M Kreuzberg
N Friedrichshain
O Zehlendorf
P Steglitz
Q Tempelhof
R Neukölln
S Treptow
T Köpenick

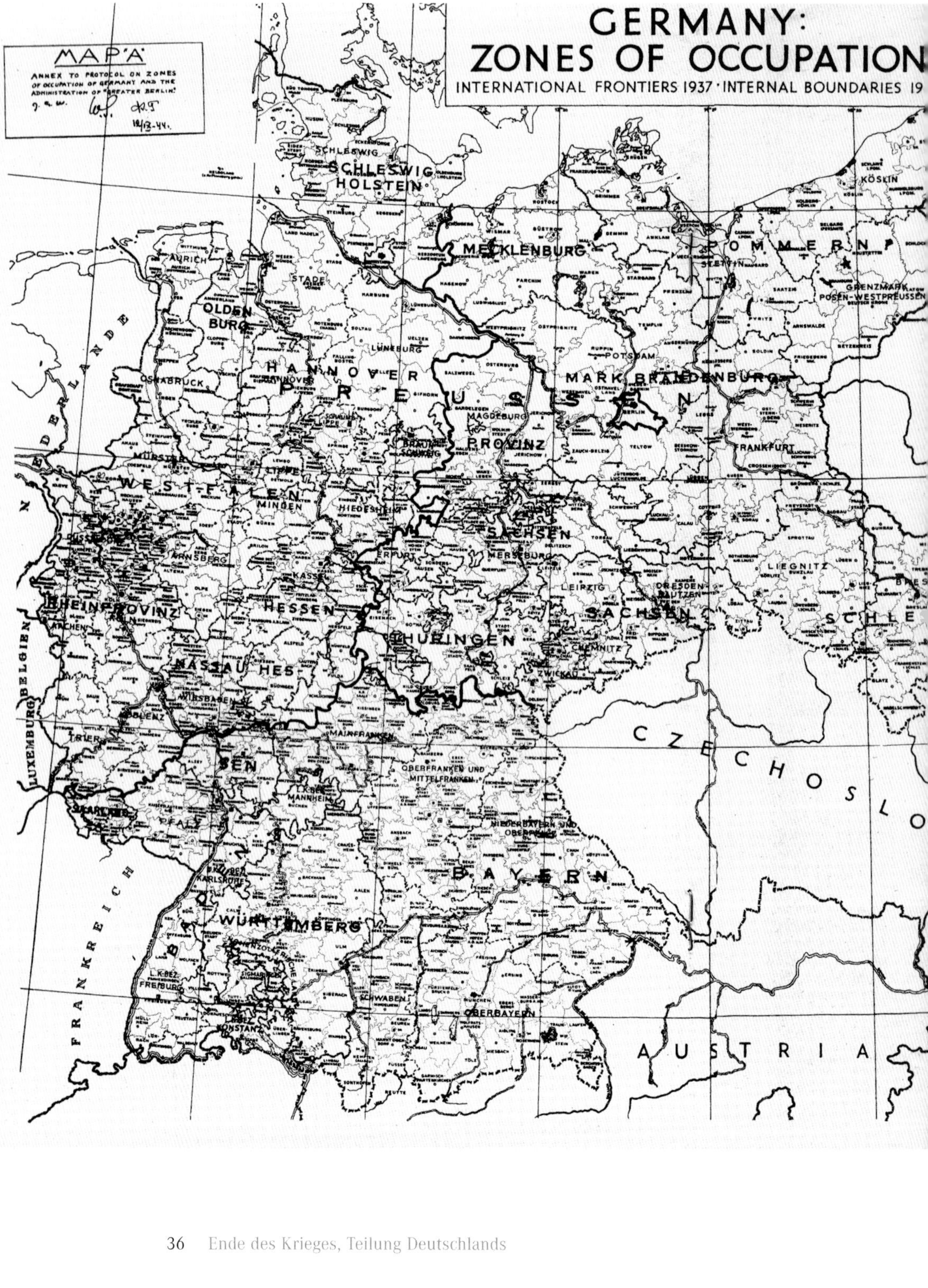
GERMANY:
ZONES OF OCCUPATION
INTERNATIONAL FRONTIERS 1937 · INTERNAL BOUNDARIES 19
MAP 'A'
ANNEX TO PROTOCOL ON ZONES OF OCCUPATION OF GERMANY AND THE ADMINISTRATION OF "GREATER BERLIN"
SCHLESWIG HOLSTEIN
MECKLENBURG
POMMERN
GRENZMARK POSEN-WESTPREUSSEN
KÖSLIN
STETTIN
OLDENBURG
AURICH
STADE
LÜNEBURG
HANNOVER
OSNABRÜCK
PREUSSEN
MAGDEBURG
PROVINZ
POTSDAM
MARK BRANDENBURG
BERLIN
FRANKFURT
MÜNSTER
WESTFALEN
MINDEN
HILDESHEIM
LIPPE
BRAUNSCHWEIG
SACHSEN
MERSEBURG
ERFURT
KASSEL
ARNSBERG
DÜSSELDORF
RHEINPROVINZ
AACHEN
HESSEN
THÜRINGEN
LEIPZIG
DRESDEN-BAUTZEN
CHEMNITZ
ZWICKAU
LIEGNITZ
SCHLE
NASSAU
HES
WIESBADEN
KOBLENZ
TRIER
MAINFRANKEN
OBERFRANKEN UND MITTELFRANKEN
NIEDERBAYERN UND OBERPFALZ
BAYERN
PFALZ
SAARLAND
MANNHEIM
KARLSRUHE
WÜRTTEMBERG
FREIBURG
KONSTANZ
SCHWABEN
OBERBAYERN
NIEDERLANDE
BELGIEN
LUXEMBURG
FRANKREICH
CZECHOSLO
AUSTRIA

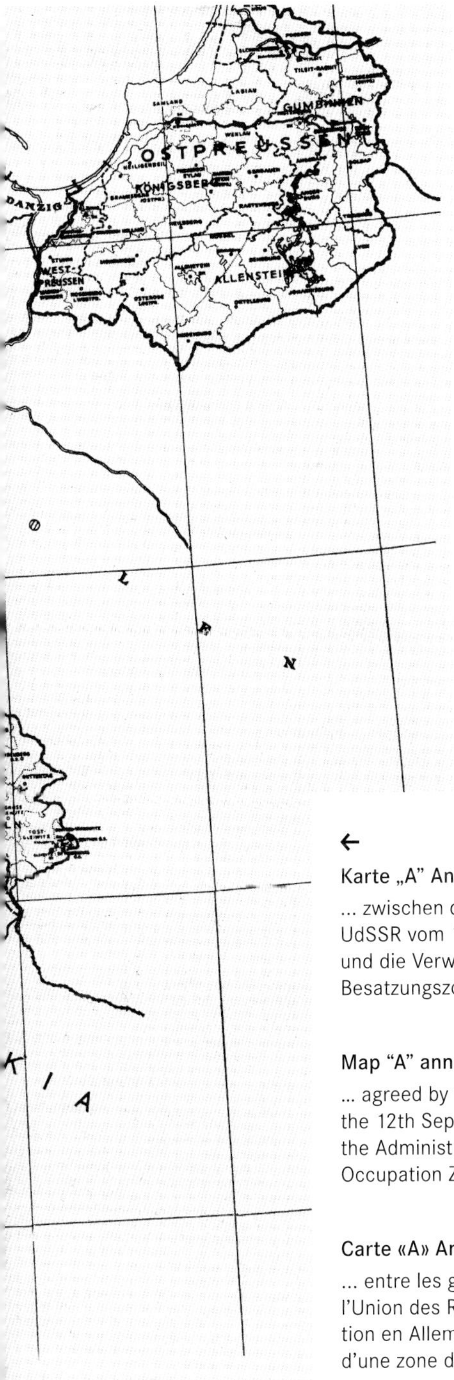

←

Karte „A" Anhang zum Protokoll ...

... zwischen den Vereinigten Staaten von Amerika, Großbritannien und der UdSSR vom 12. September 1944 über die Besatzungszonen in Deutschland und die Verwaltung Groß-Berlins (Londoner Protokoll). Die Zuweisung der Besatzungszone an Frankreich wurde später beschlossen.

Map "A" annex to protocol ...

... agreed by the United States of America, Great Britain and the U.S.S.R. on the 12th September 1944 showing the Zones of Occupation in Germany and the Administration of Greater Berlin (London Protocol). The allocation of an Occupation Zone to France was decided later.

Carte «A» Annexe au protocole ...

... entre les gouvernements des Etats-Unis d'Amérique, du Royaume-Uni et de l'Union des Républiques Socialistes Soviétiques, relatif aux zones d'occupation en Allemagne et à l'administration du «Grand Berlin». L'attribution d'une zone d'occupation à la France a été décidée par la suite.

↑

Ein sowjetischer Soldat hisst die Rote Fahne auf dem Reichstagsgebäude (Mai 1945). Mit der bedingungslosen Kapitulation Deutschlands am 8. Mai 1945 wurde der wahnsinnige Auftritt Hitlers gegen die Menschheit – der Zweite Weltkrieg –, der 55 Millionen Menschenleben forderte, beendet.

A Russian soldier waving the red flag from the roof of the Reichstag (May 1945). The unconditional surrender of Germany on the 8th May 1945 ended the insane actions of Adolf Hitler against humanity – the Second World War – which cost 55 million lives.

Un soldat soviétique hisse le drapeau rouge sur l'immeuble du Reichstag (mai 1945). La capitulation inconditionnelle de l'Allemagne, le 8 mai 1945, mettait fin à l'entreprise insensée d'Hitler contre l'humanité et à la Seconde Guerre mondiale qui coûta la vie à 55 millions d'hommes.

↑

Winston Churchill, Harry S. Truman und Josef Stalin (von links). Am 17. Juli 1945 begann die Potsdamer Konferenz. Ihr Ende am 2. August 1945 bedeutete für die Welt, dass das Schicksal Deutschlands entschieden und seine Zukunft festgelegt war.

Winston Churchill, Harry S. Truman and Josef Stalin (left to right). The Potsdam Conference began on the 17th July 1945. It's conclusion on the 2nd of August 1945 meant for the world that the fate of Germany had been sealed and its future settled.

Winston Churchill, Harry S. Truman et Joseph Staline (à partir de la gauche). Le 17 juillet 1945 commençait la Conférence de Potsdam. Au terme de ses travaux, le 2 août 1945, le sort de l'Allemagne était décidé et son avenir défini dans les grands termes.

Bericht über die Drei-Mächte-Konferenz von Potsdam (Auszug)

[...]

III.

Deutschland

Die alliierten Armeen halten ganz Deutschland besetzt, und das deutsche Volk hat begonnen, für die furchtbaren Verbrechen zu büßen, die unter der Führung derer begangen wurden, denen es in der Stunde ihres Erfolges offene Zustimmung und blinden Gehorsam entgegenbrachte.

Auf dieser Konferenz wurde eine Vereinbarung über die politischen und wirtschaftlichen Grundsätze einer koordinierten alliierten Politik gegenüber dem besiegten Deutschland während der Zeit der alliierten Kontrolle erzielt.

Ziel dieser Vereinbarung ist es, die Erklärung von Jalta über Deutschland zu verwirklichen. Der deutsche Militarismus und Nazismus werden ausgerottet, und die Alliierten werden einvernehmlich jetzt und in Zukunft gemeinsam die sonstigen erforderlichen Maßnahmen treffen, um sicherzustellen, daß Deutschland nie wieder seine Nachbarn oder den Weltfrieden bedroht.

Es ist nicht die Absicht der Alliierten, das deutsche Volk zu vernichten oder zu versklaven. Es ist die Absicht der Alliierten, dem deutschen Volk Gelegenheit zu geben, sich darauf vorzubereiten, später ein Leben auf demokratischer und friedlicher Grundlage neu aufzubauen. Sind seine eigenen Anstrengungen unablässig auf dieses Ziel gerichtet, so wird es zu gegebener Zeit seinen Platz unter den freien und friedliebenden Völkern der Welt einnehmen können.

Es folgt der Wortlaut der Vereinbarung:

Die politischen und wirtschaftlichen Grundsätze zur Behandlung Deutschlands während der ersten Kontrollperiode.

A. Politische Grundsätze.

1) Im Einklang mit dem Abkommen über das Kontrollsystem in Deutschland wird die oberste Gewalt in Deutschland von den Oberbefehlshabern der Streitkräfte der Vereinigten Staaten von Amerika, des Vereinigten Königreichs, der Union der Sozialistischen Sowjetrepubliken und der Französischen Republik nach den Weisungen ihrer jeweiligen Regierungen ausgeübt, und zwar von jedem einzeln in seiner eigenen Besatzungszone sowie auch gemeinsam in ihrer Eigenschaft als Mitglieder des Kontrollrats bezüglich der Deutschland als Ganzes betreffenden Fragen.

2) Soweit es durchführbar ist, unterliegt die deutsche Bevölkerung in ganz Deutschland einer einheitlichen Behandlung.

3) Die Ziele der Besatzung Deutschlands, die dem Kontrollrat als Leitlinie dienen, sind:

I. die vollständige Entwaffnung und Entmilitarisierung Deutschlands und die Beseitigung oder Kontrolle der gesamten deutschen Industrie, die für eine Rüstungsproduktion benutzt werden könnte. Zu diesem Zweck:

a) werden alle deutschen Land-, See- und Luftstreitkräfte, die SS, die SA, der SD und die Gestapo mit allen ihren Organisationen, Stäben und Einrichtungen, einschließlich des Generalstabs, des Offizierskorps, des Reservekorps, der Kriegsschulen, der Kriegervereine und aller sonstigen militärischen und militärähnlichen Organisationen zusammen mit allen Vereinen und Verbänden, die der Erhaltung der militärischen Tradition in Deutschland dienen, völlig und endgültig in einer Weise aufgelöst, die das Wiederaufleben oder die Neubildung des deutschen Militarismus und Nazismus für immer verhindert;

b) werden alle Waffen, jegliche Munition und jegliches Kriegsgerät sowie alle Spezialeinrichtungen zu ihrer Herstellung zur Verfügung der Alliierten gehalten oder vernichtet. Die Beibehaltung und Herstellung aller Flugzeuge und aller Waffen, jeglicher Munition und jeglichen Kriegsgeräts wird unterbunden;

II. das deutsche Volk davon zu überzeugen, daß es eine totale militärische Niederlage erlitten hat und sich nicht der Verantwortung für das entziehen kann, was es selbst über sich heraufbeschworen hat, da seine eigene erbarmungslose Kriegführung und der fanatische Widerstand der Nazis die deutsche Wirtschaft zerstört und Chaos und Leid unvermeidlich gemacht haben;

III. die Nationalsozialistische Partei mit ihren angeschlossenen und nachgeordneten Organisationen zu zerschlagen, alle Nazi-Einrichtungen aufzulösen, zu gewährleisten, daß sie in keiner Form wiedererstehen, und jede nazistische und militaristische Betätigung oder Propaganda zu verhindern;

IV. den späteren Wiederaufbau des deutschen politischen Lebens auf demokratischer Grundlage und eine spätere friedliche Mitarbeit Deutschlands im Leben der Völker vorzubereiten.

4) Alle Nazi-Gesetze, welche die Grundlage für das Hitlerregime geschaffen oder eine Diskriminierung aufgrund der Rasse, des Bekenntnisses oder der politischen Überzeugung eingeführt haben, werden aufgehoben. Rechtliche, administrative oder sonstige Diskriminierungen dieser Art werden nicht geduldet.

5) Kriegsverbrecher und Personen, die an der Planung oder Ausführung von Nazi-Unternehmungen beteiligt waren, welche Grausamkeiten oder Kriegsverbrechen mit sich brachten oder zur Folge hatten, werden verhaftet und vor Gericht gestellt. Nazi-Führer, einflußreiche Nazi-Anhänger und hohe Amtsträger

der Nazi-Organisationen und -Einrichtungen sowie alle anderen für die Besatzung oder ihre Ziele gefährlichen Personen werden festgenommen und interniert.

6) Alle Mitglieder der Nazi-Partei, die sich mehr als nominell an ihrer Tätigkeit beteiligt haben, sowie alle sonstigen Personen, die den alliierten Zielen feindlich gegenüberstehen, werden aus öffentlichen und halböffentlichen Ämtern und aus verantwortungsvollen Stellungen in wichtigen Privatunternehmen entfernt. Diese Personen werden durch Personen ersetzt, die aufgrund ihrer politischen und moralischen Eigenschaften für fähig erachtet werden, an der Entwicklung wahrhaft demokratischer Einrichtungen in Deutschland mitzuwirken.

7) Das deutsche Erziehungswesen wird so überwacht, daß nazistische und militaristische Lehren völlig ausgemerzt werden und die erfolgreiche Entwicklung demokratischer Ideen ermöglicht wird.

8) Das Gerichtswesen wird im Einklang mit den Grundsätzen der Demokratie, einer Justiz auf der Grundlage des Rechts und der Gleichberechtigung aller Bürger ohne Unterschied der Rasse, der Staatsangehörigkeit oder der Religion neu gestaltet.

9) Die Verwaltung der öffentlichen Angelegenheiten in Deutschland soll auf die Dezentralisierung der politischen Gliederung und die Entwicklung der örtlichen Verantwortlichkeit ausgerichtet werden. Zu diesem Zweck:
I. wird die örtliche Selbstverwaltung in ganz Deutschland nach demokratischen Grundsätzen und insbesondere durch gewählte Körperschaften so rasch wiederhergestellt, wie dies mit der militärischen Sicherheit und den Zielen der militärischen Besatzung vereinbar ist;
II. werden alle demokratischen politischen Parteien mit dem Recht auf Versammlung und öffentliche Diskussion in ganz Deutschland zugelassen und gefördert;
III. werden Grundsätze eines repräsentativen und auf Wahlen beruhenden Systems in die Regional-, Provinzial- und Landesverwaltungen so rasch eingeführt, wie dies durch die erfolgreiche Anwendung dieser Grundsätze in der örtlichen Selbstverwaltung zu rechtfertigen ist;
IV. wird vorerst keine deutsche Zentralregierung errichtet. Dessenungeachtet werden jedoch einige wesentliche deutsche Zentralverwaltungen, an deren Spitze Staatssekretäre stehen, errichtet, besonders auf dem Gebiet des Finanz-, Verkehrs-, Post- und Fernmeldewesens, des Außenhandels und der Industrie. Diese Verwaltungen werden unter der Leitung des Kontrollrats tätig sein.

10) Vorbehaltlich des Erfordernisses, die militärische Sicherheit aufrechtzuerhalten, werden Rede-, Presse- und Religionsfreiheit gewährt und religiöse Einrichtungen geachtet. Ferner wird ebenfalls vorbehaltlich des Erforder-

nisses, die militärische Sicherheit aufrechtzuerhalten, die Bildung freier Gewerkschaften zugelassen.

B. Wirtschaftliche Grundsätze.

11) Zur Beseitigung des deutschen Kriegspotentials wird die Herstellung von Waffen, Munition und Kriegsgerät sowie aller Arten von Flugzeugen und Hochseeschiffen verboten und unterbunden. Die Herstellung von Metallen, Chemikalien, Maschinen und sonstigen Gegenständen, die unmittelbar für eine Kriegswirtschaft erforderlich sind, wird streng überwacht und auf die Deutschland zugebilligten friedensmäßigen Nachkriegsbedürfnisse beschränkt, um den in Absatz (15) genannten Zielen zu entsprechen. Die für die erlaubte Produktion nicht erforderliche Produktionskapazität wird nach Maßgabe des von der Alliierten Reparationskommission empfohlenen und von den beteiligten Regierungen gebilligten Reparationsplans entweder entnommen oder, sofern sie nicht entnommen wird, vernichtet.

12) Die deutsche Wirtschaft wird zum frühestmöglichen Zeitpunkt dezentralisiert, um die bestehende übermäßige Konzentration wirtschaftlicher Macht zu beseitigen, wie sie beispielsweise insbesondere in Kartellen, Syndikaten, Trusts und anderen monopolistischen Absprachen anzutreffen ist.

13) Bei der Gestaltung der deutschen Wirtschaft wird das Hauptgewicht auf die Entwicklung der Landwirtschaft und der binnenwirtschaftlichen Friedensindustrie gelegt.

14) Während der Besatzungszeit wird Deutschland als eine einzige wirtschaftliche Einheit behandelt. Zu diesem Zweck wird eine gemeinsame Politik für die nachstehenden Bereiche festgelegt:
a) Bergbau und industrielle Produktion sowie Bewirtschaftung;
b) Landwirtschaft, Forsten und Fischerei;
c) Löhne, Preise und Rationierung;
d) Ein- und Ausfuhrprogramme für Deutschland als Ganzes;
e) Währung und Bankwesen, zentrale Steuer- und Zollverwaltung;
f) Reparationen und Entnahme von industriellem Kriegspotential;
g) Verkehrs-, Post- und Fernmeldewesen.
Bei der Durchführung dieser Politik wird geeignetenfalls unterschiedlichen örtlichen Bedingungen Rechnung getragen.

15) Die deutsche Wirtschaft wird alliierten Kontrollen unterworfen, jedoch nur in dem erforderlichen Umfang:
a) um Programme der industriellen Abrüstung und Entmilitarisierung, Reparationsprogramme und Programme genehmigter Aus- und Einfuhren durchzuführen,

b) um die Herstellung von Waren und die Aufrechterhaltung von Dienstleistungen sicherzustellen, die zur Deckung des Bedarfs der Besatzungstruppen und der verschleppten Personen in Deutschland erforderlich und für die Erhaltung eines den durchschnittlichen Lebensstandard der europäischen Länder nicht übersteigenden durchschnittlichen Lebensstandards in Deutschland unbedingt notwendig sind (europäische Länder bedeutet alle europäischen Länder, ausgenommen das Vereinigte Königreich und die Union der Sozialistischen Sowjetrepubliken);

c) um auf die vom Kontrollrat festgesetzte Weise die gerechte Verteilung lebensnotwendiger Güter auf die einzelnen Zonen sicherzustellen, damit in ganz Deutschland eine ausgewogene Wirtschaft geschaffen und der Einfuhrbedarf vermindert wird;

d) um die deutsche Industrie und alle internationalen Wirtschafts- und Finanzgeschäfte, einschließlich der Aus- und Einfuhren, zu überwachen mit dem Ziel, Deutschland an der Entwicklung eines Kriegspotentials zu hindern und die übrigen hier genannten Ziele zu erreichen;

e) um alle deutschen öffentlichen oder privaten wissenschaftlichen Einrichtungen, Forschungs- und Versuchsanstalten, Laboratorien usw., die mit wirtschaftlicher Tätigkeit verbunden sind, zu überwachen.

16) Im Zuge der Auferlegung und Aufrechterhaltung der vom Kontrollrat festgelegten wirtschaftlichen Kontrollmaßnahmen wird ein deutscher Verwaltungsapparat geschaffen, und die deutschen Behörden haben in größtmöglichem Umfang die Durchführung dieser Kontrollmaßnahmen zu verkünden und zu übernehmen. Auf diese Weise soll dem deutschen Volk klargemacht werden, daß die Verantwortung für die Durchführung dieser Kontrollmaßnahmen und für ihr etwaiges Scheitern bei ihm liegt. Jede deutsche Kontrollmaßnahme, die den Zielen der Besatzung zuwiderläuft, wird verboten.

17) Es werden alsbald Maßnahmen getroffen zur:

a) Wiederinstandsetzung lebenswichtiger Bereiche des Verkehrswesens;

b) Steigerung der Kohleförderung;

c) Steigerung der landwirtschaftlichen Produktion auf ein Höchstmaß und

d) Durchführung von Soforthilfemaßnahmen bei der Instandsetzung von Wohnraum und lebenswichtigen Versorgungsbetrieben.

18) Der Kontrollrat unternimmt geeignete Schritte zur Ausübung der Kontrolle und der Verfügungsgewalt über deutsches Auslandsvermögen, das sich noch nicht unter der Kontrolle der am Krieg gegen Deutschland beteiligten Vereinten Nationen befindet.

19) Die Reparationszahlungen sollen dem deutschen Volk genügend Mittel belassen, um ohne Hilfe von außen existieren zu können. Bei der Herstel-

lung der wirtschaftlichen Ausgewogenheit in Deutschland müssen die Mittel vorgesehen werden, die zur Bezahlung der vom Kontrollrat in Deutschland genehmigten Einfuhren erforderlich sind. Der Ausfuhrerlös aus laufender Produktion und Warenbeständen steht in erster Linie zur Bezahlung dieser Einfuhren zur Verfügung.

Die vorstehende Bestimmung wird keine Anwendung auf Anlagen und Erzeugnisse finden, die in Absatz (4) a) und (4) b) bei der Vereinbarung über die Reparationen bezeichnet sind.

[...]

VII.

Kriegsverbrecher

Die drei Regierungen haben von den Erörterungen Kenntnis genommen, die in den letzten Wochen in London zwischen britischen, amerikanischen, sowjetischen und französischen Vertretern mit dem Ziel stattgefunden haben, ein Abkommen über die Art des Gerichtsverfahrens gegen die Hauptkriegsverbrecher zu erzielen, deren Verbrechen nach der Moskauer Erklärung vom Oktober 1943 sich geographisch nicht auf ein bestimmtes Gebiet beschränken lassen. Die drei Regierungen bekräftigen ihre Absicht, diese Verbrecher rasch und sicher vor Gericht zu stellen. Sie hoffen, daß die Verhandlungen in London rasch zu einem diesbezüglichen Abkommen führen werden, und sie erachten es als eine Angelegenheit von großer Bedeutung, daß das Gerichtsverfahren gegen diese Hauptverbrecher zum frühestmöglichen Zeitpunkt beginnt. Die erste Liste von Angeklagten wird vor dem 1. September dieses Jahres veröffentlicht.

[...]

Gebilligt: I. V. Stalin
Harry S. Truman
C. R. Attlee[4]

4 Zitiert nach: Deutschland 1945. Vereinbarungen der Siegermächte, in: Seminarmaterial zur Deutschen Frage, hrsg. v. Gesamtdeutschen Institut, 2., erg. Aufl., 3. Ausg., Bonn 1987, S. 13–17; Übersetzung des Gesamtdeutschen Instituts; Amtliche Texte und Kontrollrats-Übersetzung im Amtsblatt des Kontrollrats in Deutschland. Ergänzungsblatt Nr. 1, 30.04.1946.

Report on the Three Powers Conference in Potsdam (Excerpt)

[...]

III

Germany

The allied armies have occupied all of Germany, and the German people have begun to make amends for the terrible crimes that were carried out under the leadership of those who, in the hour of their success, were shown open agreement and blind obedience.

An agreement was drawn up during this conference about the basic political and economic principles of a coordinated allied policy for a defeated Germany during the period of allied control.

The goal of this agreement is to implement the Yalta agreement on Germany. German militarism and Nazism are to be eradicated and the Allies will jointly agree together now, and in the future, to implement any other necessary measures required to ensure that Germany never again threatens its neighbours or world peace.

It is not the intention of the Allies to destroy or enslave the German people. It is the intention of the Allies, to give the German people the opportunity to prepare themselves for building a life on a democratic and peaceful basis. Should their own efforts be unremittingly aimed towards this goal, then, they will be able to take their place among the free and peaceful peoples of the world at the appropriate time.

The text of the agreement is as follows:

The Principles to govern the treatment of Germany in the initial control period.

A. Political principles.

1) In accordance with the Agreement on Control Machinery in Germany, supreme authority in Germany is exercised, on instructions from their respective Governments, by the Commanders-in-Chief of the armed forces of the United States of America, the United Kingdom, the Union of Soviet Socialist Republics, and the French Republic, each in his own zone of occupation, and also jointly, in matters affecting Germany as a whole, in their capacity as members of the Control Council.

2) So far as is practicable, there shall be uniformity of treatment of the German population throughout Germany.

3) The purposes of the occupation of Germany by which the Control Council shall be guided are:

I. The complete disarmament and demilitarization of Germany and the elimination or control of all German industry that could be used for military production. To these ends:

a) All German land, naval and air forces, the SS., SA., SD., and Gestapo, with all their organizations, staffs and institutions, including the General Staff, the Officers' Corps, Reserve Corps, military schools, war veterans' organizations and all other military and semi-military organizations, together with all clubs and associations which serve to keep alive the military tradition in Germany, shall be completely and finally abolished in such manner as permanently to prevent the revival or reorganization of German militarism and Nazism;

b) All arms, ammunition and implements of war and all specialized facilities for their production shall be held at the disposal of the Allies or destroyed. The maintenance and production of all aircraft and all arms, ammunition and implements of war shall be prevented.

II. To convince the German people that they have suffered a total military defeat and that they cannot escape responsibility for what they have brought upon themselves, since their own ruthless warfare and the fanatical Nazi resistance have destroyed German economy and made chaos and suffering inevitable.

III. To destroy the National Socialist Party and its affiliated and supervised organizations, to dissolve all Nazi institutions, to ensure that they are not revived in any form, and to prevent all Nazi and militarist activity or propaganda.

IV. To prepare for the eventual reconstruction of German political life on a democratic basis and for eventual peaceful cooperation in international life by Germany.

4) All Nazi laws, which provided the basis of the Hitler regime or established discriminations on grounds of race, creed, or political opinion shall be abolished. No such discriminations, whether legal, administrative or otherwise, shall be tolerated.

5) War criminals and those who have participated in planning or carrying out Nazi enterprises involving or resulting in atrocities or war crimes shall be arrested and brought to judgment. Nazi leaders, influential Nazi supporters and high officials of Nazi organizations and institutions and any other persons dangerous to the occupation or its objectives shall be arrested and interned.

6) All members of the Nazi Party who have been more than nominal participants in its activities and all other persons hostile to Allied purposes shall be

removed from public and semi-public office, and from positions of responsibility in important private undertakings. Such persons shall be replaced by persons who, by their political and moral qualities, are deemed capable of assisting in developing genuine democratic institutions in Germany.

7) German education shall be so controlled as completely to eliminate Nazi and militarist doctrines and to make possible the successful development of democratic ideas.

8) The judicial system will be reorganized in accordance with the principles of democracy, of justice under law, and of equal rights for all citizens without distinction of race, nationality or religion.

9) The administration in Germany should be directed towards the decentralization of the political structure and the development of local responsibility. To this end:

I. local self-government shall be restored throughout Germany on democratic principles and in particular through elective councils as rapidly as is consistent with military security and the purposes of military occupation;

II. all democratic political parties with rights of assembly and of public discussion shall be allowed and encouraged throughout Germany;

III. representative and elective principles shall be introduced into regional, provincial and state (Land) administration as rapidly as may be justified by the successful application of these principles in local self- government;

IV. for the time being, no central German government shall be established. Notwithstanding this, however, certain essential central German administrative departments, headed by State Secretaries, shall be established, particularly in the fields of finance, transport, communications, foreign trade and industry. Such departments will act under the direction of the Control Council.

10) Subject to the necessity for maintaining military security, freedom of speech, press and religion shall be permitted, and religious institutions shall be respected. Subject likewise to the maintenance of military security, the formation of free trade unions shall be permitted.

B. Economic principles.

11) In order to eliminate Germany's war potential, the production of arms, ammunition and implements of war as well as all types of aircraft and seagoing ships shall be prohibited and prevented. Production of metals, chemicals, machinery and other items that are directly necessary to a war economy shall be rigidly controlled and restricted to Germany's approved post-war peacetime needs to meet the objectives stated in Paragraph 15. Productive capacity not needed for permitted production shall be removed in accordance with the repa-

rations plan recommended by the Allied Commission on Reparations and approved by the Governments concerned or if not removed shall be destroyed.

12) At the earliest practicable date, the German economy shall be decentralized for the purpose of eliminating the present excessive concentration of economic power as exemplified in particular by cartels, syndicates, trusts and other monopolistic arrangements.

13) In organizing the German Economy, primary emphasis shall be given to the development of agriculture and peaceful domestic industries.

14) During the period of occupation Germany shall be treated as a single economic unit. To this end common policies shall be established in regard to:
a) mining and industrial production and its allocation;
b) agriculture, forestry and fishing;
c) wages, prices and rationing;
d) import and export programs for Germany as a whole;
e) currency and banking, central taxation and customs;
f) reparation and removal of industrial war potential;
g) transportation and communications.
In applying these policies account shall be taken, where appropriate, of varying local conditions.

15) Allied controls shall be imposed upon the German economy but only to the extent necessary:
a) to carry out programs of industrial disarmament, demilitarization, of reparations, and of approved exports and imports.
b) to assure the production and maintenance of goods and services required to meet the needs of the occupying forces and displaced persons in Germany and essential to maintain in Germany average living standards not exceeding the average of the standards of living of European countries. (European countries means all European countries excluding the United Kingdom and the U.S.S.R.).
c) to ensure in the manner determined by the Control Council the equitable distribution of essential commodities between the several zones so as to produce a balanced economy throughout Germany and reduce the need for imports.
d) to control German industry and all economic and financial international transactions including exports and imports, with the aim of preventing Germany from developing a war potential and of achieving the other objectives named herein.
e) to control all German public or private scientific bodies, research and experimental institutions, laboratories, et cetera connected with economic activities.

16) In the imposition and maintenance of economic controls established by the Control Council, German administrative machinery shall be created and

the German authorities shall be required to the fullest extent practicable to proclaim and assume administration of such controls. Thus it should be brought home to the German people that the responsibility for the administration of such controls and any breakdown in these controls will rest with themselves. Any German controls which may run counter to the objectives of occupation will be prohibited.

17) Measures shall be promptly taken:

a) to effect essential repair of transport;

b) to enlarge coal production;

c) to maximize agricultural output; and

d) to erect emergency repair of housing and essential utilities.

18) Appropriate steps shall be taken by the Control Council to exercise control and the power of disposition over German-owned external assets not already under the control of United Nations which have taken part in the war against Germany.

19) Payment of Reparations should leave enough resources to enable the German people to subsist without external assistance. In working out the economic balance of Germany the necessary means must be provided to pay for imports approved by the Control Council in Germany. The proceeds of exports from current production and stocks shall be available in the first place for payment for such imports.

The above clause will not apply to the equipment and products referred to in paragraphs 4 (a) and 4 (b) of the Reparations Agreement.

[...]

VII.

War criminals.

The Three Governments have taken note of the discussions which have been proceeding in recent weeks in London between British, United States, Soviet and French representatives with a view to reaching agreement on the methods of trial of those major war criminals whose crimes under the Moscow Declaration of October, 1943 have no particular geographical localization. The Three Governments reaffirm their intention to bring these criminals to swift and sure justice. They hope that the negotiations in London will result in speedy agreement being reached for this purpose, and they regard it as a matter of great importance that the trial of these major criminals should begin at the earliest possible date. The first list of defendants will be published before 1st September.

[...]

Signed: I. V. Stalin
Harry S. Truman
C. R. Attlee[4]

4 Quoted from: Germany 1945. Vereinbarungen der Siegermächte, in: Seminarmaterial zur Deutschen Frage, edited by the Gesamtdeutschen Institut, 2nd extended edition, 3rd printing, Bonn 1987, pages 13-17;Translation by the Gesamtdeutschen Instituts; Amtliche Texte und Kontrollrats-Übersetzung in the Amtsblatt des Kontrollrats in Deutschland. Ergänzungsblatt Nr. 1, 30.04.1946.

Rapport sur la Conférence Tripartite de Berlin – Potsdam Protocole (Extrait)

[...]

III.

Allemagne

Les Armées Alliées occupent toute l'Allemagne et le peuple allemand a commencé à payer les crimes horribles commis sous le commandement de ceux que, dans l'heure de la victoire, il a approuvés ouvertement et auxquels il a obéi aveuglement.

On est parvenu a un accord au cours de cette conférence sur les principes politiques et économiques d'une politique alliée coordonnée à l'égard de l'Allemagne battue, pendant la durée du contrôle allié.

Le but de cet accord est de mettre en pratique les décisions prises à la Conférence de Crimée au sujet de l'Allemagne. Le militarisme allemand et le nazisme seront extirpés, et les Alliés prendront, maintenant et à l'avenir, en plein accord, les autres mesures nécessaires pour que l'Allemagne ne menace plus jamais ses voisins ou la paix du monde.

Il n'est pas dans l'intention des Alliés de détruire ou de réduire en esclavage le peuple allemand. L'intention des Alliés est de donner au peuple allemand la faculté de se préparer en vue de refaire éventuellement sa vie sur une base démocratique et pacifique. Si ses efforts sont fermement dirigés dans ce sens, il lui sera possible, le moment venu, de prendre sa place parmi les peuples libres et pacifiques du monde.

Vient ensuite le texte de l'Accord:

Principes politiques et économiques devant présider au traitement de l'Allemagne dans la période initiale de contrôle

A. Principes politiques

1) En application de l'accord sur l'Organisation du Contrôle en Allemagne, l'autorité suprême en Allemagne est exercée, sur instructions de Leurs gouvernements respectifs, par les Commandants en chef des forces armées des Etats-Unis, du Royaume-Uni, de l'Union des Républiques Socialistes Soviétiques, et de la République Française, chacun dans sa propre zone d'occupation, et aussi, conjointement, en toute matière affectant l'Allemagne dans son ensemble, en leur qualité de membres du Conseil de Contrôle.

2) Dans la mesure des possibilités pratiques, il y aura uniformité de traitement de la population allemande dans toutes l'Allemagne.

3) Les raisons de l'occupation de l'Allemagne dont s'inspirera le Conseil de Contrôle, sont:

I. Le complet désarmement et la complète démilitarisation de l'Allemagne ainsi que l'élimination ou le contrôle de toutes les industries allemandes qui pourraient servir à la production militaire. A ces fins:

a) Toutes les forces terrestres, navales et aériennes allemandes, les S.S., S.A., S.D., ainsi que la Gestapo, avec toutes leurs organisations, leurs états-majors et leurs institutions, y compris l'Etat-major général, le Corps des Officiers, le Corps de Réserve, les Ecoles militaires, les Associations d'Anciens Combattants et toutes les autres organisations militaires ou paramilitaires, de même que tous les Clubs ou Associations qui contribuent à maintenir vivante la tradition militaire en Allemagne, seront complètement et définitivement abolis de manière à prévenir de façon permanente la résurrection ou la réorganisation du militarisme allemand et du nazisme ;

b) Toutes les armes, munitions et matériel de guerre et tous les moyens spécialisés en vue de leur production seront mis à la disposition des Alliés ou détruits. L'entretien ou la production des avions de toutes sortes, ainsi que des munitions ou matériel de guerre de toutes sortes, sera interdit;

II. Convaincre le peuple allemand qu'il a subi une défaite militaire totale et qu'il ne peut pas échapper à la responsabilité des malheurs qu'il a attirés sur lui-même, étant donné que ses méthodes de guerre implacables et que la résistance fanatique des nazis ont détruit l'économie allemande et rendu inévitables le chaos et la souffrance;

III. Détruire le parti national-socialiste et les organisations qui lui sont affiliées ou qui sont sous contrôle, dissoudre toutes les institutions nazies, s'assurer qu'elles ne revivent sous aucune forme et prévenir toute activité ou propagande nazie ou militariste;

IV. Préparer la reconstruction éventuelle d'une vie politique allemande sur une base démocratique, et une coopération pacifique éventuelle de l'Allemagne à la vie internationale.

4) Toutes les lois nazies qui constituaient la base du régime hitlérien ou qui établissaient des discriminations, en se fondant sur des motifs de race, de croyance ou l'opinion politique, seront abolies. Aucune discrimination de cet ordre, qu'elle soit légale, administrative ou autre, ne sera tolérée. Les criminels de guerre et les individus qui ont pris part aux plans ou à l'exécution des entreprises nazies qui ont entrainé ou provoqué des atrocités ou crimes de guerre, seront arrêtés et traduits en jugement.

5) Les chefs nazis, les adhérents influents du parti et les hauts dignitaires des organisations et institutions nazies, de même que toutes autres per-

sonnes dangereuses pour l'occupation alliée ou les buts qu'elle se propose, seront arrêtés et internés.

6) Tous les membres du parti nazi qui ont participé à son activité autrement que par leur adhésion nominale et toutes les autres personnes hostiles aux desseins alliés, seront exclus des fonctions publiques ou semi-publiques et des toutes les situations qui impliquent une certaine responsabilité dans les entreprises privées importantes. Ces individus seront remplacés par des personnes, qui, par leurs qualités politiques et morales, sont jugées capables d'aider au développement de véritables institutions démocratiques en Allemagne.

7) L'éducation allemande sera contrôlée de manière à éliminer complètement les doctrines nazies et militaristes et à rendre possible un développement heureux des idées démocratiques.

8) Le système judiciaire sera réorganisé conformément aux principes de la démocratie, de l'égalité et de l'égalité des droits pour tous les citoyens, sans distinction de race, de nationalité ou de religion.

9) L'administration des affaires intérieures allemandes devra être orientée vers la décentralisation de la structure politique et le développement de la responsabilité locale. A cette fin:

I. L'autonomie locale sera rétablie sur tout le territoire allemand selon des principes démocratiques et plus particulièrement au moyen de conseils élus, et ceci aussi rapidement que le permettront la sécurité militaire et les buts poursuivis par l'occupation militaire.

II. Tous les partis politiques démocratiques seront autorisés et encouragés dans toute l'Allemagne et auront le droit de se réunir et de discuter en public.

III. Les principes représentatifs et électifs seront introduits dans l'administration régionale, provinciale et d'Etat aussi rapidement que le justifiera l'application heureuse de ces principes dans l'autonomie locale.

IV. Pour l'instant, aucun gouvernement central allemand ne sera établi. Cependant, certains ministères essentiels ayant à leur tête des secrétaires d'Etat seront institués, en particulier en ce qui concerne les finances, les transports, les communications, le commerce extérieur, l'industrie. Ces ministères agiront d'après les directives du Conseil de Contrôle.

10) Sous réserve de la nécessité de maintenir la sécurité militaire, la liberté de parole, de presse et de religion sera autorisée et les institutions religieuses seront respectées. Sous réserve également du maintien de la sécurité militaire, la formation de syndicats libres sera permise.

B. Principes économiques

11) Pour éliminer le potentiel de guerre de l'Allemagne, la production d'armes, de munitions, de matériel de guerre, ainsi que tous les types d'avions et de navires, sera interdite et empêchée. La production des métaux, des produits chimiques, des machines et autres articles qui sont directement nécessaire à l'économie de guerre sera soigneusement contrôlée et réduite aux besoins de l'Allemagne du temps de paix pour faire face aux buts indiqués dans le paragraphe 15. Tous les matériels qui ne seront pas nécessaires à la fabrication de la production autorisée sera enlevés en accord avec le plan de réparations préconisé par la Commission alliée des réparations, et approuvé par les gouvernements intéressés, ou, s'il n'est pas enlevé, sera détruit.

12) Le plus tôt possible, l'économie allemande sera décentralisée en vue d'éliminer les excès actuels de la concentration de la puissance économique qui est caractérisée en particulier par les cartels, les trusts et autres arrangements à caractère de monopole.

13) Dans l'organisation de l'économie allemande, il faudra faire passer avant tout le développement de l'agriculture et des industries intérieures pacifiques.

14) Pendant la période d'occupation, l'Allemagne sera traitée comme une entité économique. Dans ce but, une politique commune sera établie en ce qui concerne:

a) la production minière et industrielle et sa répartition;
b) l'agriculture, l'industrie forestière et la pêche;
c) les salaires, les prix et le rationnement;
d) les programmes d'importation et d'exportation pour l'ensemble de l'Allemagne;
e) la circulation fiduciaire et les banques, les impôts d'Etat et les droits de douane
f) les réparations et l'enlèvement du potentiel de l'industrie de guerre;
g) les transports et les communications;

En appliquant cette politique, on tiendra compte, lorsqu'il le faudra, des diverses conditions locales.

15) Le contrôle allié sera imposé sur l'économie allemande, mais seulement dans la mesure où il est nécessaire:

a) pour mettre en application le programme du désarmement industriel, de la démilitarisation, des réparations, des exportations et des importations autorisées;
b) pour assurer la production et le maintien des marchandises et des services nécessaires pour répondre aux besoins des forces d'occupation et des déportés en Allemagne, et essentiels pour préserver en Allemagne un standard de vie

moyen qui ne dépasse pas la moyenne des standards de vie dans les pays européens (par pays européens, on entend tous les pays d'Europe, sauf le Royaume-Uni et l'Union des Républiques Socialistes Soviétiques);
c) pour assurer de la manière qu'aura décidé le Conseil de Contrôle, la distribution équitable des produits entre les différentes zones, afin de parvenir à une économie bien équilibrée a travers l'Allemagne et de réduire les besoins d'importation;
d) pour contrôler l'industrie allemande et toutes les transactions internationales, économiques et financières, y compris les exportations et les importations, afin d'empêcher l'Allemagne de récupérer son potentiel, et afin d'atteindre les autres objectifs désignés ici;
e) pour contrôler toutes les associations scientifiques allemandes, publiques ou privées, les instituts de recherche et d'expériences, les laboratoires, etc., en rapport avec les activités économiques.

16) Pour l'organisation et le maintien des contrôles économiques établis par le Conseil de Contrôle, on créera un organisme administratif allemand et on fera appel le plus possible aux autorités allemandes pour assurer l'administration de tels contrôles. Ainsi, il faudrait faire comprendre au peuple allemand qu'il possède lui-même la responsabilité de l'administration de ces contrôles et de tout échec qui pourrait survenir. On interdira tous les contrôles allemands qui pourraient aller à l'encontre de ces buts de l'occupation.

17) On prendra rapidement des mesures:
a) pour effectuer les réparations essentielles dans les transports;
b) pour augmenter la production de charbon;
c) pour porter au maximum le rendement de l'agriculture;
d) pour effectuer les réparations de première nécessité des maisons et des services essentielles.

18) Le Conseil de Contrôle prendra des mesures appropriées pour exercer le contrôle du droit de disposer des avoirs allemands à l'étranger qui ne sont pas encore sous le contrôle des Nations Unies qui ont pris part à la guerre contre l'Allemagne.

19) Le paiement des réparations devra laisser au peuple allemand suffisamment de ressources pour lui permettre de subsister, sans aide extérieure. En établissant le bilan économique de l'Allemagne, il faudra avoir soin de prévoir les moyens nécessaires pour payer les importations approuvées par le Conseil de Contrôle en Allemagne. Le montant des exportations de la production courante et des stocks devra servir en premier à payer de telles importations.

La clause ci-dessus ne s'appliquera pas à l'équipement et aux produits visés aux paragraphes 4 a) et 4 b) de l'accord sur les réparations.

[...]

VII.

Criminels de guerre

Les trois Gouvernements ont pris note des échanges de vues qui ont eu lieu au cours des dernières semaines à Londres, entre les représentants britanniques, américains et français, en vue d'aboutir à un accord sur les méthodes de jugement des principaux criminels de guerre dont les crimes, d'après la déclaration de Moscou d'octobre 1943, n'ont pas de localisation géographique particulière. Les trois Gouvernements réaffirment leur intention d'appliquer à ces criminels une justice rapide et sûre. Ils espèrent que les négociations de Londres aboutiront à un prompt accord à cet égard et ils considèrent comme particulièrement important que le procès de ces grands criminels de guerre commence à une date aussi prochaine que possible. La première liste des accusés sera publiée avant le 1er septembre.

[...]

Approuvé: I. V. Staline
Harry S. Truman
C. R. Attlee[4]

4 Protocole la Conférence de Potsdam, HYPERLINK http://www.potsdamer-konferenz.de/dokumente/p_fran.php

Nürnberger Kriegsverbrecherprozesse

Nuremberg war criminal trials

Le procès des criminels de guerre à Nuremberg

→

Vor einem internationalen Militärgericht begann am 10. November 1945 im Gerichtssaal des Nürnberger Justizpalastes die Eröffnungsverhandlung zum ersten der „Nürnberger Prozesse". Bis zum Oktober 1948 fanden insgesamt 13 Prozesse statt, in denen in chronologischer Reihenfolge Urteile über führende Politiker und Militärs der Hitler-Regierung, KZ-Chefs, Juristen, Ärzte, Erhard Milch, Friedrich Flick, Krupp von Bohlen-Halbach, Industrielle der IG Farben, Südost-Generale, Mitglieder des Rasse- und Siedlungsamtes der SS, der Einsatzgruppe, des Auswärtigen Amtes und des Oberkommandos der Wehrmacht gefällt wurden.

The opening hearing of the first of the "Nuremberg Trials" began on the 10th November 1945 in the main court of the Nuremberg Palace of Justice before an international military tribunal. A total of 13 trials took place up to October 1948, in which sentences were passed against, in chronological order: leading politicians and military members of the Hitler government, heads of concentration camps (the Pohl or WVHA Trial), judges, doctors, Erhard Milch, Friedrich Flick, Krupp von Bohlen-Halbach, industrialists of IG Farben, "Southeast Generals" (the Hostages Trial), members of the SS Race and Settlement Office (the RuSHA Trial), members of the SS task forces (the Einsatzgruppen Trial), Foreign Office officials (the Ministries or Wilhelmstraße Trial) and the (Wehrmacht) High Command.

Le 10 novembre 1945 commença le premier des «Procès de Nuremberg» par l'audience inaugurale du Tribunal militaire international au palais de justice de Nuremberg. Au total 13 procès s'y sont déroulés jusqu'en octobre 1948, dans l'ordre cronologique contre les dirigeants politiques et militaires du gouvernement hitlérien, les personnels de commandement des camps de concentration, les juges nazis, les médecins coupables de crimes contre l'humanité, Erhard Milch, Friedrich Flick, Krupp von Bohlen-Halbach, les dirigeants de IG-Farben, les généraux du front sud-est, les fonctionnaires de l'Office racial et de peuplement SS, les commandos d'intervention, le ministère des Affaires étrangères et le haut commandement de la Wehrmacht.

↑

Wachablösung im Kriegsverbrechergefängnis Berlin-Spandau. Eine sowjetische und eine amerikanische Wachkompanie stehen sich gegenüber.

Changing the guard at the war criminals prison in Spandau, Berlin – Soviet and American guard companies stand opposite one another.

Relève de la garde à la prison pour criminels de guerre de Berlin-Spandau. Face à face: une compagnie de gardiens soviétique et une compagnie américaine.

Dauer der zwölf Nachfolgeprozesse vor amerikanischen Militärgerichten 1946 – 1949

Angeklagte:	
Ärzte und Juristen:	39 Angeklagte
SS und Polizei:	56 Angeklagte
Industrielle und Bankiers:	42 Angeklagte
Militärische Führer:	26 Angeklagte
Minister und hohe Regierungsbeamte:	22 Angeklagte
Insgesamt:	**185 Angeklagte, von denen 4 Selbstmord verübten und 4 für verhandlungsunfähig erklärt wurden**

Verurteilungen

Todesurteile:	24, 12 vollstreckt, 1 Auslieferung an Belgien, 11 Begnadigungen zu lebenslanger Haft
Lebenslange Haftstrafen:	20
Haftstrafen zwischen 18 Monaten und 25 Jahren:	98
Freisprüche:	35
Insgesamt:	177

Gnadenerlass des US-Hochkommissars John McCloy zur Herabsetzung zahlreicher Strafen: 31. Januar 1951

Die Angeklagten der Nürnberger Prozesse[5]

Am 18. Oktober 1945 wurde vor einem von Frankreich, Großbritannien, den USA und der UdSSR gebildeten Internationalen Gerichtshof gegen die Hauptkriegsverbrecher Anklage erhoben.

Dauer des Hauptprozesses gegen die Hauptkriegsverbrecher: 20. November 1945 bis 1. Oktober 1946.

Anklagepunkte:

1) Verschwörung gegen den Weltfrieden
2) Planung, Entfesselung und Durchführung eines Angriffskrieges
3) Verbrechen und Verstöße gegen das Kriegsrecht
4) Verbrechen gegen die Menschlichkeit

Todesurteile

Bormann, Martin, (1900 – 1945), Landwirt; seit 1933 Stabsleiter bei Rudolf Heß und während des Zweiten Weltkrieges engster Mitarbeiter Adolf Hitlers im Führerhauptquartier; starb vermutlich Anfang Mai 1945; da sein Schicksal während des Prozesses ungewiß war, in Abwesenheit angeklagt wegen 1, 3 und 4; verurteilt wegen 3 und 4.

Frank, Hans, (1900 – 1946), Rechtsanwalt; seit 1939 Generalgouverneur in Polen; angeklagt wegen 1, 3 und 4; verurteilt wegen 3 und 4.

Frick, Wilhelm, (1877 – 1946), Reichsinnenminister; angeklagt wegen 1, 2, 3 und 4; verurteilt wegen 2, 3 und 4.

Göring, Hermann, (1893 – 1946), preußischer Innenminister und Initiator des „Geheimen Staatspolizeiamtes", das sich später zur Geheimen Staatspolizei (GeStaPo) entwickelte; angeklagt wegen 1, 2, 3 und 4; verurteilt wegen 1, 2, 3 und 4; Selbstmord am Vorabend der Hinrichtung mit einer Giftkapsel Zyankali, deren Herkunft nicht endgültig geklärt werden konnte.

Jodl, Alfred, (1890 – 1946), Generaloberst und Chef des Wehrmachtführungsamtes sowie Berater Adolf Hitlers in strategischen und operativen Angelegenheiten; angeklagt wegen 1, 2, 3 und 4; verurteilt wegen 1, 2, 3 und 4.

Kaltenbrunner, Ernst, (1903 – 1946), Rechtsanwalt; Chef des Reichssicherheitshauptamtes und der Sicherheitspolizei; angeklagt wegen 1, 3 und 4; verurteilt wegen 3 und 4.

Keitel, Wilhelm, (1882 – 1946), Chef des Oberkommandos der Wehrmacht; angeklagt wegen 1, 2, 3 und 4; verurteilt wegen 1, 2, 3 und 4.

Ribbentrop, Joachim von, (1893 – 1946), Kaufmann; seit 1938 Reichsaußenminister; angeklagt wegen 1, 2, 3 und 4; verurteilt wegen 1, 2, 3 und 4.

Rosenberg, Alfred, (1893 – 1946), seit 1941 Reichsminister für die besetzten Ostgebiete; angeklagt wegen 1, 2, 3 und 4; verurteilt wegen 1, 2, 3 und 4.

Sauckel, Fritz, (1894 – 1946), seit 1942 Generalbevollmächtigter „für den Arbeitseinsatz" und als solcher verantwortlich für die Zwangsarbeit von über fünf Millionen Männern und Frauen aus allen besetzten Gebieten Europas in Deutschland; angeklagt wegen 1, 2, 3 und 4; verurteilt wegen 3 und 4.

Seyß-Inquart, Arthur, (1892 – 1946), Rechtsanwalt; seit 1940 „Reichskommissar für die besetzten niederländischen Gebiete"; angeklagt wegen 1, 2, 3 und 4; verurteilt wegen 2, 3 und 4.

Streicher, Julius, (1885 – 1946), Volksschullehrer; Herausgeber des Wochenblatts „Der Stürmer"; angeklagt wegen 1 und 4; verurteilt wegen 4.

Vollstreckung der Todesurteile durch den Strang: 15. Oktober 1946.

Haftstrafen

Dönitz, Karl, (1891 – 1980), Großadmiral; bildete nach Adolf Hitlers Tod am 2. Mai 1945 eine „Geschäftsführende Reichsregierung"; angeklagt wegen 1, 2 und 3; verurteilt wegen 2 und 3 zu zehn Jahren Haft; 1956 entlassen.

Funk, Walter, (1890 – 1960), Wirtschaftsjournalist; Reichswirtschaftsminister und ab 1939 Präsident der Deutschen Reichsbank; angeklagt wegen 1, 2, 3 und 4; verurteilt wegen 2, 3 und 4 zu lebenslanger Haft; 1957 wegen Krankheit entlassen.

Heß, Rudolf, (1894 – 1987), seit 1933 Stellvertreter des Führers in der NSDAP; flog in nicht endgültig geklärter Mission am 10. Mai 1941 nach Schottland und wurde dort interniert; angeklagt wegen 1, 2, 3 und 4; verurteilt wegen 1 und 2 zu lebenslanger Haft; Selbstmord im Alliierten Kriegsverbrechergefängnis in Berlin-Spandau am 17. August 1987.

Neurath, Konstantin von, (1873 – 1956), seit 1908 im diplomatischen Dienst; von März 1939 bis 1943 Reichsprotektor von Böhmen und Mähren – ab 1941 beurlaubt; angeklagt wegen 1, 2, 3 und 4; verurteilt wegen 1, 2, 3 und 4 zu 15 Jahren Haft; 1954 wegen Krankheit entlassen.

Raeder, Erich, (1876 – 1960), seit 1943 Oberbefehlshaber der Kriegsmarine; angeklagt wegen 1, 2 und 3; verurteilt wegen 1, 2 und 3 zu lebenslanger Haft; 1955 wegen Krankheit entlassen.

Schirach, Baldur von, (1907 – 1974), Reichsjugendführer und seit 1940 Gauleiter von Wien; angeklagt wegen 1 und 4; verurteilt wegen 4 zu 20 Jahren Haft; 1966 entlassen.

Speer, Albert, (1905 – 1981), Architekt; seit 1937 Generalbauinspekteur für Berlin und seit 1942 Reichsminister für Bewaffnung und Munition; angeklagt wegen 1, 2, 3 und 4; verurteilt wegen 3 und 4 zu 20 Jahren Haft; 1966 entlassen.

Freisprüche, Verfahrenseinstellungen:

Fritzsche, Hans, (1900 – 1953), Journalist; seit 1933 Leiter des Nachrichtenwesens in der Presseabteilung des Propagandaministeriums; an Stelle von Reichspropagandaminister Joseph Goebbels, der Selbstmord begangen hatte, angeklagt wegen 1, 3 und 4; nach Freispruch im anschließenden Entnazifizierungsverfahren zu neun Jahren Arbeitslager verurteilt; im Herbst 1950 entlassen.

Krupp von Bohlen und Halbach, Gustav, (1870 – 1950), Industrieller; angeklagt als Repräsentant der Deutschen Schwer- und Rüstungsindustrie wegen 1, 2, 3 und 4; 1945 Verfahrenseinstellung wegen Verfahrensunfähigkeit; 1948 sog. Krupp-Prozess vor einem US-Militärgericht in Nürnberg, bei dem Gustav Krupps Sohn Alfried Krupp (1907 – 1967) zu zwölf Jahren Haft und Einziehung des Gesamtvermögens verurteilt wurde.

Ley, Robert, (1890 – 1945), Chemiker; Leiter der Deutschen Arbeitsfront; angeklagt wegen 1, 2, 3 und 4; Selbstmord noch vor Eröffnung des Hauptprozesses im Nürnberger Gefängnis am 26. Oktober 1945.

Papen, Franz von, (1879 – 1969), Vizekanzler im ersten Kabinett Hitler 1933; später Botschafter in Wien und Ankara; angeklagt wegen 1 und 2; nach Freispruch im anschließenden Entnazifizierungsverfahren zu acht Jahren Arbeitslager verurteilt; 1949 entlassen.

Schacht, Horace Greeley Hjalmar, (1877 – 1970), Bankier; Präsident der Reichsbank und Wirtschaftsminister; seit 1944 im Konzentrationslager Flossenbürg; angeklagt wegen 1 und 2; nach Freispruch von deutschen Behörden bis 1948 inhaftiert.

5 Zusammengestellt nach:
http://www.bz.nuernberg.de/bzshop/publikationen/nproz/nproz.html;
http://www.dhm.de/lemo/html/Nachkriegsjahre/LastDerVergangenheit/nuernbergerProzesse.html;
http://www.justiz.bayern.de/olgn/fr_imt.htm;
http://www.nachkriegsdeutschland.de/nuernberger_prozesse.html.

Duration of the twelve subsequent tribunals before American military courts 1946 – 1949

Accused:	
Doctors and judges	39 accused
SS and Police	56 accused
Industrialists and bankers	42 accused
Military leaders	26 accused
Ministers and high-ranking government officials	22 accused
Total:	**185 accused, of whom 4 committed suicide and 4 were declared unfit for trial**

Sentences

Death:	24 – 12 carried out, 1 extradited to Belgium, 11 reduced to life imprisonment
Life imprisonment:	20
Sentences between 18 months and 25 years:	98
Acquitted	35
Total:	177

Amnesty from the U.S. High Commissioner John Mc Cloy, mitigating many penalties: 31st January 1951

The accused at the nuremberg trials[5]

On the 18th of October 1945, indictments were entered against the major war criminals before the International Military Tribunal set up by France, Great Britain, the U.S.A. and the U.S.S.R.

Duration of the main process against the key war criminals:
20th November 1945 to 1st October 1946

Indictments:
1) Conspiring against world peace
2) Planning, initiating and waging a war of aggression
3) War crimes and violation of the laws of war
4) Crimes against humanity

Death sentences

Bormann, Martin, (1900 – 1945), farmer, from 1933 Rudolf Hess' Chief of Staff and during the Second World War one of Adolf Hitler's closest members of staff at his military headquarters; probably died at the beginning of May 1945; as his fate was not known during the process, he was indicted in absentia on counts 1, 3 and 4; found guilty of 3 and 4.

Frank, Hans, (1900 – 1946), lawyer; from 1933 General Governor of Poland; charged on counts 1, 3 and 4; found guilty of 3 and 4.

Frick, Wilhelm, (1877 – 1946), Minister of the Interior; charged on counts 1, 2, 3 and 4; found guilty of 2, 3 and 4.

Göring, Hermann, (1893 – 1946), Prussian Interior Minister and originator of the "Secret State Police", which later developed into the Gestapo (GEheime STAatsPOlizei); charged on counts 1, 2, 3 and 4; found guilty of 1, 2, 3 and 4; committed suicide on the evening before his execution with a cyanide capsule, the origin of which could not be conclusively resolved.

Jodl, Alfred, (1890 – 1946), Colonel General (Generaloberst) and Chief of Operations Staff of the armed forces (Wehrmacht) High Command as well as Adolf Hitler's advisor in strategic and operational matters; charged on counts 1, 2, 3 and 4; found guilty of 1, 2, 3 and 4.

Kaltenbrunner, Ernst, (1903 – 1946), lawyer, Director of the Reich Security Main Office (RSHA, or Reichssicherheitshauptamt) and the Security Police (Sicherheitspolizei); charged on counts 1, 3 and 4; found guilty of 3 and 4.

Keitel, Wilhelm, (1882 – 1946), Head of the Armed Forces High Command; charged on counts 1, 2, 3 and 4; found guilty of 1, 2, 3 and 4.

Ribbentrop, Joachim von, (1893 – 1946), businessman; German Foreign Minister from 1938; charged on counts 1, 2, 3 and 4; found guilty of 1, 2, 3 and 4.

Rosenberg, Alfred, (1893 – 1946), Minister of the Eastern Occupied Territories from 1941; charged on counts 1, 2, 3 and 4; found guilty of 1, 2, 3 and 4.

Sauckel, Fritz, (1894 – 1946), from 1942 General Plenipotentiary for the "Employment of Labour" (Generalbevollmächtigter für den Arbeitseinsatz) and as such responsible for the forced labour in Germany involving more than five million men and women from the occupied territories in Europe; charged on counts 1, 2, 3 and 4; found guilty of 3 and 4.

Seyss-Inquart, Arthur, (1892 – 1946), lawyer, Reichs Commissioner for the Occupied Netherlands from 1940; charged on counts 1, 2, 3 and 4; found guilty of 2, 3 and 4.

Streicher, Julius, (1885 – 1946), elementary school teacher; Publisher of the "Der Sturmer" weekly newspaper; charged on counts 1 and 4; found guilty of 4.

Execution by hanging carried out: 15th October 1946

Prison sentences

Dönitz, Karl, (1891 – 1980), Grand Admiral; after Adolf Hitler's death formed an "Interim Government" on 2nd May 1945; charged on counts 1, 2, and 3; found guilty of 2, 3 and sentenced to 10 years imprisonment; released 1956.

Funk, Walter, (1890 – 1960), economic journalist; Minister of Economics and from 1939 President of the Reichsbank; charged on counts 1, 2, 3 and 4; found guilty of 2, 3 and 4 and sentenced to life imprisonment; released in 1957 because of illness.

Hess, Rudolf, (1894 – 1987), the Fuhrer's deputy in the NSDAP; fled to Scotland, where he was imprisoned, on a never completely explained mission on the 10th May 1941; charged on counts 1, 2, 3 and 4; found guilty of 1 and 2 and sentenced to life imprisonment; committed suicide in the allied war criminals prison in Spandau, Berlin on the 17th August 1987.

Neurath, Konstantin von, (1873 – 1956), in diplomatic service from 1908; from March 1939 to 1943 Protector of Bohemia and Moravia – released from duty in 1941; charged on counts 1, 2, 3 and 4; found guilty of 2, 3 and 4 and sentenced to 15 years imprisonment; released in 1957 because of illness.

Raeder, Erich, (1876 – 1960), Commander-In-Chief of the Navy (Oberkommando der Kriegsmarine); charged on counts 1, 2, and 3; found guilty of 1, 2, and 3 and sentenced to life imprisonment; released in 1955 because of illness.

Schirach, Baldur von; (1907 – 1974), Head of the Hitler Youth, Nazi Party Leader (Gauleiter) of Vienna from 1940; charged on counts 1and 4; found guilty of 4 and sentenced to 20 years imprisonment; released in 1956.

Speer, Albert, (1905 – 1981), architect; Inspector General of Berlin from 1937 and Minister for Armaments and Munitions from 1942; charged on counts 1, 2, 3 and 4; found guilty of 3 and 4 and sentenced to 20 years imprisonment; released in 1966.

Acquitted or case discontinued:

Fritsche, Hans, (1900 – 1953), journalist, from 1933 Head of the Home Press Division of the Ministry of Popular Enlightenment and Propaganda, accused in place of Joseph Goebbels, Minister for Propaganda, who had committed suicide; charged on counts 1, 3 and 4; after acquittal sentenced to nine years labour camp as part of subsequent denazification process; released in 1950.

Krupp von Bohlen und Halbach, Gustav (1870 – 1950), industrialist; accused as a representative of the German heavy and armaments industry on counts 1, 2, 3 and 4; case discontinued in 1945 because of incapability to stand trial; in 1948 the so-called Krupp Trial took place before a U.S. military tribunal in Nuremberg, and Gustav Krupp's son Alfried Krupp (1907 – 1967) was sentenced to twelve years imprisonment and the confiscation of his entire wealth.

Ley, Robert, (1890 – 1945), Vice-chancellor in Hitler's first cabinet in 1933, later Ambassador in Vienna and Ankara; charged on counts 1 and 2; after acquittal sentenced to eight years labour camp as part of subsequent denazification process; released in 1949.

Papen, Franz von, (1879 – 1969), Vice-Chancellor in Hitler's first cabinet 1933; later Ambassador to Vienna and Ankara; indicted on counts 1 and 2; following acquittal sentenced by a de-Nazification court to eight years in a labour camp; released 1949.

Schacht, Horace Greeley Hjalmar, (1877 – 1970), banker; President of the Reichsbank and Economics Minister; from 1944 in Flosenbuerg concentration camp; charged on counts 1 and 2; after acquittal imprisoned by German authorities until 1948.

5 Compiled from:http://www.bz.nuernberg.de/bzshop/publikationen/nproz/nproz.html; http://www.dhm.de/lemo/html/Nachkriegsjahre/LastDerVergangenheit/nuernbergerProzesse.html;
http://www.justiz.bayern.de/olgn/fr_imt.htm;
http://www.nachkriegsdeutschland.de/nuernberger_prozesse.html.

Durée des douze procès après Nuremberg devant les tribunaux militaires américains 1946 – 1949

Accusés:	
Médecins et juristes:	39 accusés
SS et police:	56 accusés
Industriels et banquiers:	42 accusés
Commandants militaires:	26 accusés
Ministres et cadres administratifs supérieurs:	22 accusés
Total:	**185 accusés, dont 4 se sont suicidés et 4 n'ont pas pu comparaître parce qu'ils ne pouvaient pas suivre les débats.**

Condamnations

Peine de mort:	24, 12 exécutées, 1 extradition en Belgique, 11 commutées en peine de détention à vie
Détention à perpétuité:	20
Peines de prison entre 18 mois et 25 ans:	98
Non-lieu:	35
Total:	**177**

Ordonnance de grâce du haut commissaire américain John McCloy diminuant les peines de nombreux condamnés: 31 janvier 1951.

Les accusés aux procès de Nuremberg[5]

Le 18 octobre 1945 s'ouvrait par la lecture de l'acte d'accusation le procès du Tribunal international constitué par la France, la Grande-Bretagne, les Etats-Unis et l'URSS, contre les principaux criminels de guerre.

Durée des audiences contre les principaux criminels de guerre:
20 novembre 1945 – 1er octobre 1946.

Chefs d'accusation:

1) Crimes contre la paix
2) Direction, préparation, déclenchement ou poursuite d'une guerre d'agression
3) Crimes de guerre et violations du droit de la guerre
4) Crimes contre l'humanité

Peines capitales

Bormann, Martin (1900 – 1945), exploitant agricole, depuis 1933 chef d'état-major de Rudolf Hess et, pendant la Seconde Guerre mondiale, chef de la chancellerie de Hitler; a trouvé vraisemblablement la mort début mai 1945; comme son sort était resté mystérieux pendant le procès, il y a été accusé par contumace sous les chefs d'inculpation 1, 3 et 4; condamné sous les chefs d'accusation 3 et 4.

Frank, Hans (1900 – 1946), avocat; à partir de 1939 gouverneur général en Pologne; accusé sous les chefs d'inculpation 1, 3 et 4; condamné sous les chefs d'accusation 3 et 4.

Frick, Wilhelm (1877 – 1946), ministre de l'Intérieur allemand; accusé sous les chefs d'inculpation 1, 2, 3 et 4; condamné sous les chefs d'accusation 2, 3 et 4.

Göring, Hermann (1893 – 1946), ministre prussien de l'Intérieur et créateur de l'Office de politique secrète qui devait devenir par la suite la Gestapo; accusé sous les chefs d'inculpation 1, 2, 3 et 4; condamnés sous les chefs d'accusation 1, 2, 3 et 4; s'est suicidé à la veille de son exécution avec une capsule de cyanure dont la provenance n'a jamais pu être établie.

Jodl, Alfred (1890 – 1946), général d'armée et chef du bureau des opérations du commandement suprême de la Wehrmacht; conseiller de Hitler pour les questions stratégiques et opérationnelles; accusé sous les chefs d'inculpation 1, 2, 3 et 4; condamné sous les chefs d'accusation 1, 2, 3 et 4.

Kaltenbrunner, Ernst (1903 – 1946), avocat; chef de l'Office suprême de sécurité du Reich et de la police de sécurité; accusé sous les chefs d'inculpation 1, 3 et 4; condamné sous les chefs d'accusation 3 et 4.

Keitel, Wilhelm (1882 – 1946), commandant suprême de la Wehrmacht; accusé sous les chefs d'inculpation 1, 2, 3 et 4; condamnés sous les chefs d'accusation 1, 2, 3 et 4.

Ribbentrop, Joachim (1893 – 1946), employé commercial; ministre des Affaires étrangères du Reich à partir de 1938; accusé sous les chefs d'inculpation 1, 2, 3 et 4; condamné sous les chefs d'accusation 1, 2, 3 et 4.

Rosenberg, Alfred (1893 – 1946), à partir de 1941 ministre des Territoires de l'Est; accusé sous les chefs d'inculpation 1, 2, 3 et 4; condamné sous les chefs d'accusation 1, 2, 3 et 4.

Sauckel, Fritz (1894 – 1946), à partir de 1942 plénipotentiaire général pour l'emploi de la main d'oeuvre et, à ce titre, responsable du travail forçé de plus de cinq millions d'hommes et de femmes de tous les territoires occupés en Europe; accusé sous les chefs d'inculpation 1, 2, 3 et 4; condamné sous les chefs d'accusation 3 et 4.

Seß-Inquart, Arthur (1892 – 1946), avocat; à partir de 1940 «commissaire du Reich pour les Pays-Bas occupés»; accusé sous les chefs d'inculpation 1, 2, 3 et 4; condamné sous les chefs d'accusation 2, 3 et 4.

Streicher, Julius (1885 – 1946), instituteur; directeur de l'hebdomadaire antisémite «Der Stürmer»; accusé sous les chefs d'inculpation 1 et 4; condamné sous le chef d'accusation 4.

Exécution des sentences par pendaison: 15 octobre 1946.

Peines de réclusion

Dönitz, Karl (1891 – 1980), grand-amiral; après la mort de Hitler, a constitué le 2 mai un «gouvernement du Reich chargé des affaires courantes»; accusé sous les chefs d'inculpation 1, 2 et 3; condamné sous les chefs d'accusation 2 et 3 à dix ans de réclusion; élargi en 1956.

Funk, Walter (1890 – 1960), journaliste économique; ministre de l'Economie du Reich et, à partir de 1939, président de la Reichsbank; accusé sous les chefs d'inculpation 1, 2, 3 et 4; condamné à la réclusion perpétuelle sous les chefs d'accusation 2, 3 et 4; élargi pour raisons de santé en 1957.

Hess, Rudolf (1894 – 1987), à partir de 1933 adjoint de Hitler à la tête du NSDAP; partit le 10 mai 1941 pour un vol mystérieux en Ecosse où il fut intercepté et interné; accusé sous les chefs d'inculpation 1, 2, 3 et 4; condamné sous les chefs d'accusation 1 et 2; s'est suicidé dans la prison alliée pour criminels de guerre de Berlin-Spandau le 17 août 1987.

Neurath, Konstantin von (1873 – 1956), au ministère des Affaires étrangères depuis 1908; de mars 1939 à 1943, protecteur de Bohême-Moravie; en congé de son poste à partir de 1941; accusé sous les chefs d'inculpation 1, 2, 3 et 4; condamné sous les chefs d'accusation 1, 2, 3 et 4 à 15 ans de réclusion; élargi en 1954 pour raisons de santé.

Raeder, Erich (1876 – 1960), à partir de 1943 chef de la Kriegsmarine; accusé sous les chefs d'inculpation 1, 2 et 3; condamné sous les chefs d'accusation 1, 2 et 3 à la réclusion perpétuelle; élargi pour raisons de santé en 1954.

Schirach, Baldur von (1907 – 1974), chef de la jeunesse hitlérienne et, à partir de 1940 Gauleiter de Vienne; accusé sous les chefs d'inculpation 1 et 4; condamné sous le chef d'accusation 4 à 20 ans de réclusion; libéré en 1966.

Speer, Albert (1905 – 1981), architecte; à partir de 1937 inspecteur général de la construction à Berlin et, à partir de 1942, ministre de l'armement; accusé sous les chefs d'inculpation 1, 2, 3 et 4; condamné sous les chefs d'accusation 3 et 4 à 20 ans de détention; libéré en 1966.

Acquittement, non-lieu:

Fritsche, Hans (1900 – 1953), journaliste; à partir de 1933 directeur de l'information au service de presse du ministère de la propagande; poursuivi à la place de Joseph Goebbels, ministre de la propagande, qui s'était suicidé, et accusé sous les chefs d'inculpation 1, 3 et 4; après son acquittement, a été condamné ensuite à neuf ans de travaux forcés par un tribunal de dénazification; libéré à la fin de 1950.

Krupp von Bohlen und Halbach, Gustav (1870 – 1950), industriel; accusé en tant que représentant de l'industrie lourde et de l'armement allemande sous les chefs d'inculpation 1, 2, 3 et 4; ordonnance de non-lieu en 1945 car il était considéré comme inapte à suivre son procès; traduit en 1948 devant le tribunal militaire américain de Nuremberg pour ce que l'on appelé le procès Krupp qui a condamné son fils Alfried Krupp (1907 – 1967) à douze ans de réclusion et à la confiscation de tous ses biens.

Ley, Robert (1890 – 1945), chimiste; dirigeant du front allemand du travail; accusé sous les chefs d'inculpation 1, 2, 3 et 4; s'est suicidé avant l'ouverture du procès principal de Nuremberg dans sa cellule à la prison de Nuremberg, le 26 octobre 1945.

Papen, Franz von (1879 – 1969), vice-chancelier du premier gouvernement de Hitler en 1933; par la suite ambassadeur à Vienne et Ankara; accusé sous les chefs d'inculpation 1 et 2 ; acquitté, ensuite condamné par un tribunal de dénazification à huit ans de travaux forcés; libéré en 1949.

Schacht, Horace Greeley Hjalmar (1877 – 1970), banquier; président de la Reichsbank et ministre de l'Economie; interné en 1944 au camp de concentration de Flossenbürg; accusé sous les chefs d'inculpation 1 et 2; acquitté et ensuite interné par les services allemands jusqu'en 1948.

5 Compiled from:http://www.bz.nuernberg.de/bzshop/publikationen/nproz/nproz.html; http://www.dhm.de/lemo/html/Nachkriegsjahre/LastDerVergangenheit/nuernbergerProzesse.html; http://www.justiz.bayern.de/olgn/fr_imt.htm; http://www.nachkriegsdeutschland.de/nuernberger_prozesse.html.

Truppenteile und militärische Dienststellen der Alliierten

Allied military formations and administrations

Forces armées et services militaires des alliés

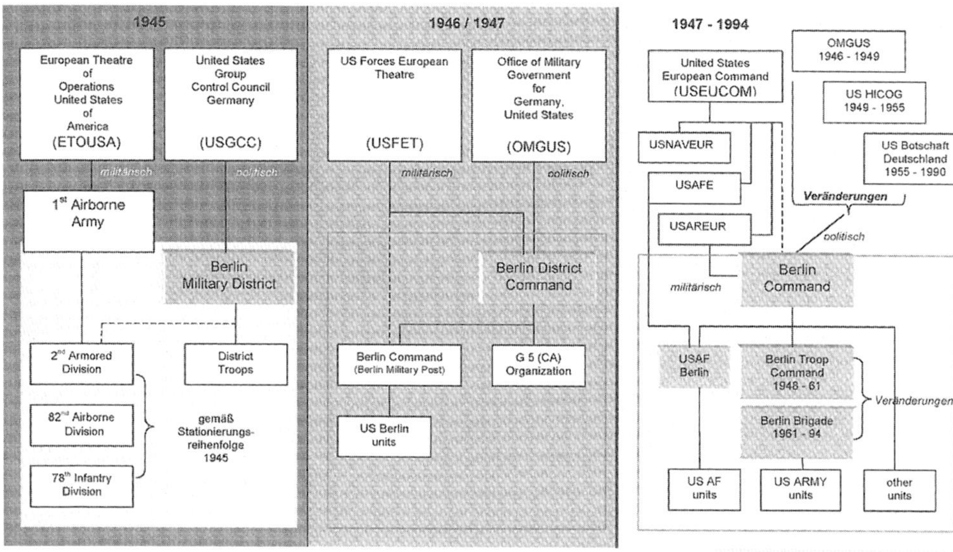

← Die Skizze zeigt die Veränderung der militärischen und politischen Unterstellungsverhältnisse der US-Berlin-Kräfte zwischen 1945 und 1994. Die politischen Unterstellungen änderten sich 1949 mit der Auflösung von OMGUS und Einsetzung eines High Commissioner, Germany (HICOG). 1955 wurde HICOG durch den US-Botschafter in Bonn ersetzt. Er war in Berlin durch eine Mission (Außenstelle) vertreten, deren Leiter, ein Gesandter (US-Bezeichnung „Minister"), dem Stadtkommandanten als „ziviler" Stellvertreter beigeordnet war. Die militärischen Unterstellungsverhältnisse änderten sich 1946 und 1947 durch die Reorganisation der Kommandobehörden und Bildung des European Command.[1]

The diagram shows the changes that took place in the military and political chains of command of the U.S. Forces in Berlin between 1945 and 1994. The political chain changed in 1949 with the dissolution of the OMGUS and the appointment of a High Commissioner for Germany (HICOG). The HICOG was replaced in 1955 by the U.S. Ambassador in Bonn. He was represented in Berlin by a mission, whose head (called a Minister) was assigned to the City Commander as a "civil" representative. The military chain of command changed in 1946 and in 1947 through the reorganisation of the command administration and the formation of the European Command.[1]

L'organigramme montre les transformations intervenues dans les rapports hiérarchiques des administrations militaires et politiques des forces armées américaines entre 1945 et 1994. La hiérarchie politique a été modifiée en 1949 avec la dissolution de l'OMGUS et la création d'un High Commissioner, Germany (HICOG). En 1955, le commissaire de l'HICOG a été remplacé par l'ambassadeur américain à Bonn, représenté par une mission à Berlin, dont le chef avait rang de ministre et qui était adjoint «civil» du commandant de la ville. Les structures du commandement militaire ont été modifiées en 1946 et 1947 avec la réorganisation du haut commandement et la création de l'European Command.[1]

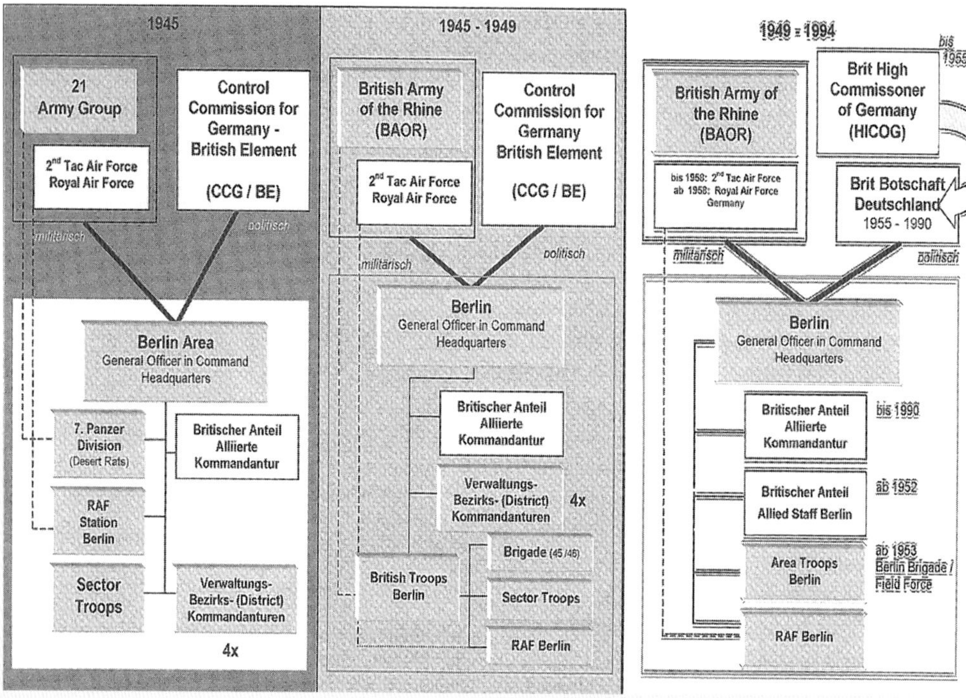

↑

Die Grafik zeigt die Entwicklung der Unterstellungsverhältnisse der britischen Garnison. Entsprechend der Veränderungen zur Selbstverwaltung der Deutschen veränderten sich die vorgesetzten Stellen für den Standortkommandanten und die ihm unterstellten Truppen und Dienststellen. Wie bei den anderen Alliierten gab es einen politisch-diplomatischen Führungsstrang über den britischen Repräsentanten in der Hohen Kommission (HICOG) bzw. später den Botschafter und einen militärischen Führungsstrang für die Truppenführung. Spezielle militärische Truppenteile wurden fachlich von vorgesetzten Stellen in der Bundesrepublik geführt (z.B. die Luftwaffenkräfte der Royal Air Force).[2]

The graphic shows the development of the command structures of the British garrison. The superior authorities of the District Commanders and the troops and administrative offices under their command changed in line with the development of German self-administration. As with the other allies, there was a political-diplomatic line of command above the British representative in the High Commission (HICOG) and then later the Ambassador and a military line of command for the troops. Special military formations (e.g. the Luftwaffenkräfte of the Royal Air Force) stood under the command of special departments in the Federal Republic (West Germany).[2]

L'organigramme montre l'évolution de la structure de commandement pour la garnison britannique. Les modifications entraînées par l'autonomie administrative allemande ont entraîné des changements de structure au niveau du commandant de la ville et des troupes et services qui en relevaient. Comme dans le cas des autres alliés, il existait un état-major politique et diplomatique avec les représentants britanniques à la Commission suprême HICOG, poste occupé par la suite par l'ambassadeur britannique, et un état-major militaire supervisant les troupes. Les services militaires spéciaux étaient dirigés sur le plan technique par les services installés en République Fédérale d'Allemagne (par exemple la Royal Air Force).[2]

Unterstellungsverhältnisse der französischen Garnison, der zivilen bzw. militärischen Dienststellen und Truppenteile zwischen 1945 und 1994.[3]
↓

The command structures of the French garrison – civil and military administrative offices and troop formations between 1945 and 1994.[3]

Organigramme de la garnison française, des services civils et militaires et des forces armées entre 1945 et 1994.[3]

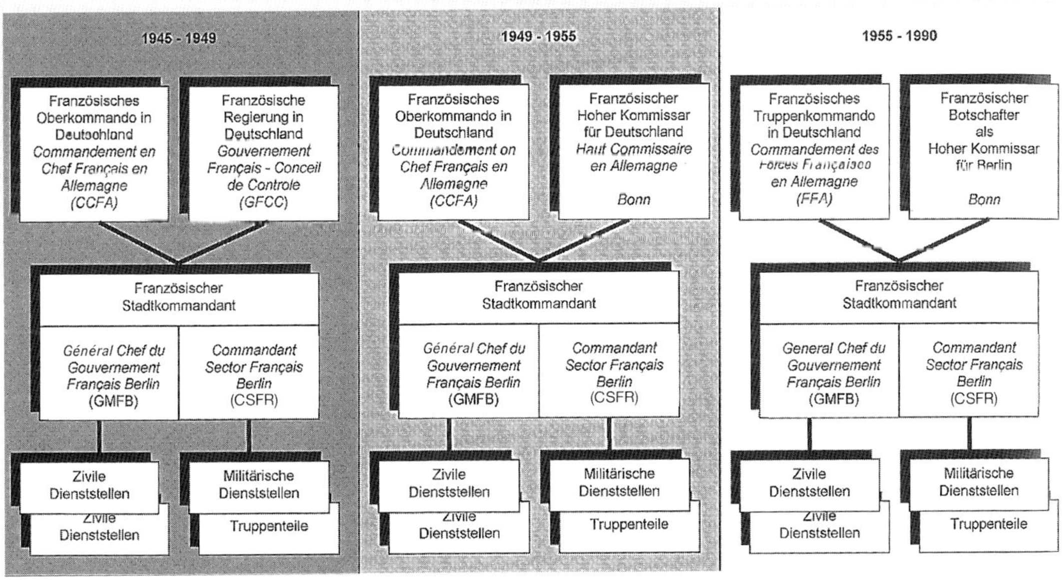

1 Übersicht aus | Overview from | Aperçu extrait de F. Jeschonnek, D. Riedel, W. Durie, Alliierte in Berlin 1945 – 1994. Ein Handbuch zur Geschichte der militärischen Präsenz der Westmächte, Berlin 2002, S. 320

2 ebd., S. 424

3 ebd., S. 520

Grenzübergangsstellen in und um Berlin[1]

Border crossing points in and around Berlin[1]

Postes-frontière à Berlin et à la périphérie de Berlin[1]

Straßenübergangsstellen Berlin (West) – Berlin (Ost)[2]	Sektorenübergang	Bestimmungen
Bornholmer Straße	Französisch/ Sowjetisch	Wechselverkehr von DDR-Bürgern, Einwohnern von Berlin (West) und der Bundesrepublik Deutschland mit und ohne Pkw
Chausseestraße	Französisch/ Sowjetisch	Wechselverkehr von DDR-Bürgern und Einwohnern von Berlin (West) mit und ohne Pkw
Invalidenstraße	Britisch/ Sowjetisch	Wechselverkehr von DDR-Bürgern und Einwohnern von Berlin (West) mit und ohne Pkw
Friedrichstraße Checkpoint Charlie	Amerikanisch/ Sowjetisch	Ausländer, Alliierte und diplomatisches Personal
Prinzenstraße Heinrich-Heine-Straße	Amerikanisch/ Sowjetisch	Wechselverkehr von DDR-Bürgern und Bürgern der Bundesrepublik Deutschland sowie von diplomatischem Personal
Oberbaumbrücke	Amerikanisch/ Sowjetisch	Wechselverkehr von DDR-Bürgern und Einwohnern von Berlin (West); nur Fußgänger
Sonnenallee	Amerikanisch/ Sowjetisch	Wechselverkehr von DDR-Bürgern und Einwohnern von Berlin (West) mit und ohne Pkw

←

Bornholmer Straße, März 1972.

Bornholmer Straße, March 1972.

Bornholmer Strasse, mars 1972.

Straßenübergangsstellen Berlin (West) – DDR	Sektoren-/ Zonenübergang	Bestimmungen
Heiligensee/Stolpe-Dorf (seit 1. Januar 1988)	Französisch/ Sowjetisch	Wechsel- und Transitverkehr von Einwohnern von Berlin (West) und der Bundesrepublik Deutschland sowie von Ausländern
Heerstraße/Staaken (bis 31. Dezember 1987)	Britisch/ Sowjetisch	Wechsel- und Transitverkehr von Einwohnern von Berlin (West) und der Bundesrepublik Deutschland sowie von Ausländern
Dreilinden/Drewitz Checkpoint Bravo	Amerikanisch/ Sowjetisch	Wechsel- und Transitverkehr von Einwohnern von Berlin (West) und der Bundesrepublik Deutschland sowie von Ausländern
Kirchhainer Damm/ Mahlow	Amerikanisch/ Sowjetisch	Abfalltransporte aus Berlin (West) in die DDR und Baustofftransporte aus der DDR nach Berlin (West)
Waltersdorfer Chaussee/ Schönefeld	Amerikanisch/ Sowjetisch	Wechselverkehr von Einwohnern von Berlin (West) zum DDR-Flughafen Berlin-Schönefeld, Busverkehr; auch Transitverkehr von Personen und Luftfracht zwischen dem Flughafen und Berlin (West)

	S-/U-Bahn- und Fernverkehrs-grenzübergangsstelle Berlin (Ost) – Berlin (West)	Sektorenübergang	Bestimmungen
	Friedrichstraße	Sowjetisch/ Britisch	Wechselverkehr von Einwohnern von Berlin (West) und der Bundesrepublik Deutschland sowie von Ausländern; auch Wechsel- und Transitverkehr von Personen im Fernverkehr

	Eisenbahngrenzübergangs-stellen DDR – Berlin (West)	Zonen-/ Sektorenübergang	Bestimmungen
	Staaken	Sowjetisch/ Britisch	Transitverkehr von Personen; Wechsel- und Transitverkehr von Gütern
	Griebnitzsee	Sowjetisch/ Amerikanisch	Transitverkehr von Personen
	Drewitz	Sowjetisch/ Amerikanisch	Wechsel- und Transitverkehr von Gütern

→

Checkpoint Charlie, Oktober 1961.

Checkpoint Charlie, October 1961.

Checkpoint Charlie, octobre 1961.

←

Grenzübergang Sonnenallee.

Border crossing at Sonnenallee.

Poste-frontière Sonnenallee.

Wassergrenzübergangsstellen Berlin (Ost) – Berlin (West)	**Sektorenübergang**	**Bestimmungen**
Marschallbrücke	Sowjetisch/ Britisch	Wechsel- und Transitverkehr von Gütern; nicht von und nach der Bundesrepublik Deutschland
Britzer Zweigkanal	Sowjetisch/ Amerikanisch	Wechsel- und Transitverkehr von Gütern; nicht von und nach der Bundesrepublik Deutschland
Osthafen	Sowjetisch/ Amerikanisch	Wechsel- und Transitverkehr von Gütern; nicht von und nach der Bundesrepublik Deutschland

Wassergrenzübergangsstellen DDR – Berlin (West)	**Zonen-/ Sektorenübergang**	**Bestimmungen**
Hennigsdorf	Sowjetisch/ Französisch	Wechsel- und Transitverkehr von Gütern; nicht von und nach der Bundesrepublik Deutschland
Nedlitz	Sowjetisch/ Amerikanisch	Wechsel- und Transitverkehr von Gütern
Babelsberger Enge	Sowjetisch/ Amerikanisch	Wechselverkehr von Gütern
Dreilinden	Sowjetisch/ Amerikanisch	Wechsel- und Transitverkehr von Gütern
Kleinmachnow	Sowjetisch/ Amerikanisch	Wechsel- und Transitverkehr von Gütern

zusätzliche Grenzübergangsstellen[3] Herbst 1989 bis 30. Juni 1990 Berlin (West) – Berlin (Ost)	Sektorenübergang	Bestimmungen
Kopenhagener Straße	Französisch/ Sowjetisch	mit und ohne Pkw
Wollankstraße	Französisch/ Sowjetisch	mit und ohne Pkw
Bernauer Straße/ Eberswalder Straße	Französisch/ Sowjetisch	nur Fußgänger
Brunnenstraße	Französisch/ Sowjetisch	nur Fußgänger
U-Bahnhof Rosenthaler Platz	Sowjetisch/ Französisch	nur Fußgänger
Brandenburger Tor	Britisch/ Sowjetisch	nur Fußgänger
Potsdamer Platz	Britisch/ Sowjetisch	mit und ohne Pkw
Lindenstraße	Amerikanisch/ Sowjetisch	nur Fußgänger
S- und U-Bahnhof Jannowitzbrücke	Sowjetisch/ Amerikanisch	nur Fußgänger
Köpenicker Straße/ Schillingbrücke	Amerikanisch/ Sowjetisch	nur Fußgänger
Schlesische Straße/ Puschkinallee	Amerikanisch/ Sowjetisch	mit und ohne Pkw
Elsenstraße	Amerikanisch/ Sowjetisch	nur Fußgänger
Stubenrauchstraße	Amerikanisch/ Sowjetisch	nur Fußgänger

→

Ehemaliger Autobahngrenzübergang, Brücke über den Teltow-Kanal, 1984.

Former motorway border crossing – bridge over the Teltow canal 1984.

Ancien poste-frontière autoroutier, pont du canal de Teltow, 1984.

zusätzliche Grenzübergangsstellen[4] Herbst 1989 – 30. Juni 1990 Berlin (West) – DDR	**Sektoren-/ Zonenübergang**	**Bestimmungen**
Berliner Straße	Französisch/ Sowjetisch	nur Fußgänger
Oranienburger Chaussee/ Hohen-Neuendorf	Französisch/ Sowjetisch	nur Fußgänger
Ruppiner Chaussee	Französisch/ Sowjetisch	nur Fußgänger
Falkenseer Chaussee/ Max-Reimann-Straße	Britisch/ Sowjetisch	mit und ohne Pkw
Heerstraße/Staaken	Britisch/Sowjetisch	mit und ohne Pkw
Potsdamer Chaussee/ Groß Glienicke	Britisch/ Sowjetisch	nur Fußgänger (ab 1. Juni 1990 mit und ohne Pkw)
Glienicker Brücke	Amerikanisch/ Sowjetisch	mit und ohne Pkw
Böttcherberg	Amerikanisch/ Sowjetisch	nur Fußgänger
Kohlhasenbrück	Amerikanisch/ Sowjetisch	nur Fußgänger
Benschallee/Karl-Marx-Allee	Amerikanisch/ Sowjetisch	mit und ohne Pkw
Machnower Straße/ Zehlendorfer Damm	Amerikanisch/ Sowjetisch	mit und ohne Pkw
Teltower Damm/ Zehlendorfer Straße	Amerikanisch/ Sowjetisch	nur Fußgänger
Ostpreußendamm/ Philipp-Müller-Allee	Amerikanisch/ Sowjetisch	mit und ohne Pkw
Marienfelder Allee	Amerikanisch/ Sowjetisch	nur Fußgänger
Beethovenstraße/Mahlow	Amerikanisch/ Sowjetisch	nur Fußgänger
Kirchhainer Damm/Mahlow	Amerikanisch/ Sowjetisch	mit und ohne Pkw
Groß Ziethener Straße	Amerikanisch/ Sowjetisch	nur Fußgänger
Buckower Damm/ Groß Ziethen	Amerikanisch/ Sowjetisch	nur Fußgänger

1 Stand: 1989; vgl. Peter Joachim Lapp, Gefechtsdienst im Frieden. Das Grenzregime der DDR 1945–1990, Bonn: Bernard & Graefe Verlag 1999, S. 148f. und Innerdeutsche Beziehungen. Die Entwicklung der Beziehungen zwischen der Bundesrepublik Deutschland und der Deutschen Demokratischen Republik 1980 – 1986. Eine Dokumentation, hrsg. vom Bundesministerium für innerdeutsche Beziehungen, Bonn 1986, S. 110f. Zur Übersicht über die Art der beschränkt passierbaren oder völlig gesperrten Straßen am 13. August 1961 vgl. Ulbrichts Mauer. Zahlen, Fakten, Daten, hrsg. vom Bundesministerium für gesamtdeutsche Fragen, 3., durchges. u. erg. Aufl., Bonn 1962, S. 9.

2 Vgl. Bekanntmachung des Ministeriums des Innern der DDR über den Zugang nach Berlin (Ost) vom 12.08.1961, in: Dokumente zur Deutschlandpolitik IV/7 (1961), S. 8f. und die darin aufgeführten Straßenübergangsstellen: Kopenhagener Straße, Wollankstraße, Bornholmer Straße, Brunnenstraße, Chausseestraße, Brandenburger Tor, Friedrichstraße, Heinrich-Heine-Straße, Oberbaumbrücke, Puschkin-Allee, Elsenstraße, Sonnenallee und Rudower Straße; vgl. ferner Bekanntmachung des Ministeriums des Innern der DDR über den Zugang nach Berlin (Ost) vom 22.08.1961, in: Volker Koop, „Den Gegner vernichten." Die Grenzsicherung der DDR, Bonn: Bouvier 1996, S. 100 und die darin aufgeführten Straßenübergangsstellen: Friedrichstraße, Bornholmer Straße, Heinrich-Heine-Straße, Chausseestraße, Invalidenstraße, Oberbaumbrücke und Sonnenallee.

3 Zusammengestellt nach Berlin-Stadtatlas, 16. Aufl., Berlin u. a. 1990/91.

4 Zusammengestellt nach Berlin-Stadtatlas, 16. Aufl., Berlin u. a. 1990/91.

Crossing points (by foot or car) Berlin (West) – Berlin (East)[2]	Sector borders	Purpose
Bornholmer Straße	French/ Soviet	Exchange traffic for citizens of the DDR (East Germany), residents of Berlin (West) and the Federal Republic of Germany (West Germany) with or without a private car
Chausseestraße	French/ Soviet	Exchange traffic for citizens of the DDR (East Germany) and residents of Berlin (West) with or without a private car
Invalidenstraße	British/ Soviet	Exchange traffic for citizens of the DDR (East Germany) residents of Berlin (West) with or without a private car
Friedrichstraße Checkpoint Charlie	American/ Soviet	For foreigners, members of the allied forces and diplomatic personnel
Prinzenstraße Heinrich-Heine-Straße	American/ Soviet	Exchange traffic for citizens of the DDR (East Germany) and residents of Berlin (West) with or without a private car
Oberbaumbrücke	American/ Soviet	Exchange traffic for citizens of the DDR (East Germany) and residents of Berlin (West); only for pedestrian traffic
Sonnenallee	American/ Soviet	Exchange traffic for citizens of the DDR (East Germany) and residents of Berlin (West) with or without a private car

Crossing points Berlin (West) – DDR	Sector/Zone borders	Purpose
Heiligensee/Stolpe-Dorf (from 1st January 1988)	French/ Soviet	Exchange and transit traffic for residents of Berlin (West) and the Federal Republic of Germany (West Germany) as well as foreigners
Heerstraße/Staaken (up to 31st December 1987)	British/ Soviet	Exchange and transit traffic for residents of Berlin (West) and the Federal Republic of Germany (West Germany) as well as foreigners
Dreilinden/Drewitz Checkpoint Bravo	American/ Soviet	Exchange and transit traffic for residents of Berlin (West) and the Federal Republic of Germany (West Germany) as well as foreigners
Kirchhainer Damm/ Mahlow	American/ Soviet	Waste transport from Berlin (West) to the DDR (East Germany) and transport of building materials from the DDR to Berlin (West)
Waltersdorfer Chaussee/ Schönefeld	American/ Soviet	Exchange traffic for residents of Berlin (West) to the DDR (East German) airport at Schoenefeld, Berlin, bus traffic; also transit traffic for persons and air freight between the airport and Berlin (West)

Suburban, underground and main-line rail crossing point Berlin (East) – Berlin (West)	Sector borders	Purpose
Friedrichstraße	Soviet/ British	Exchange traffic for residents of Berlin (West) and the Federal Republic of Germany (West Germany) as well as foreigners; also exchange and transit traffic of persons using main-line rail travel

Railway Border Crossing Points DDR (East Germany) – Berlin (West)	Zone/Sector Borders	Purpose
Staaken	Soviet/ British	Transit traffic of persons; exchange and transit traffic of goods
Griebnitzsee	Soviet/ American	Transit traffic of persons
Drewitz	Soviet/ American	Goods exchange and transit

Water border crossing points Berlin (East) – Berlin (West)	Sector borders	Purpose
Marschallbrücke	Soviet/ British	Goods exchange and transit traffic; neither to or for the Federal Republic of Germany (West Germany)
Britzer Zweigkanal	Soviet/ American	Goods exchange and transit traffic; neither to or for the Federal Republic of Germany (West Germany)
Osthafen	Soviet/ American	Goods exchange and transit traffic; neither to or for the Federal Republic of Germany (West Germany)

Water border crossing points DDR (East Germany) – Berlin (West)	Zone/Sector borders	Purpose
Hennigsdorf	Soviet/ French	Goods exchange and transit traffic; neither to or for the Federal Republic of Germany (West Germany)
Nedlitz	Soviet/ American	Goods exchange and transit traffic
Babelsberger Enge	Soviet/ American	Goods exchange traffic
Dreilinden	Soviet/ American	Goods exchange and transit traffic
Kleinmachnow	Soviet/ American	Goods exchange and transit traffic

Additional border crossing points[3] autumn 1989 to 30th June 1990 Berlin (West) – Berlin (East)	Sector borders	Purpose
Kopenhagener Straße	French/ Soviet	With or without a car
Wollankstraße	French/ Soviet	With or without a car
Bernauer Straße/ Eberswalder Straße	French/ Soviet	Only pedestrians
Brunnenstraße	French/ Soviet	Only pedestrians
U-Bahnhof Rosenthaler Platz	Soviet/ French	Only pedestrians
Brandenburger Tor	British/ Soviet	Only pedestrians
Potsdamer Platz	British/ Soviet	With or without a car
Lindenstraße	American/ Soviet	Only pedestrians
S- und U-Bahnhof Jannowitzbrücke	Soviet/ American	Only pedestrians
Köpenicker Straße/ Schillingbrücke	American/ Soviet	Only pedestrians
Schlesische Straße/ Puschkinallee	American/ Soviet	With or without a car
Elsenstraße	American/ Soviet	Only pedestrians
Stubenrauchstraße	American/	Only pedestrians

Additional border crossing points[4] autumn 1989 to 30th June 1990 Berlin (West) – Berlin (East)	Sector borders	Purpose
Berliner Straße	French/ Soviet	Only pedestrians
Oranienburger Chaussee/ Hohen-Neuendorf	French/ Soviet	Only pedestrians
Ruppiner Chaussee	French/ Soviet	Only pedestrians
Falkenseer Chaussee/ Max-Reimann-Straße	British/ Soviet	With or without a car
Heerstraße/Staaken	British/Soviet	With or without a car
Potsdamer Chaussee/ Groß Glienicke	British/ Soviet	Only pedestrians (after 1st June 1990 with or without a car)
Glienicker Brücke	American/ Soviet	With or without a car
Böttcherberg	American/ Soviet	Only pedestrians
Kohlhasenbrück	American/ Soviet	Only pedestrians
Benschallee/Karl-Marx-Allee	American/ Soviet	With or without a car
Machnower Straße/ Zehlendorfer Damm	American/ Soviet	With or without a car
Teltower Damm/ Zehlendorfer Straße	American/ Soviet	Only pedestrians
Ostpreußendamm/ Philipp-Müller-Allee	American/ Soviet	With or without a car
Marienfelder Allee	American/ Soviet	Only pedestrians
Beethovenstraße/Mahlow	American/ Soviet	Only pedestrians
Kirchhainer Damm/Mahlow	American/ Soviet	With or without a car
Groß Ziethener Straße	American/ Soviet	Only pedestrians
Buckower Damm/ Groß Ziethen	American/ Soviet	Only pedestrians

1 As of 1989; cf. Peter Joachim Lapp, "Gefechtsdienst in Frieden. Das Grenzregime der DDR 1945-1990", Bernard & Graefe Verlag, Bonn 1999; page 148 et seq. and "Innerdeutsche Beziehungen. Die Entwicklung der Beziehungen zwischen der Bundesrepublik Deutschland und der Deutschen Demokratischen Republik 1980 – 1986. Eine Dokumentation." published by the Federal Ministry for Inner-German Relations (Bundesministerium für innerdeutsche Beziehungen), Bonn, 1986, page 100 et seq. For a summary of the streets which were only passable to a limited extent or completely blocked on the 13th August 1961 cf. "Ulrichs Mauer: Zahlen, Fakten, Daten", published by the Ministry of All-German Questions (Bundesministerium für gesamtdeutsche Fragen), 3rd corrected and extended edition, Bonn, 1962, p. 9.

2 Cf. publication by the DDR (East German) Ministry of the Interior (Ministeriums des Innern) about access to Berlin (East) from 12th August 1961, in: Dokumente zur Deutschlandpolitik IV/7 (1961), p8 et seq. and the border crossing points listed there – Kopenhagener Straße, Wollankstraße, Bornholmer Straße, Brunnenstraße, Chausseestraße, Brandenburger Tor, Friedrichstraße, Heinrich-Heine-Straße, Oberbaumbrücke, Puschkin-Allee, Elsenstraße, Sonnenallee and Rudower Straße; compare further with publication by the DDR Ministry of the Interior about access to Berlin (East) from 12th August 1961, in: Volker Koop, "Den Gegner vernichten – Die Grenzsicherung der DDR", Bonn, 1996, p. 100 and the border crossing points listed there: Friedrichstraße, Bornholmer Straße, Heinrich-Heine-Straße, Chausseestraße, Invalidenstraße, Oberbaumbrücke and Sonnenallee.

3 Compiled from the "Berliner-Stadtatlas", 16th edition, Berlin, et al. 1990/91

4 Compiled from the "Berliner-Stadtatlas", 16th edition, Berlin, et al. 1990/91

Poste-frontière routier Berlin (Ouest) – Berlin (Est)[2]	Changement de secteur	Passage
Bornholmer Straße	français – soviétique	Circulation des ressortissants de la RDA, des habitants de Berlin (Ouest) et de la République Fédérale d'Allemagne avec et sans voiture.
Chausseestraße	français – soviétique	Circulation des ressortissants de la RDA et des habitants de Berlin (Ouest) avec et sans voiture.
Invalidenstraße	britannique – soviétique	Circulation des ressortissants de la RDA et des habitants de Berlin (Ouest) avec et sans voiture.
Friedrichstraße Checkpoint Charlie	américain – soviétique	Ressortissants non allemands, personnel allié et diplomatique.
Prinzenstraße Heinrich-Heine-Straße	américain – soviétique	Circulation des ressortissants de la RDA, des ressortissants de la République Fédérale d'Allemagne et du personnel diplomatique.
Oberbaumbrücke	américain – soviétique	Circulation des ressortissants de la RDA et des habitants de Berlin (Ouest); piétons uniquement.
Sonnenallee	américain – soviétique	Circulation des ressortissants de la RDA et des habitants de Berlin (Ouest) avec et sans voiture.

Poste-frontière routier Berlin (Ouest) – Berlin (Est)	Changement de secteur	Passage
Heiligensee/Stolpe-Dorf (depuis le 1er janvier 1988)	français – soviétique	Circulation et transit des habitants de Berlin (Ouest), de République Fédérale d'Allemagne et des ressortissants non allemands.
Heerstraße/Staaken (jusqu'au 31 décembre 1987)	britannique – soviétique	Circulation et transit des habitants de Berlin (Ouest), de République Fédérale d'Allemagne et des ressortissants non allemands.
Dreilinden/Drewitz Checkpoint Bravo	américain – soviétique	Circulation et transit des habitants de Berlin (Ouest), de République Fédérale d'Allemagne et des ressortissants non allemands.
Kirchhainer Damm/ Mahlow	américain – soviétique	Transports des ordures ménagères de Berlin (Ouest) en RDA et des matériaux de construction de RDA vers Berlin – Ouest).
Waltersdorfer Chaussee/ Schönefeld	américain – soviétique	Circulation des habitants de Berlin (Ouest) en direction de l'aéroport de RDA de Berlin-Schönefeld, circulation d'autobus; transit des personnes et du fret aérien entre l'aéroport et Berlin (Ouest).

Poste-frontière du chemin de fer urbain Berlin (Est) – Berlin (Ouest)	Changement de secteur	Passage
Friedrichstraße	soviétique – britannique	Circulation des habitants de Berlin (Ouest), de République Fédérale d'Allemagne et des ressortissants non allemands; circulation et transit des personnes sur les grandes lignes.

Poste-frontière ferroviaire RDA – Berlin (Ouest)	Changement de secteur	Passage
Staaken	soviétique – britannique	Transit des personnes; circulation et transit des marchandises.
Griebnitzsee	soviétique – américain	Transit des personnes.
Drewitz	soviétique – américain	Circulation et transit des marchandises.

Poste-frontière fluvial Berlin (Est) – Berlin (Ouest)	Changement de secteur	Passage
Marschallbrücke	soviétique – britannique	Circulation et transit des marchandises; à l'exception des marchandises en provenance et à destination de la République Fédérale d'Allemagne.
Britzer Zweigkanal	soviétique – américain	Circulation et transit des marchandises; à l'exception des marchandises en provenance et à destination de la République Fédérale d'Allemagne.
Osthafen	soviétique – américain	Circulation et transit des marchandises; à l'exception des marchandises en provenance et à destination de la République Fédérale d'Allemagne.

Poste-frontière fluvial RDA – Berlin (Ouest)	Changement de secteur	Passage
Hennigsdorf	soviétique – français	Circulation et transit des marchandises; à l'exception des marchandises en provenance et à destination de la République Fédérale d'Allemagne.
Nedlitz	soviétique – américain	Circulation et transit des marchandises.
Babelsberger Enge	soviétique – américain	Circulation des marchandises.
Dreilinden	soviétique – américain	Circulation et transit des marchandises.
Kleinmachnow	soviétique – américain	Circulation et transit des marchandises.

Postes-frontière supplémentaires[3] ouverts de l'automne 1989 au 30 juin 1990 Berlin (Ouest) – Berlin (Est)	Changement de secteur	Passage
Kopenhagener Straße	français – soviétique	Avec et sans voiture particulière.
Wollankstraße	français – soviétique	Avec et sans voiture particulière.
Bernauer Straße/ Eberswalder Straße	français – soviétique	Piétons uniquement.
Brunnenstraße	français – soviétique	Piétons uniquement.
U-Bahnhof Rosenthaler Platz	soviétique – français	Piétons uniquement.
Brandenburger Tor	britannique – soviétique	Piétons uniquement.
Potsdamer Platz	britannique – soviétique	Avec et sans voiture particulière.
Lindenstraße	américain – soviétique	Piétons uniquement.
S- und U-Bahnhof Jannowitzbrücke	soviétique – américain	Piétons uniquement.
Köpenicker Straße/ Schillingbrücke	américain – soviétique	Piétons uniquement.
Schlesische Straße/ Puschkinallee	américain – soviétique	Avec et sans voiture particulière.
Elsenstraße	américain – soviétique	Piétons uniquement.
Stubenrauchstraße	américain – soviétique	Piétons uniquement.

Postes-frontière supplémentaires[4] ouverts de l'automne 1989 au 30 juin 1990 Berlin (Ouest) – Berlin (Est)	Changement de secteur	Passage
Berliner Straße	français – soviétique	Piétons uniquement.
Oranienburger Chaussee/ Hohen-Neuendorf	français – soviétique	Piétons uniquement.
Ruppiner Chaussee	français – soviétique	Piétons uniquement.
Falkenseer Chaussee/ Max-Reimann-Straße	britannique – soviétique	Avec et sans voiture particulière.
Heerstraße/Staaken	britannique – soviétique	Avec et sans voiture particulière.
Potsdamer Chaussee/ Groß Glienicke	britannique – soviétique	Piétons uniquement. (à partir du 1er janvier 1990 avec et sans voiture particulière).
Glienicker Brücke	américain – soviétique	Avec et sans voiture particulière.
Böttcherberg	américain – soviétique	Piétons uniquement.
Kohlhasenbrück	américain – soviétique	Piétons uniquement.
Benschalloo/Karl-Marx-Allee	américain – soviétique	Avec et sans voiture particulière.
Machnower Straße/ Zehlendorfer Damm	américain – soviétique	Avec et sans voiture particulière.
Teltower Damm/ Zehlendorfer Straße	américain – soviétique	Piétons uniquement.
Ostpreußendamm/ Philipp-Müller-Allee	américain – soviétique	Avec et sans voiture particulière.
Marienfelder Allee	américain – soviétique	Piétons uniquement.
Beethovenstraße/Mahlow	américain – soviétique	Piétons uniquement.
Kirchhainer Damm/Mahlow	américain – soviétique	Avec et sans voiture particulière.
Groß Ziethener Straße	américain – soviétique	Piétons uniquement.
Buckower Damm/ Groß Ziethen	américain – soviétique	Piétons uniquement.

1 Etat: 1989; cf. Peter Joachim Lapp, Gefechtsdienst im Frieden. Das Grenzregime der DDR 1945 – 1990, Bonn; Bernard & Graefe Verlag 1999, pp. 148. Dans la perspective des relations interallemandes. Die Entwicklung der Beziehungen zwischen der Bundesrepublik Deutschland und der Deutschen Demokratischen Republik 1980 – 1986. Eine Dokumentation, édité par le ministère fédéral des Relations interallemandes, Bonn 1986, pp. 110 et suivante. Etat des voies pouvant être franchies avec certaines limitations ou entièrement barrées le 13 août 1961, cf. Ulbrichts Mauer. Zahlen, Fakten, Daten, édité par le ministère fédéral des Questions allemandes, 3, édition revue et élargie, Bonn 1962, p. 9.

2 Cf. Avis du ministère de l'Intérieur de la RDA sur les accès à Berlin (Ouest) du 12 août 1961; reproduit dans: Dokumente zur Deutschlandpolitik IV/7 (1961) pp. 8 et suivante, avec mention des postes-frontière routiers: Kopenhagener Strasse, Wollankstrasse, Bornholmer Strasse, Brunnenstrasse, Chausseestrasse, Porte de Brandebourg, Friedrichstrasse, Heinrich-Heine-Strasse, Oberbaumbrücke, Puschkin-Allee, Elsenstrasse, Sonnenallee et Rudower Strasse; cf. également Avis du ministère de l'Intérieur de la RDA sur les accès à Berlin-Ouest) du 22 août 1961, reproduit dans: Volker Koop, «Den Gegner vernichten». Die Grenzsicherung der DDR, Bonn: Bouvier 1996, p. 100, avec mention des postes-frontière routiers: Friedrichstrasse, Bornholmer Strasse, Heinrich-Heine-Strasse, Chaussestrasse, Invalidenstrasse, Oberbaumbrücke et Sonnenallee.

3 Sur la base de l'atlas de Berlin, 16e édition, Berlin et divers 1990-1991.

4 Sur la base de l'atlas de Berlin, 16e édition, Berlin et divers 1990-1991.

↑
Checkpoint Charlie, 4. Dezember 1961.

U S ARMY CHECKPOINT
APOTHEKE

2 Geschichte des Checkpoint Charlie

2 History of Checkpoint Charlie

2 Histoire de Checkpoint Charlie

„C" wie „Charlie" kommt aus dem amerikanischen Alphabet: Checkpoint „Alpha" in Helmstedt (Übergang Bundesrepublik/DDR), „Bravo" in Dreilinden (Übergang DDR/West-Berlin), „Charlie" in der Friedrichstraße (Übergang amerikanischer/sowjetischer Sektor). Am Checkpoint Charlie, durchlässig nur für Diplomaten und Ausländer, standen die USA der Sowjetunion gegenüber – eine Situation, die eskalierte bis zur Panzerkonfrontation. Auch hier wurden die Westmächte zu Schutzmächten für die „Insel" West-Berlin.

"C" for Charlie comes from the American alphabet: checkpoint "Alpha" at Helmstedt (crossing West Germany/DDR East Germany), "Bravo" at Dreilinden (crossing DDR/West Berlin), "Charlie" in Friedrichstraße (crossing American/Soviet sectors). At Checkpoint Charlie, where only diplomats and foreigners were allowed to pass, the U.S.A. and the Soviet Union stood opposite one another – escalating the conflict to a confrontation with tanks. Here, too, the Western Powers became a protective power for the "Island of West Berlin".

Le «C» de Charlie est le nom de code du poste-frontière dans l'ordre retenu par les Américains: le poste-frontière «Alpha» était celui de Helmstedt (frontière entre la République Fédérale et la RDA), le poste-frontière «Bravo» celui de Dreilinden (frontière entre la RDA et Berlin-Ouest), «Charlie» étant le poste-frontière situé Friedrichstrasse (frontière entre le secteur américain et le secteur soviétique). Ce poste-frontière ne pouvait être franchi que par les personnels diplomatiques et les ressortissants non allemands. Les Etats-Unis et l'Union soviétique s'y trouvaient face à face, situation qui dégénéra en particulier par l'arrivée des blindés des deux côtés. Là aussi les puissances occidentales assumaient leur rôle de protection pour l' «île» qu'était Berlin-Ouest.

2.1 Einrichtung eines Kontrollpunkts durch die US Army

2.1 Construction of a checkpoint by the U.S. Army

2.1 Création d'un poste de contrôle par l'Armée américaine

←

Am 1. September 1961 errichtete die US Army die erste Kontroll- und Beratungsstelle. In der Mitte der Friedrichstraße gegenüber dem Haus Nummer 207 wurde ein Wagen positioniert, von welchem die Kontrolle über den Besucherverkehr ausgeübt wurde. Alliierte Besucher wurden vor dem Übergang nach Ost-Berlin informiert und registriert. Der Checkpoint Charlie war mit dem Führungszentrum des Alliierten Stabes Berlin telefonisch verbunden.

On September 1st 1961, the U.S. Army constructed the first control and advisory office. In the middle of the Friedrichstraße, opposite house number 207, a vehicle was positioned from which the visitor traffic was controlled. Allied visitors were registered and informed before crossing to East Berlin. Checkpoint Charlie was linked by telephone to the headquarters of the Allied Staff in Berlin.

Le 1er septembre 1961, l'Armée américaine créa le premier poste de contrôle et de prise en charge. Une voiture s'est postée au milieu de la rue Friedrichstrasse, à la hauteur de l'immeuble du n° 207. Les soldats effectuaient le contrôle du trafic des visiteurs. Les visiteurs alliés étaient informés et enregistrés avant de passer à Berlin-Est. Checkpoint Charlie était relié par téléphone au centre de commandement de l'état-major allié de Berlin.

2.2 Erste Kontrollbaracke der Westalliierten, die erste Generation der Grenzübergangsstelle Friedrich-/Zimmerstraße der DDR

2.2 The first checkpoint booth is built by the western allies; the first DDR (East German) border crossing point at Friedrichstraße/Zimmerstraße

2.2 Premier baraquement des alliés occidentaux, première génération du poste-frontière Friedrichstrasse – Zimmerstrasse de la RDA

NEUE ZEIT
US ARMY CHECKPOINT

←

Die erste alliierte Kontrollbaracke des Checkpoint Charlie, errichtet am 22. September 1961. Zunächst wurde sie nur von der US Army betrieben. Ab 1962 waren auch britische und französische Militärpolizisten dort im Einsatz. Pro Schicht war der Checkpoint Charlie durch je drei Militärpolizisten jeder Nation besetzt. Seitens der Amerikaner war dies die 287th Military Police Company, seitens der Briten das 2nd Regiment Royal Military Police und seitens der Franzosen die Gendarmerie Berlin.

The first Allied control booth at Checkpoint Charlie was built on September 22nd 1961. In the beginning of the operation, it was manned only by the U.S. Army. Later in 1962, British and French military police were also on active duty. Each shift at Checkpoint Charlie was manned by three military policemen from each country. On the American side was the 287th Military Police Company, on the British side, the 2nd Regiment Royal Military Police, and on the French side, the Gendarmerie Berlin.

Le premier baraquement de contrôle allié de Checkpoint Charlie, installé le 22 septembre 1961. Dans un premier temps, les soldats américains y étaient seuls en service. A partir de 1962, la police militaire britannique et française est venue se joindre à eux. Chaque service de garde était composé de trois soldats de la police militaire de chaque nation. Il s'agissait pour l'Armée américaine du 287ᵉ Military Police Company, pour l'Armée britannique du 2ᵉ régiment Royal Military Police et pour l'Armée française de la gendarmerie de Berlin.

↑ Kontrolle eines sowjetischen Pkws durch die Westalliierten am Checkpoint Charlie.

A Soviet car being checked by the Western Allies at Checkpoint Charlie.

Contrôle d'une voiture soviétique par les alliés occidentaux, Checkpoint Charlie.

↑ Im Gegensatz zur monströsen Mauer und den Bauten des Ost-Berliner Grenzüberganges Friedrich-/Zimmerstraße hatten die Westalliierten nur eine kleine Kontrollbaracke (1961).

Compared to the massive wall and buildings at the East Berlin border crossing point at Friedrichstraße/Zimmerstraße, the Western Allies had only a small control booth (1961).

Tout à l'opposé du Mur monstrueux et des ouvrages militaires du poste-frontière de Berlin-Est Friedrich strasse – Zimmerstrasse, les alliés occidentaux n'entretenaient qu'un baraquement minuscule (1961).

↑ Angehörige der US Army hinter den Sandsäcken schauen in Richtung Osten.

Members of the U.S. Army behind sand bags, looking towards the East.

Des soldats de l'Armée américaine retranchés derrière les sacs de sable observent ce qui se passe à l'Est.

← ↑

Angehörige der US Army am Checkpoint Charlie.

Members of the U.S. Army at Checkpoint Charlie.

Soldats de l'Armée américaine Checkpoint Charlie.

↑

Angehörige der US Military Police am Checkpoint Charlie.
Ein Erinnerungsfoto.

Members of the U.S. Military Police at Checkpoint Charlie.
A souvenir photo.

Soldats de la police militaire américaine, Checkpoint Charlie.
Photo souvenir.

↑

DDR-Grenzer beobachten den Checkpoint Charlie.

DDR (East German) border guards observing Checkpoint Charlie.

Les gardes-frontière de RDA observent Checkpoint Charlie.

↓ Luftaufnahme der Grenzübergangsstelle der DDR Friedrich-/Zimmerstraße.

Aerial photo of the border crossing point at Friedrichstraße/Zimmerstraße DDR (East Germany).

Vue aérienne du poste-frontière de la RDA Friedrichstrasse – Zimmerstrasse.

↑

Die West-Berliner Polizei arbeitete mit den West-Alliierten eng zusammen.

The West Berlin police cooperated closely with the Western Allies.

La police de Berlin-Ouest travaille en liaison étroite avec les alliés occidentaux.

↓ Von diesem Podest aus schauten auch viele prominente Persönlichkeiten auf die Mauer.

Many famous persons viewed the wall from this platform.

Les curieux sont toujours nombreux sur cette plate-forme d'observation. Parmi eux des personnalités de la vie publique.

↑
Im Dezember 1961 erfuhr die ganze Welt durch die Fotos in Berliner Zeitungen von der Aktion „Licht an der Mauer“. Beleuchtete Tannenbäume winkten wie ein Weihnachtsgruß über die Mauer. „Von tausend hohen Tannenbäumen erstrahlt dieses Licht an der Grenze. Von tausend Tannen, die Menschen aus fast allen Ländern der freien Welt gestiftet und nach Berlin geschickt haben. 'Licht an der Mauer' – Symbol des Friedens, Symbol unserer Liebe und unseres Gedenkens an unsere Mitmenschen jenseits dieser brutalsten aller Grenzen“ hieß es damals in der Tagespresse.

In December 1961, the whole world learned about the “Light at the Wall” campaign through photos in Berlin newspapers. Illuminated Christmas trees waved a Christmas greeting over the wall. The daily press wrote, “This light from a thousand tall Christmas trees shines on the border. From a thousand fir trees, donated and sent to Berlin by people from almost all countries of the free world. ‘Light at the Wall’ – a symbol of peace, a symbol of our love and our remembrance of our fellow men beyond this most brutal of borders.”

En décembre 1961, une photo a parcouru le monde entier après avoir annoncé dans les journaux de Berlin la campagne «Lumière sur le Mur». On avait imaginé dresser des arbres de Noël illuminés qui étaient bien visibles de l’autre côté du Mur, en guise de message. Un journaliste notait: «La lumière provenant des sapins élevés enveloppe toute la frontière. Ces milliers de sapins ont été envoyés par les habitants de presque tous les pays libres. ‘Lumière sur le Mur’, un symbole de paix, le symbole de notre affection pour nos compatriotes au-delà de la frontière la plus brutale qui soit».

↑

Ein Wagen überquert den Ost-Berliner Grenzübergang für Ausländer und Diplomaten in der Friedrichstraße gegenüber dem Checkpoint Charlie. Mit der Errichtung eines rot-weiß-gestreiften Schlagbaums am Grenzübergang Friedrichstraße am 11. Dezember 1961 sind alle sieben Grenzübergänge von Ost- nach West-Berlin mit Schlagbäumen versehen.

A car crosses the East Berlin border crossing for foreigners and diplomats in the Friedrichstraße across from Checkpoint Charlie. With the construction of a red and white striped barrier at the Friedrichstraße crossing point on the 11th of December 1961, all seven border crossings were now equipped with such a barrier.

Une voiture passe le poste-frontière de Berlin-Est pour les ressortissants non allemands et les diplomates, Friedrichstrasse, à la hauteur de Checkpoint Charlie. Le 11 décembre 1961, la RDA installa des barrières mobiles rouge et blanc sur les sept postes-frontière d'Est en Ouest.

2.3 Zweite Generation des Kontrollpunkts der Westalliierten, die zweite und erweiterte Grenzübergangsstelle Friedrich-/Zimmerstraße der DDR

2.3 The second generation western allied checkpoint; the second and extended DDR (East German) border crossing at Friedrichstraße/Zimmerstraße

2.3 Deuxième génération du poste de contrôle des alliés occidentaux – aménagement et élargissement du poste-frontière Friedrichstrasse – Zimmerstrasse de la RDA

↑

Die Holzbaracke der West-Alliierten wird erweitert.

Extending construction of the wooden booth of the Western Allies.

Agrandissement du baraquement des alliés occidentaux.

←

Auf dem Schild an der Baracke stand auf Englisch:

Members of the armed forces must be in uniform when traveling to East Berlin. All US dependents visiting East Berlin will show only valid US passports for identification.

Angehörige der Streitkräfte müssen bei der Einreise nach Ost-Berlin Uniform tragen. Alle amerikanischen Familienangehörigen, die Ost-Berlin besuchen, brauchen zur Feststellung der Person nur ihre gültigen amerikanischen Reisepässe vorzuweisen.

Written in English, the sign on the booth reads:

Members of the armed forces must be in uniform when travelling to East Berlin. All U.S. dependents visiting East Berlin will show only valid U.S. passports for identification.

Le panneau sur le baraquement portait cette inscription en anglais:

Members of the armed forces must be in uniform when traveling to East Berlin. All US dependents visiting East Berlin will show only valid US passports for identification.

Les soldats des forces armées doivent porter l'uniforme pour se rendre à Berlin-Est. Tous les membres des familles américaines qui se rendent à Berlin-Est doivent présenter leur passeport américain valide.

→

Luftaufnahme der Grenzübergangsstelle Friedrich-/Zimmerstraße.

Aerial photo of the border crossing at Friedrichstraße/Zimmerstraße.

Vue aérienne du poste-frontière Friedrichstrasse – Zimmerstrasse.

↑

Trostlos sieht die Grenze aus. Am Podest unten ist ein Schild des Hauses am Checkpoint Charlie.

The bleak border: a sign for the "Haus am Checkpoint Charlie" is positioned at the foot of the platform.

La frontière présente un aspect de désolation attristant. En bas de la plateforme, un panneau de Haus am Checkpoint Charlie.

←

Die Grenzübergangsstelle Friedrich-/Zimmerstraße wird immer perfekter.

The border crossing at Friedrichstraße/Zimmerstraße is continually being improved.

Le poste-frontière Friedrichstrasse – Zimmerstrasse est sans cesse amélioré.

↑

Vor der Kontrollbaracke sind Parkplätze für einige westalliierte Militärfahrzeuge aufgezeichnet.

In front of the control booth are a few marked parking spaces for Western Allied military vehicles.

Plusieurs places de parking ont été marquées devant le baraquement pour les véhicules militaires des alliés occidentaux.

↑

Propagandaschild der Deutschen Demokratischen Republik und der Sozialistischen Einheitspartei Deutschlands:

„Hier beginnt die Freiheit vor imperialistischer Kriegspolitik, vor Revanchegeist, vor Spionagezentralen. Für sachliche Beziehungen mit der Westberliner Bevölkerung."

A propaganda sign of the German Democratic Republic (East Germany) and the Socialist Unity Party (Sozialistische Einheitspartei Deutschland, SED):

"Freedom from imperialist war politics, the spirit of revenge and international espionage begins here. For a realistic relationship with the people of West Berlin."

Panneau de propagande de la République Démocratique allemande et du Parti socialiste unifié d'Allemagne:

«Ici commence le pays libéré de la politique belliciste impérialiste, de l'esprit revanchard, des agences d'espionnage. Pour des relations raisonnables avec la population de Berlin-Ouest.»

↑

Propagandaschild der Deutschen Demokratischen Republik und der Sozialistischen Einheitspartei Deutschlands:

„Nicht Feindschaft, sondern normale Beziehungen zur Deutschen Demokratischen Republik bringen Frieden und Sicherheit für Westberlin!"

A propaganda sign from the German Democratic Republic (East Germany) and the Socialist Unity Party (Sozialistische Einheitspartei Deutschland, SED):

"Not hostility, but a normal relationship with the German Democratic Republic will bring peace and security to West Berlin!"

Panneau de propagande de la République Démocratique allemande et du Parti socialiste unifié d'Allemagne:

«Ce n'est pas l'hostilité mais des relations normales avec la République Démocratique Allemande qui apporteront la paix et la sécurité à Berlin-Ouest!»

↑

Blick vom DDR-Grenzübergang Friedrich-/Zimmerstraße in Richtung Checkpoint Charlie.

The view from the DDR (East German) border crossing at Friedrichstraße/Zimmerstraße, looking towards Checkpoint Charlie.

Vue du poste-frontière de la RDA Friedrichstrasse – Zimmerstrasse en direction de Checkpoint Charlie.

Blick vom Checkpoint Charlie in Richtung DDR-Grenzübergang Friedrich-/Zimmerstraße.

The view from Checkpoint Charlie, looking in the direction of the DDR (East German) border crossing at Friedrichstraße/Zimmerstraße.

Vue du poste-frontière de la RDA Friedrichstrasse – Zimmerstrasse depuis Checkpoint Charlie.

↓

↑

Auf westlicher Seite eine Doppelbaracke. Auf DDR-Seite steht ein großer Beobachtungsturm in der Mitte der Friedrichstraße. Die Werbetafel des Museums „Haus am Checkpoint Charlie“ ist bereits an der Hauswand. Die offizielle Eröffnung des Museums fand am 14. Juni 1963 statt.

A double booth on the western side – a large watch tower in the middle of the Friedrichstraße on the DDR (East Germany) side. The advertising sign for the “Haus am Checkpoint Charlie” museum has been mounted onto the building. The official opening of the museum took place on June 14th, 1963.

Du côté occidental un baraquement double donnant sur les deux côtés de la chaussée. Du côté de la RDA un mirador gigantesque au milieu de la rue Friedrichstrasse. Le panneau annonçant le musée «Haus am Checkpoint Charlie» est déjà accroché. L’inauguration officielle du Musée eut lieu le 14 juin 1963.

↑

Mit der Welle der DDR-Anerkennung pendelten immer mehr ausländische Diplomaten zwischen Ost- und West-Berlin. Sie lebten im Osten, aber ihre Einkäufe machten sie im Westen. „Am Checkpoint Charlie zählte die Polizei im Durchschnitt täglich etwa 100 Diplomatenfahrzeuge, ungefähr 50 in jede Richtung", schrieb die „Berliner Morgenpost". Der diplomatische Grenzverkehr begann gegen sechs Uhr früh. Die in Ost-Berlin akkreditierten Botschaften versorgten sich mit der West-Presse, die sie im Ost-Teil nicht bekommen konnten.

With the recognition of the DDR (East Germany), more and more foreign diplomats were travelling between East and West Berlin. They lived in the East but shopped in the West. The Berliner Morgenpost wrote, "On the average, the police counted around 100 diplomatic vehicles at Checkpoint Charlie, around 50 in each direction." The diplomatic border traffic began at around 6 o'clock in the morning. The official embassies in East Berlin bought western newspapers, which they could not obtain in the east part of the city.

La vague de reconnaissance de la RDA a entraîné une augmentation substantielle de la circulation des personnels diplomatiques entre Berlin-Est et Berlin-Ouest. Ils vivaient à l'Est mais effectuaient leurs achats à l'Ouest. Le quotidien Berliner Morgenpost notait: «A Checkpoint Charlie, la police dénombre en moyenne 100 véhicules diplomatiques chaque jour, 50 dans chaque direction.» La circulation des diplomates commençait vers 6 h 00 du matin. Les ambassades de Berlin-Est allaient chercher la presse occidentale qu'elle ne pouvait pas recevoir dans la partie Est de la ville.

↑

Die Bauten der Grenzübergangsstelle der DDR werden immer massiver. Die alliierte Kontrollbaracke dagegen ist aus Holz.

The buildings of the DDR (East Germany) border crossing point become more and more massive. In contrast, the Allied control booth was made of wood.

Les constructions au poste-frontière de la RDA se font toujours plus massives, alors que le point de contrôle allié reste un simple baraquement.

↑

Sperren, Schlagbäume, Betontürme des Grenzübergangs der DDR Friedrich-/Zimmerstraße.

Barricades, barriers and concrete towers of the DDR (East Germany) border crossing at Friedrichstraße/Zimmerstraße.

Obstacles, barrières mobiles, tours en béton au poste-frontière de la RDA Friedrichstrasse – Zimmerstrasse.

←

Ein Angehöriger der Westalliierten vor der Kontrollbaracke.

A member of the Western Allied forces in front of the control booth.

Un soldat des forces alliées occidentales devant le baraquement du point de contrôle.

↑

Der Ostblock und die Freie Welt stehen sich am Checkpoint Charlie gegenüber. Dies symbolisieren auch die Flaggen.

The Eastern Block and the free world stand opposite one another at Checkpoint Charlie. This is also symbolised by the flags.

A Checkpoint Charlie, le bloc de l'Est et le monde libre sont directement face à face comme le montrent les drapeaux.

←

Hoffnungslichter für die DDR-Bürger am Weihnachtsbaum auf dem Dach der Baracke. Der Baum konnte „von drüben" gesehen werden.

Lights of hope for the citizens of the DDR (East Germany) on the Christmas tree on the roof of the booth. The tree could be seen from "the other side".

Une lueur d'espoir pour les habitants de la RDA: l'arbre de Noël sur le baraquement, que l'on pouvoir voir «de l'autre côté».

←

Die DDR perfektioniert ihre Grenze.

The DDR border being improved.

La RDA perfectionne la frontière.

ALLIED
CHECKPOINT

Pelikan

2.4 Dritte Generation des Kontrollpunkts der Westalliierten, die dritte Generation der Grenzübergangsstelle Friedrich-/Zimmerstraße der DDR

2.4 The third generation western allied checkpoint, the third generation DDR (East German) border crossing point at Friedrichstraße/Zimmerstraße

2.4 Troisième génération du poste de contrôle des alliés occidentaux, troisième génération du poste-frontière Friedrichstrasse – Zimmerstrasse de la RDA

←

Angehörige der Alliierten am Checkpoint Charlie: ein Amerikaner, ein Brite, ein Franzose.

Members of the Allied forces at Checkpoint Charlie – an American, a Briton and a Frenchman.

Soldats alliés Checkpoint Charlie: un Américain, un Britannique et un Français.

←

Am 20. Mai 1976 wird die Baracke abtransportiert, um für eine modernere Platz zu machen.

The booth was removed on the 20th of May 1976, to make way for a modern one.

Le 20 mai 1976, le baraquement est transporté pour laisser la place à un ouvrage plus moderne.

↑

An die Stelle der alten alliierten Holzbaracke kommt ein moderner Container. Er besteht aus zwei Fertigteilen und wurde mit 50.000 DM aus dem amerikanischen Verteidigungshaushalt finanziert. Damit verliert der Ausländergrenzübergang an der Berliner Mauer endgültig den Charakter eines Provisoriums.

A modern building replaces the old Allied wooden booth. It consisted of two prefabricated parts and was financed with 50,000 DM (Deutschmark) from the American defense budget. With this, the border crossing for foreigners finally lost its provisional character.

Le vieux baraquement des alliés est remplacé par un conteneur moderne, en éléments préfabriqués qui a coûté 50.000 DM au budget américain de la défense. Le poste-frontière pour les ressortissants non allemands, en bordure du Mur, perd son caractère provisoire.

↑
Weihnachten 1976 an der neuen alliierten Kontrollbaracke.

The new Allied control building, Christmas 1976.

Noël 1976 au nouveau poste de contrôle allié.

←
Blick auf den Checkpoint Charlie von Ost-Berliner Seite.

View of Checkpoint Charlie from the East Berlin side.

Checkpoint Charlie, vue de Berlin-Est.

↑

Blick von Ost-Berliner Seite auf die Häuser links vom Checkpoint Charlie.

In dem mit einem Pfeil markierten Haus befindet sich unser 1963 eröffnetes Museum.

View from the East Berlin side looking towards the buildings to the left of Checkpoint Charlie.

Our museum, which was opened in 1963, is in the building marked with an arrow.

Les immeubles à gauche de Checkpoint Charlie, vue de Berlin-Est.

Notre Musée, qui a ouvert ses portes en 1963, se trouve dans l'immeuble marqué par une flèche.

→

Blick von Ost-Berliner Seite auf den Checkpoint Charlie.

View of Checkpoint Charlie from the East Berlin side.

Checkpoint Charlie, vue de Berlin-Est.

↑

Blick auf die Zimmerstraße rechts vom Checkpoint Charlie.

View of the Zimmerstraße to the right of Checkpoint Charlie.

Vue de la rue Zimmerstrasse, à droite de Checkpoint Charlie.

←
Luftaufnahme der DDR-Grenzübergangsstelle Friedrich-/Zimmerstraße.

Aerial view of the DDR (East German) border crossing at Friedrichstraße/Zimmerstraße.

Vue aérienne du poste-frontière de la RDA Friedrichstrasse – Zimmerstrasse.

←
Die Spannung bei den Angehörigen der Westalliierten deutet auf ein Vorkommnis am DDR-Grenzübergang Friedrich-/Zimmerstraße.

The tension of the members of the Western Allied Forces indicates an incident at the DDR border crossing at Friedrichstraße/Zimmerstraße.

La tension qui règne parmi les soldats des alliés occidentaux est le signe qu'un incident s'est produit au poste-frontière de la RDA Friedrichstrasse – Zimmerstrasse.

↑
Checkpoint Charlie 1986.

Checkpoint Charlie in 1986.

Checkpoint Charlie en 1986.

↓ Luftaufnahme der Zimmerstraße.

Aerial view of the Zimmerstraße.

Vue aérienne de la rue Zimmerstrasse.

2.5 Vierte Generation des Kontrollpunkts der Westalliierten, die vierte Generation der Grenzübergangsstelle Friedrich-/Zimmerstraße der DDR

2.5 The fourth generation western allied checkpoint, the fourth generation DDR (East German) border crossing at Friedrichstraße/Zimmerstraße

2.5 Quatrième génération du poste de contrôle des alliés occidentaux, quatrième génération du poste-frontière de la RDA Friedrichstrasse – Zimmerstrasse

→

Die Ost-Berliner Grenzübergangsstelle Friedrich-/Zimmerstraße wird ausgebaut.

The East Berlin border crossing point at Friedrichstraße/Zimmerstraße is extended.

Aménagement et extension du poste-frontière de Berlin-Est Friedrichstrasse – Zimmerstrasse.

↑
Die letzte Generation der Ost-Berliner Grenzübergangsstelle Friedrich-/ Zimmerstraße.

The last generation of the East Berlin border crossing point at Friedrichstraße/ Zimmerstraße.

La dernière génération du poste-frontière de Berlin-Est Friedrichstrasse – Zimmerstrasse.

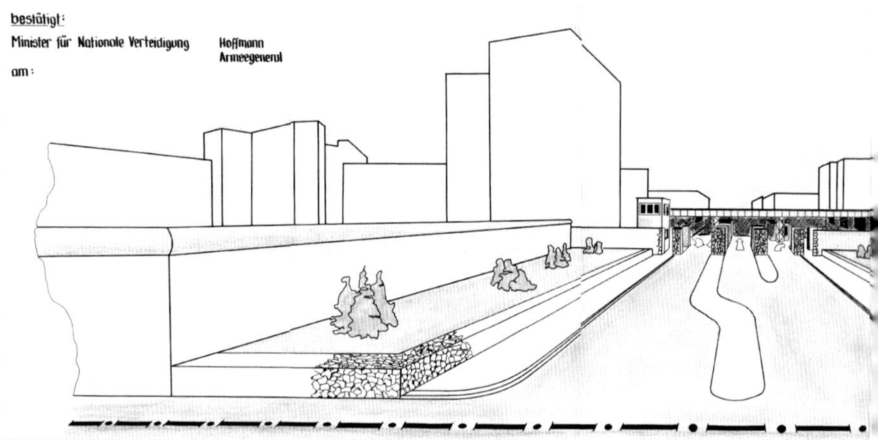

↑

Die DDR war bestrebt, ihre Staatsgrenze, „wohl die am besten bewachte Grenze der Welt" (DDR-Armeegeneral Hoffmann), als ganz normale Grenze erscheinen zu lassen. Entsprechend war auch die Planung der Grenzübergänge angelegt. Der hier gezeigte „Vorschlag zur Gestaltung des Grenzstreckenabschnittes Grenzübergangsstelle Friedrich-/Zimmerstraße" trägt die Unterschrift von Generalleutnant Klaus-Dieter Baumgarten, Chef der DDR-Grenztruppen. Baumgarten wurde 1996 wegen Totschlags an DDR-Flüchtlingen zu sechseinhalb Jahren Haft verurteilt, aber nach Verbüßen von 40 Monaten vom Berliner Senat begnadigt.

The GDR endeavoured to have its state border, probably that border in the world which was guarded like no other (DDR- Armeegeneral Hoffmann), appear as a totally normal border. The planning of border cross-over points was organized accordingly. The "proposal for the organization of the border section Border Cross-Over Point Friedrich-/Zimmerstraße", shown here, was signed by lieutenant general Klaus-Dieter Baumgarten, Chief of the GDR border guards. For manslaughter of GDR escapees, Baumgarten was sentenced to six and a half years imprisonment in 1996, but after having served his sentence for 40 months, he was granted a pardon by the Berlin Senate.

La RDA avait l'intention de faire paraître sa frontière, probablement «la mieux surveillée du monde entier» (général d'armée de la RDA Hoffmann), comme étant une frontière tout à fait normale. Les postes-frontière tels qu'ils existaient sur les planches à dessin, avaient pour but de réaliser cette intention. Cette «proposition d'aménagement de la section frontalière au niveau du poste-frontière Friedrichstrasse – Zimmerstrasse» est due au général de division Klaus-Dieter Baumgarten, commandant des gardes-frontière. Baumgarten a été condamné en 1996 à six ans et demi de réclusion pour homicide de fugitifs de RDA mais a été gracié après 40 mois de détention par le Sénat de Berlin.

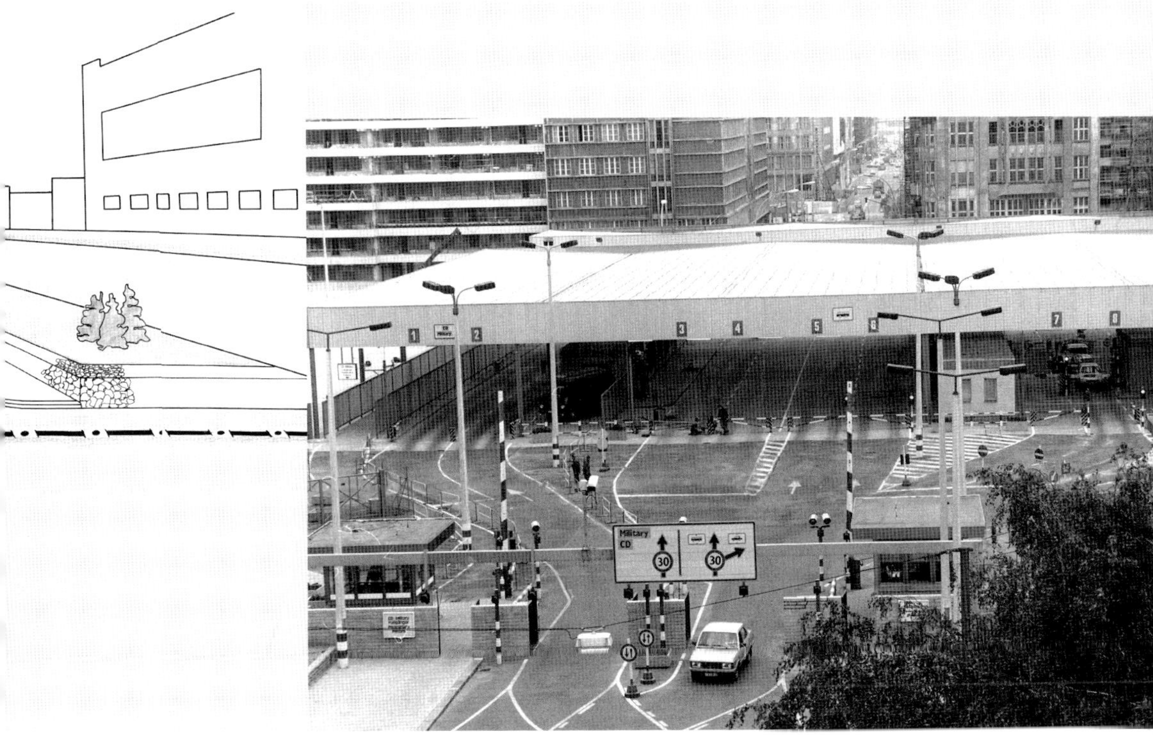

↑

Äußerlich war die zehnspurige Abfertigungshalle des Ost-Berliner Grenzüberganges Friedrich-/Zimmerstraße den westlichen Abfertigungshallen nachgebildet, jedoch um ein vielfaches funktionaler durch die Verwendung von Überwachungs-High Tech bis hin zu radioaktiver Durchleuchtung.

Externally, the ten-lane transit area of the DDR (East Germany) border crossing at Friedrichstraße/Zimmerstraße was copied from its western counterparts, but it was much more highly equipped, with high-tech surveillance including radioactive x-ray equipment.

Extérieurement la halle à dix voies de circulation du poste-frontière de Berlin-Est Friedrichstrasse – Zimmerstrasse ressemblait à celle que l'on trouvait dans les pays occidentaux mais ses fonctionnalités étaient beaucoup plus sophistiquées pour les techniques de surveillance, allant jusqu'aux examens radiologique aux isotopes radioactifs.

↑
Checkpoint Charlie; Ost-Berliner Grenzübergang Friedrich-/Zimmerstraße.

Checkpoint Charlie, the East Berlin border crossing at Friedrichstraße/ Zimmerstraße.

Checkpoint Charlie; poste-frontière de Berlin-Est Friedrichstrasse – Zimmerstrasse.

← ↓

Verstärkte Sicherheitsmaßnahmen nach dem Sprengstoffanschlag des libyschen Geheimdienstes vom 5. April 1986 auf die West-Berliner Diskothek „La Belle“, die häufig von amerikanischen Soldaten besucht wurde.

Increased security measures after the bombing of the “La Belle” discotheque in West Berlin on April 5th 1986 by the Libyan Secret Service. “La Belle” was often visited by American soldiers.

Renforcement des mesures de sécurité après l’attentat à l’explosif des services spéciaux libyens le 5 avril 1986 à la discothèque de Berlin-Ouest «La Belle», que les soldats américains étaient nombreux à fréquenter.

↑

Der Checkpoint Charlie in den achtziger Jahren.

Checkpoint Charlie in the eighties.

Checkpoint Charlie dans les années 1980.

← ↑

Der DDR-Grenzübergang Friedrich-/Zimmerstraße am 7. Oktober 1989. Verstärkte Sicherheitsmaßnahmen anlässlich des 40. Jahrestages der Gründung der DDR.

The DDR (East German) border crossing point at Friedrichstraße/Zimmerstraße on the 7th of October 1989 – increased security measures because of the 40th anniversary of the founding of the DDR.

Le poste-frontière de RDA Friedrichstrasse – Zimmerstrasse le 7 octobre 1989. Les mesures de sécurité ont été considérablement intensifiées pour le 40e anniversaire de la fondation de la RDA.

2.6 Der 9. November 1989

2.6 November 9th 1989

2.6 Le 9 novembre 1989

„Die große Mauer, gedacht als Schutzwall gegen die barbarischen Völker der Steppe, ist einer der immer wiederholten Versuche, die Zeit aufzuhalten, und hat sich, wie wir heute wissen, nicht bewährt. Die Zeit lässt sich nicht aufhalten." „Die chinesische Mauer" von Max Frisch

„The Great Wall, conceived as a protective wall against the barbaric peoples of the steppes, is one of the ever-repeated attemps to bring time to a standstill and has not, as we know, succeeded. Time cannot be brought to a halt." „The Chinese Wall" by Max Frisch

«La Grande Muraille, conçue comme un rempart contre les peuples barbares de la steppe, est l'une des nombreuses tentatives de l'homme pour stopper le fil des événements et n'a pas donné satisfaction comme nous le savons aujourd'hui. Il est vain d'aller à contre-courant.» «La Grande Muraille», Max Frisch

← ↑

Bis Anfang Oktober 1989 hatten bereits mehrere zehntausend DDR-Bürger ihr Land über Ungarn und die bundesdeutschen Botschaften in Prag und Warschau verlassen. In der DDR nahmen die Proteste immer mehr zu. Bei den Montagsdemonstrationen in Leipzig zogen am 25. September 1989 nach dem Friedensgebet ca. 8.000 Teilnehmer protestierend über Teile des Innenstadtrings, am 2. Oktober waren es ca. 10.000, am 9. Oktober etwa 70.000 und am 16. Oktober 1989 ca. 120.000 Menschen. Auch in Dresden, Halle und vielen anderen Städten der DDR wurden die Proteste von Woche zu Woche zahlreicher. Unter dem Druck dieser Proteste musste Staats- und Parteichef Erich Honecker am 18. Oktober 1989 zurücktreten. Am 7. November trat die Regierung zurück, am 9. November 1989 schließlich gab Politbüromitglied Günter Schabowski auf einer Pressekonferenz gegen 19:00 Uhr fast beiläufig bekannt, dass ab sofort die Ausreise über alle Grenzübergänge möglich sei. Nach über 28 Jahren: Die Mauer ist gefallen! „Das ist ja Wahnsinn!", wurde zum meistgehörten Satz dieser Nacht, in der die Berliner auf der Mauer tanzten.

By the beginning of October 1989, tens of thousands of citizens of the DDR (East Germany) had already left their country through Hungary and the Federal (West) German Embassies in Prague and Warsaw. The protests in the DDR increased steadily. On the Monday demonstration in Leipzig on September 25th 1989, some 8,000 people protested on the inner city motorway after a prayer for peace; on October 2nd, around 10,000, on October 9th approximately 70,000 and on October 16th some 120,000 people protested. The protests also grew in Dresden, Halle and in many other cities in the DDR from week to week. Under pressure from these demonstrations, the Head of State and the Communist Party, Erich Honecker, resigned on October 18th, 1989. The government resigned on November 7th and on November 9th, 1989, Günter Schabowski, Member of the Politoffice, announced almost incidentally at a press conference at around 19:00, that all border crossings would be opened immediately for outward travelling. After 28 years: The wall has fallen! "This is crazy!" was the sentence most often to be heard that night, in which the people of Berlin danced on the wall.

Début octobre 1989, plusieurs dizaines de milliers de ressortissants de la RDA avaient fui leur pays via la Hongrie et les ambassades de la République Fédérale à Prague et Varsovie. La protestation s'amplifiait en RDA. Aux manifestations du lundi, à Leipzig sur le périphérique intérieur, après la prière protestante pour la paix, on dénombra le 25 septembre 1989 environ 8.000 participants, ils étaient 10.000 le 2 octobre et déjà 70.000 le 9 octobre, et même 120.000 le 16 octobre 1989. A Dresde, Halle et dans de nombreuses autres villes de RDA, le mouvement de protestation prenait de plus en plus d'ampleur semaine après semaine. Sous la pression de cette vague de protestation, Erich Honecker, chef de l'Etat et du parti, dut renoncer à ses fonctions le 18 octobre 1989. Le 7 novembre, le gouvernement démissionna collectivement et, finalement, le 9 novembre 1989, Günter Schabowski, membre du bureau politique, annonçait lors d'une conférence de presse, vers 19 h 0, presque comme en passant, qu'à partir de cette date, les déplacements seraient possibles via tous les postes-frontière. Le Mur était tombé. «C'est incroyable!» est l'expression que l'on entendit le plus souvent pendant cette nuit où les Berlinois ont dansé sur le Mur.

↑

Nach der Öffnung der Mauer.

After the opening of the wall.

Après l'ouverture du Mur.

↑

Freie Fahrt nach West-Berlin mit dem Pkw am 11. November 1989.

Freedom to travel to West Berlin by car on November 11th 1989.

La voie est libre vers Berlin-Ouest, avec la voiture. 11 novembre 1989.

↑ →

Menschenmengen in der Nacht zum 10. November und in den Tagen darauf. Deutschland ist dankerfüllt: Gegenüber den Schutzmächten und dem Widerstand und denjenigen, die ihr Leben gaben. Jubelnde und Weinende fallen sich in die Arme.

Crowds in the night of 9th of November and the following days. Germany is filled with gratitude – to the protecting powers, to the resistance and to those who gave their lives. Laughing and crying, people embrace one another.

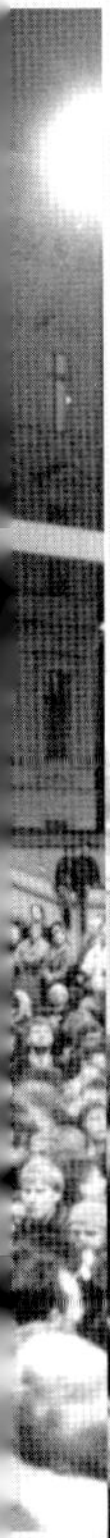

Les foules de la nuit du 9 au 10 novembre et de la journée qui suivit. L'Allemagne éprouve une profonde gratitude: à l'égard des puissances protectrices, à l'égard de la résistance et de tous ceux qui ont fait le sacrifice de leur vie. Des gens qui ne se connaissent pas, émus aux larmes ou au comble de la joie, se congratulent.

↑

DDR-Grenzer posieren an der alliierten Kontrollbaracke. Die Mauer ist weg!

DDR (East German) border personnel posing at the Allied checkpoint. The wall has fallen!

Les gardes-frontière de RDA posent pour la photo devant le poste de contrôle allié. Le Mur s'est effondré!

↑
Westalliierte zusammen mit einem DDR-Grenzer.

Western Allies posing with a DDR (East German) border soldier.

Les alliés occidentaux avec un garde-frontière de RDA.

2.7 Abbau der alliierten Kontrollbaracke am 22. Juni 1990

2.7 Dismantling of the allied checkpoint booth on June 22nd 1990

2.7 Le démontage du baraquement de contrôle allié, le 22 juin 1990

↑

An der feierlichen Zeremonie zum Abbau des Checkpoint Charlie nahmen die Außenminister der USA, Großbritanniens, Frankreichs, der Sowjetunion, der DDR und der Bundesrepublik Deutschland teil.

The ceremonial dismantling of Checkpoint Charlie was attended by the Foreign Ministers from the U.S.A., Great Britain, France, the Soviet Union, the DDR (East Germany) and the Federal Republic of Germany (West Germany).

A la cérémonie solennelle marquant le démontage de Checkpoint Charlie assistaient les ministres des Affaires étrangères des Etats-Unis, de Grande-Bretagne, de France, d'Union soviétique, de RDA et de République Fédérale d'Allemagne.

Eine Brücke aus Frieden und Freiheit

Ansprache von US-Außenminister Baker

„29 Jahre lang war diese Straße ein starres Symbol — das Symbol einer durch eine Betonmauer geteilten Stadt, eines durch einen eisernen Vorhang gespaltenen Landes und Kontinents. 29 Jahre lang verkörperte Checkpoint Charlie den Kalten Krieg. Heute, 29 Jahre nach Errichtung dieser Barriere, treffen wir uns hier, um sie abzubauen und um den Konflikt, der sie geschaffen hat, zu begraben. Und an diesem Ort verpflichten wir uns gemeinsam, eine Brücke zwischen Ost und West zu bauen, eine Brücke, nicht aus Beton und Stahl, sondern aus Frieden und Freiheit.

An diesem Kontrollpunkt standen die Vereinigten Staaten zusammen mit ihren Alliierten und dem deutschen Volk, entschlossen, der Aggression zu widerstehen und die im Kalten Krieg entstandene Teilung zu überwinden. Jetzt ist die Zeit gekommen. Jetzt haben wir uns versammelt, um eine neue Reise anzutreten. Wir sind gekommen, um Hoffnung zu verbreiten und den Traum zu bekräftigen. Männer und Frauen werden frei sein. Berlin wird ungeteilt sein. Deutschland wird vereint sein in Frieden und Freiheit. Europa wird ein Ganzes sein, und es wird frei sein.

Das amerikanische Volk tritt mit Ihnen allen — mit dem Volk von Berlin, von Deutschland und von Europa — diese Reise gemeinsam an. Checkpoint Charlie führt uns nun von den Konflikten der Vergangenheit zur Versöhnung in der Zukunft. Während wir das Tor der Geschichte öffnen, bewegt sich der Geist der Freiheit auf dieser Straße, um diese Stadt zusammenzufügen, um dieses Volk zu vereinen und um diesen Kontinent zu heilen."

Die grausame Teilung ist vorüber

Ansprache des britischen Außenministers Hurd

„Dies ist ein bemerkenswerter Augenblick, und wir befinden uns an einem bemerkenswerten Ort. Ein paar Tage lang im Jahre 1961 sah die gesamte Welt diesen Ort als Frontlinie des Kalten Krieges. Panzer standen sich auf einer Straße gegenüber, die — wie ganz Berlin — durch eine schändliche Mauer geteilt war, und so wurde Checkpoint Charlie zu einem Begriff in all unseren Ländern.

Dies bescheidene kleine Häuschen war ein Symbol der Überzeugung der Alliierten, daß Berlin eine Stadt und der Verkehr innerhalb dieser Stadt ungehindert bleiben sollte. Aus diesem Grunde sollte Checkpoint Charlie, wie der Stadtkommandant sagte, nie wie eine Dauereinrichtung wirken. Wir haben uns stets für die Wiederherstellung der Bewegungsfreiheit eingesetzt. Wir hatten immer die Hoffnung, daß der Checkpoint Charlie eines Tages nicht mehr benötigt würde — und nun ist dieser Tag gekommen. Die Friedrichstraße wird bald wieder eine belebte Geschäftsstraße sein. Berlin wird bald wieder eins innerhalb eines vereinten Landes sein, und wir teilen die Freude der Berliner, die Freude aller Deutschen, daß die grausame Teilung dieser Jahrzehnte vorüber ist.

Von jetzt an wird der Checkpoint Charlie Teil der Geschichte sein. Wir und auch unsere Kinder sollten nicht vergessen, aus welchen Gründen der Checkpoint Charlie hier so viele Jahre lang gestanden hat. Aber niemand wird es bedauern, daß er jetzt abgebaut wird. Endlich braucht Charlie nicht mehr in der Kälte zu stehen."

Ein Symbol der Versöhnung

Die Ansprache des französischen Außenministers Roland Dumas

„Der Checkpoint Charlie, hier am Ende der Friedrichstraße, wurde am 23. August 1961, zehn Tage nach dem Bau der Mauer, errichtet, als einziger Sektorenübergang für Ausländer. Heute bedeutet Checkpoint Charlie die Gestaltung der Zukunft, die 28 Jahren der Teilung, des Leids und der Ungerechtigkeit folgt. Wir verdanken dies zuallererst den Berlinern, ihrer Beharrlichkeit, ihrer Geduld, ihrem Mut, dieser friedlichen Revolution des gesamten Volkes von Ostdeutschland, daß wir diese Feierstunde der Freiheit erleben können. Die Länder, die wir hier vertreten, haben schon früh den Versuch unternommen, zusammen das Europa von morgen zu schaffen. Meine Damen und Herren, wer ist nicht tief bewegt durch die Ereignisse, deren Zeuge wir heute werden?

Checkpoint Charlie hat damit nicht länger eine Existenzberechtigung. Lassen Sie ihn uns niederreißen und endgültig die Seite der Nachkriegsgeschichte umblättern. Checkpoint Charlie stand im Brennpunkt der Spannungen zwischen beiden Teilen Europas. In der Erinnerung künftiger Generationen wird er bestehen bleiben als ein Symbol der Versöhnung, die hier heute besiegelt wird, der Versöhnung zwischen den beiden Deutschlands, Versöhnung unter den Europäern, die gewillt sind, so wie einst zu leben.

In wenigen Augenblicken wird Checkpoint Charlie der Vergangenheit angehören. Die jungen Menschen werden ihn vergessen, aber die Geschichte wird sich seiner erinnern. Das Europa, das wir errichten wollen, ist und wird das Europa des Friedens sein, ein Europa, in dem hegemonistische Versuchungen und alle Arten von Rivalitäten ersetzt werden durch den Geist von Freiheit und Solidarität, was unsere heutige Anwesenheit bezeugt."

Alle Truppen sollen Berlin verlassen

Ansprache des sowjetischen Außenministers Schewardnadse

„Das Ereignis, dessen Zeugen wir in diesem Moment sind, ist mehr als die übliche Symbolik. Die Schließung vom Checkpoint Charlie ist ein weiterer konkreter Beweis für eine Wende zum Besseren in der internationalen Arena, für eine graduelle Beseitigung des Erbes der Konfrontation und für neue Entwicklungen in der deutschen Frage.

Eine weitere der gefühlsmäßig belasteten und zeitweise dramatischen Seiten in der Berliner Nachkriegsgeschichte wurde umgeschlagen. Der Mechanismus der Zwei-plus-Vier-Verhandlungen bereitet Lösungen für den Weg zur deutschen Einheit vor, gegründet auf der Respektierung der legitimen Rechte und Interessen aller beteiligten Seiten, mit der Absicht, die europäische Stabilität und Sicherheit zu stärken.

Ich möchte den Bürgern Berlins mitteilen, daß die sowjetische Seite auf dem Treffen der ‚Sechs', das jetzt beginnt, einen Entwurf vorzulegen beabsichtigt, der eine abschließende völkerrechtliche Regelung mit Deutschland zuwege bringen soll, und der Vorkehrungen enthält, die einen Bezug zur unmittelbaren Zukunft dieser Stadt haben.

Was wir unseren Partnern vorschlagen ist, daß nach der Bildung eines einzigen deutschen Parlaments und einer Regierung die Besatzungsregime zu einem Ende kommen und daß alle Truppen der vier Mächte das Gebiet Groß-Berlins innerhalb von sechs Monaten verlassen. Gleichzeitig würden andere Merkmale, die den gegenwärtigen Sonderstatus der Stadt ausmachen, beseitigt und die westlichen Sektoren würden ihre Verbindung mit der natürlichen Umgebung der Stadt wiederherstellen.

In kurzen Worten, wir stehen dafür, die sofortige normale Funktionsfähigkeit Berlins sicherzustellen und für seine Einbeziehung in den Prozeß der Bildung eines neuen deutschen Staates.

An diesem Tag, der auch 49. Jahrestag des Beginns des Großen Vaterländischen Krieges ist, drücke ich das Vertrauen aus, daß wir alle in der Lage sein werden, in Zusammenarbeit einen Schlußstrich unter die Vergangenheit zu ziehen und zu neuen Ufern der Verständigung und der Zusammenarbeit aufzubrechen.

Mein Wunsch ist es, daß die Bürger Berlins in Frieden, Ruhe und Wohlstand leben werden und daß Berlin ein Zentrum eines neuen europäischen Stabilitäts- und Sicherheitssystems wird, eine Brücke, die Ost und West in unserem Kontinent verbindet."

(Unautorisierte Übersetzung)

Verzweiflung und Hoffnung

Ansprache von Bundesaußenminister Genscher

„Checkpoint Charlie, das ist der Ort, mit dem sich über Jahrzehnte Verweiflung und Hoffnung, menschliches Leid und Tragödien verbunden haben. Es ist der Ort, an dem im Jahre 1961 die Weltpolitiker den Atem anhielten, ob es zu einer neuen, zu einer militärischen Konfrontation mitten in dieser Stadt kommen werde. Für uns ist das heute ein glücklicher Tag, aber an diesem glücklichen Tag gedenken wir zuerst derjenigen, die ihr Leben verloren haben an der unmenschlichen Mauer, durch die unmenschliche Trennung Berlins und Deutschlands.

Wir gedenken hier derjenigen, die ihr Leben verloren haben bei der Bewahrung der Freiheit Berlins. Wir danken den Westalliierten, den Vereinigten Staaten, Frankreich und dem Vereinigten Königreich für ihre Festigkeit in der Zeit der Bedrängnis, für die Luftbrücke in der Zeit der Not. Wir danken der neuen sowjetischen Führung dafür, daß sie mit ihrer Politik der Zeit der Bedrängnis ein Ende gesetzt hat. Wir vergessen dabei nicht, daß es heute 49 Jahre her ist, als Hitler die Sowjetunion mit einem unmenschlichen Krieg überzog, der unendliches Leid über die Völker der Sowjetunion gebracht hat.

Heute erleben wir den Tag, an dem sich erweist, daß man Berlin trennen konnte, daß man Deutschland trennen konnte, daß man Europa trennen konnte, aber daß Berlin unteilbar war und ist — so wie Deutschland unteilbar war und ist und so wie Europa unteilbar war und unteilbar ist.

Wir danken es den mutigen Bürgern in der DDR, in den Staaten Osteuropas, daß sie mit ihrem Willen zu einer friedlichen Freiheitsrevolution auch die Mauer geöffnet und auch diesen Tag möglich gemacht haben. Hier von Berlin, der Stadt, in der das Herz der Deutschen schlägt und für die das Herz der Deutschen schlägt, hier in Berlin bekunden wir, die deutsche Vereinigung soll ein Beitrag sein zur Stabilität, zum Frieden in Europa, sie soll ein Beitrag sein zur Vereinigung Europas. Wir Deutschen wollen nichts anderes als in Freiheit und Einheit leben, als Deutsche in Frieden und in Freundschaft mit allen Völkern unseres Kontinents."

BRANDT
BRANDT
ALLIED
CHECKPOINT CHARLIE

ALLIED
CHECKPOINT CHARLIE

Translation of newspaper articles:

A bridge of freedom and peace

The speech by US Secretary of State James Baker

This street was a rigid symbol for 29 years – a symbol of a city divided by a concrete wall and a symbol of a country and a continent divided by an iron curtain. For 29 years, Checkpoint Charlie was an embodiment of the cold war. Today, 29 years after the construction of this barrier, we are meeting here to dismantle it and to bury the conflict this barrier had created. And we commit ourselves at this point to building a bridge between East and West, together – a bridge which is not made of concrete and steel but of peace and freedom.

The United States, together with her Allies and the German people stood at this checkpoint, determined to resist the aggression and overcome the division which took place during the cold war. Now, the time has come. We are gathered here now, to start a new journey. We have come here to spread hope and strengthen the dream that men and women will be free. Berlin will be undivided. Germany will be reunited in peace and freedom. Europe will become a whole, and it will be free.

The American people join with you now – with the people of Berlin, of Germany and of Europe – on this journey. Checkpoint Charlie will lead us from the conflicts of the past to reconciliation in the future. While we are opening the gate of history, the spirit of freedom roams on this street, bringing this city together, uniting the people and healing this continent.

The cruel division is over

The speech by Douglas Hurd, British Foreign Secretary

This is a remarkable moment and we are standing at a remarkable place. For a few days in the year 1961, the whole world saw this place as the frontline of the cold war. Tanks stood opposite one another on a street, which – like the whole of Berlin – was divided by a disgraceful wall, and so Checkpoint Charlie became a concept in all our countries.

This humble little building was a symbol of the conviction of the Allies that Berlin should remain a city and that traffic should be free to move within that city. For this reason, Checkpoint Charlie should never appear to be a permanent institution, as a City Commander once said. We have always promoted the reintroduction of mobility. We have always hoped that one day Checkpoint Charlie would no longer be necessary – and now this day has come. Friedrichstraße will soon be a busy business street once more, Berlin will soon be whole again within a united country and we share the joy of the Berliners, the joy of all Germans that the brutal division of these decades is over.

From now on, Checkpoint Charlie will be a part of history. We, as well as our children, should not forget, the reasons Checkpoint Charlie stood here for so many long years. But no one will regret that it is now being removed. At last, Charlie no longer needs to stand in the cold.

A symbol of reconciliation

The speech of the French Minister of Foreign Affairs, Roland Dumas

“Checkpoint Charlie was erected on the 23rd of August 1961, at the end of the Friedrichstraße, ten days after the wall was built, as the only sector crossing point for foreigners. Today Checkpoint Charlie stands for the creation of a future, which follows after 28 years of division, suffering and injustice. We thank first of all the people of Berlin, their perseverance, their patience, their courage, this peaceful revolution of all the people of East Germany, that we can experience this ceremony of peace. The countries which we represent here began early with the experiment of forming the Europe of tomorrow. Ladies and gentlemen, who is not deeply moved by the events we are witnessing today?

Checkpoint Charlie no has longer a reason for its existence. Let it tear down the past and turn the pages of post-war history for once and all. Checkpoint Charlie stood in the focus of tension between both parts of Europe. In the memory of future generations it will stand as a symbol of reconciliation between the two Germanys, reconciliation between Europeans who wanted to live as they once did.

In a few moments, Checkpoint Charlie will belong to the past. The young people will forget it but history will remember it. The Europe which we want to create is, and will be, a Europe of peace, a Europe in which hegemonic temptation and all types of rivalries will be replaced by the spirit of peace and solidarity, to which our presence today bears witness.

All troops should leave Berlin

The speech by Eduard Shevardnadze, Soviet Minister of Foreign Affairs

The event which we are witnessing now bears more than the usual symbolism. The closing of Checkpoint Charlie is a further concrete demonstration of a change for the better in the international arena, for a gradual abolition of the inheritance of confrontation and for new developments in the German question. Another one of the emotionally encumbered and, at times, dramatic pages in the history of Berlin has been turned. The mechanism of the Two Plus Four negotiations prepares solutions for the way to German unity, based on respect for the legitimate rights and interests of all participating parties, with the intention of strengthening European stability and security.

I would like to convey to the citizens of Berlin that at the meeting of the "six" beginning now: the Soviet party intends to present a proposal, which will lead to a conclusive international legal agreement with Germany, containing provisions related to the immediate future of this city.

What we are suggesting to our partners is, that after the formation of a single German parliament and government, the occupational regime will come to an end and that all the four powers troops will leave the area of greater Berlin within six months. At the same time, other characteristics, which mark the current special status of the city will be abolished and the western sectors will re-establish their connections with the natural surroundings of the city.

In short, we stand for ensuring the immediate normalisation of the operational capability of Berlin and for its integration in the process of building a new German nation.

Today, which is also the 49th anniversary of the beginning of the Great Fatherland War, I want to express my trust that we will all be able to draw a line under the past and start a new era of understanding and cooperation.

It is my wish that that the citizens of Berlin live in peace, quiet and prosperity and that Berlin will become a centre of a new European stability and security system, a bridge connecting East and West. (unauthorised translation)

Despair and hope

The speech by Hans-Dietrich Genscher, German Foreign Minister

"Checkpoint Charlie is the place which for decades was bound together with despair and hope, human suffering and tragedy. It is the place which, in the year 1961, caused politicians of the world to hold their breaths, whether a new, military, conflict would start in the heart of this city. Today is a happy day for us, but on this happy day let us remember those who lost their lives at this inhuman wall, through the inhuman separation of Berlin and Germany.

We remember here those who have lost their lives protecting the freedom of Berlin. We thank the Western Allies: the United States, France and the United Kingdom for their steadfastness in our time of need. We thank the new Soviet leadership that they have put an end to the era of hardship. Yet we have not forgotten that 49 years ago today, Hitler overran the Soviet Union with an inhuman war, which brought interminable suffering to the people of the Soviet Union.

Today we are experiencing a day which shows that one can divide Berlin, that one can divide Germany, that one can divide Europe, but that Berlin could not and cannot be divided, that Germany could not and cannot be divided, just as Europe could not and cannot be divided.

We are thankful to the courageous citizens in the DDR (East Germany) and the states of Eastern Europe, who with their determination to have a peaceful revolution of freedom, opened the wall and made this day possible. Here, from Berlin – the city in which the heart of Germany beats and for which the German heart beats – here in Berlin, we declare that the German unity is to be a contribution to stability, to peace in Europe: it will be a contribution to the unification of Europe. We Germans want nothing other than to live in freedom and in unity, as Germans in peace and friendship with all the peoples of our continent."

Un pont cimenté par la paix et la liberté

Allocution du secrétaire du Département d'Etat américain James Baker

«Pendant 29 ans, cette rue a été le symbole d'un univers figé, le symbole d'une ville divisée par un mur de béton, d'un pays et d'un continent divisés par le rideau de fer. Pendant 29 ans, Checkpoint Charlie a incarné la guerre froide. Aujourd'hui, 29 ans après l'édification de cette barrière, nous nous retrouvons ici pour la démonter et pour enterrer le conflit qui en a provoqué l'érection. En ce lieu, nous nous engageons conjointement à jeter un pont entre l'Est et l'Ouest, un pont qui ne sera pas de béton et d'acier, mais de paix et de liberté.

A ce poste de contrôle, les Etats-Unis et leurs alliés, avec le peuple allemand, manifestaient leur détermination de résister à l'agression et de surmonter la division née de la guerre froide. L'heure est venue aujourd'hui. Nous nous sommes retrouvés ici pour entreprendre un nouveau voyage. Nous sommes venus ici pour répandre l'espoir et pour affirmer la vertu d'un rêve. Les hommes et les femmes seront libres, Berlin sera unie, l'Allemagne s'unira dans la paix et la liberté, l'Europe sera une et elle sera libre.

Le peuple américain part avec vous tous pour ce voyage, avec le peuple de Berlin, avec le peuple de l'Allemagne et les peuples de l'Europe. Checkpoint Charlie nous fait quitter les conflits du passé pour la réconciliation qui marquera l'avenir. Alors que nous ouvrons la porte de la liberté, l'esprit de la liberté souffle dans cette rue pour unifier cette ville, pour unir ce peuple et guérir le continent.»

La terrible division est finie

Allocution du secrétaire au Foreign Office britannique Douglas Hurd

«Nous vivons un événement mémorable et nous nous trouvons en un lieu mémorable. Pendant plusieurs jours de 1961, le monde entier a vu dans cet endroit la ligne de front de la guerre froide. Les blindés se faisaient face dans une rue qui, comme tout Berlin, était divisée par un mur honteux. C'est ainsi que Checkpoint Charlie est devenu un symbole dans tous nos pays.

Le modeste baraquement illustrait la conviction des alliés que Berlin était une ville et que la circulation dans cette ville devait rester sans entraves. Voilà pourquoi, comme le disait le commandant de la ville, Checkpoint Charlie ne devait pas donner l'impression d'être un ouvrage définitif. Nous avons toujours oeuvré pour le rétablissement de la liberté de circulation. Nous avons toujours eu la certitude que le jour viendrait où l'on n'aurait plus besoin de Checkpoint Charlie et voilà que ce jour est arrivé. La rue Friedrichstrasse redeviendra bientôt une artère commerciale animée. Berlin sera bientôt uni dans un pays uni et nous partageons la joie des Berlinois, la joie de tous les Allemands que la terrible division de plusieurs dizaines d'années ait prix fin.

A partir de maintenant, Checkpoint Charlie appartiendra à l'histoire. Nous, mais aussi nos enfants, ne devons jamais oublier pourquoi Checkpoint Charlie a existé ici pendant tant d'années. Par contre, personne ne regrettera qu'il disparaisse. L'heure est enfin venue où Charlie n'a plus à monter la garde dans le froid.»

Un symbole de la réconciliation

Allocution du ministre français des Affaires étrangères Roland Dumas

«Checkpoint Charlie, ici, à l'extrémité de la rue Friedrichstrasse, a été édifié le 23 août 1961, dix jours après la construction du Mur, pour être le seul point de passage des ressortissants non allemands. Aujourd'hui, Checkpoint Charlie est la concrétisation d'un avenir en voie de formation venant après 28 années de souffrances et d'injustices. Si nous pouvons célébrer cette fête de la liberté, nous le devons en tout premier lieu aux Berlinois, à leur opiniâtreté, à leur patience, à leur courage, à la révolution pacifique de tout le peuple d'Allemagne de l'Est. Les pays que nous représentons ont entrepris très tôt de créer conjointement l'Europe de demain. Mesdames, Messieurs, comment ne pas être saisi par l'émotion devant les événements dont nous sommes aujourd'hui les témoins?

En conséquence de quoi Checkpoint Charlie n'a plus de raison d'être. Démolissons-le et tournons définitivement la page de l'histoire de l'après-guerre. Checkpoint Charlie était au point de réfraction des tensions entre les deux parties de l'Europe. Dans le souvenir des générations à venir, il restera comme un symbole de la réconciliation que nous scellons aujourd'hui, la réconciliation entre les deux Allemagnes, la réconciliation entre les Européens qui veulent vivre ensemble, comme autrefois.

Dans quelques instants, Checkpoint Charlie appartiendra au passé. Les jeunes l'oublieront mais l'histoire s'en souviendra. L'Europe que nous voulons édifier sera une Europe de paix, une Europe dans laquelle les tentatives hégémoniques et les rivalités de toute nature seront remplacées par l'esprit de liberté et de solidarité dont témoigne notre présence ici, aujourd'hui.»

Toutes les troupes devront quitter Berlin

Allocution du ministre soviétique des Affaires étrangères Edouard Chevardnadze

«L'événement dont nous sommes témoins en ces instants est plus que symbolique. La fermeture de Checkpoint Charlie est une nouvelle preuve concrète du tournant vers un mieux dans l'arène internationale, vers l'élimination progressive des séquelles de la confrontation et de nouvelles évolutions dans la question allemande.

Une nouvelle page dans l'histoire du Berlin de l'après-guerre, fortement marquée par son impact émotionnel et parfois dramatique, vient d'être tournée. Le mécanisme des négociations Deux plus Quatre prépare des solutions dans la voie de l'unité allemande, basées sur le respect des droits et des intérêts légitimes des parties prenantes dans la perspective d'un renforcement de la stabilité et de la sécurité européennes.

Je voudrais dire aux citoyens de Berlin qu'à la rencontre des «Six», qui va commencer, la partie soviétique soumettra un projet devant déboucher sur un règlement final de jure avec l'Allemagne qui contient des dispositions concernant l'avenir immédiat de la ville.

Ce que nous proposons à nos partenaires c'est qu'après la formation d'un seul parlement allemand et d'un seul gouvernement, il sera mis fin au régime d'occupation et toutes les troupes des quatre puissances quitteront le territoire du Grand-Berlin dans les six mois suivants. Simultanément, les autres éléments du statut particulier de la ville seront éliminés eux aussi et les secteurs occidentaux retrouveront leurs liens avec la périphérie naturelle.

Pour le dire en quelques mots, nous voulons garantir le fonctionnement normal de Berlin immédiatement et son intégration dans le processus de formation d'un nouvel Etat allemand.

En ce jour qui est aussi le 49e anniversaire du début de la Grande Guerre patriotique, j'exprime la conviction que tous, nous serons en mesure de tracer un trait final sous le passé, par notre action commune et que nous nous engagerons vers de nouveaux rivages de la compréhension et de la coopération.

Je souhaite que les citoyens de Berlin vivent en paix, dans le calme et la prospérité et que Berlin devienne le centre d'un nouveau système de stabilité et de sécurité, un pont entre l'Est et l'Ouest sur notre continent.»
(Traduction non autorisée.)

Désespoir et espoir

Allocution du ministre fédéral des Affaires étrangères allemand Hans-Dietrich Genscher

«Checkpoint Charlie est le lieu qui, pendant plusieurs décennies, a été le point de réfraction du désespoir et de l'espoir, des souffrances et des tragédies humaines. C'est le lieu où, en 1961, les dirigeants politiques du monde entier ont retenu leur souffle dans la hantise d'une confrontation militaire au centre de cette ville. Aujourd'hui est pour nous un jour heureux mais en ce jour heureux, nous nous souvenons en premier lieu de tous ceux qui ont perdu la vie sur ce Mur inhumain, à cause de la division inhumaine de Berlin et de l'Allemagne.

Nous rendons hommage ici à tous ceux qui ont perdu la vie pour la sauvegarde de la liberté de Berlin. Nous remercions les alliés occidentaux, les Etats-Unis, la France et le Royaume-Uni pour leur fermeté aux heures d'épreuve, pour le pont aérien à l'époque de la plus grande détresse. Nous remercions les nouveaux dirigeants soviétiques qui, par leur politique, ont mis fin aux temps des épreuves. Nous n'oublions qu'il y a 49 ans jour pour jour, Hitler précipitait l'Union soviétique dans une guerre barbare qui a causé des souffrances indicibles aux peuples de l'Union soviétique.

Nous vivons aujourd'hui le jour où il est plus évident que jamais que si l'on a pu diviser Berlin, si l'on a pu diviser l'Allemagne, si l'on a pu diviser l'Europe, Berlin était et restait indivisible, tout comme l'Allemagne était et reste indivisible, tout comme l'Europe était et reste indivisible.

Nous remercions les citoyens courageux de la RDA, des Etats de l'Europe de l'Est qui, par leur détermination dans une révolution pacifique pour la liberté, ont ouvert le Mur et ont rendu cette journée possible, eux aussi. Ici, à Berlin, la ville dans laquelle bat le oeur des Allemands et pour laquelle il bat, nous disons, à Berlin, que l'unification allemande sera un apport à la stabilité, à la paix en Europe, qu'elle sera un apport à la réunification de l'Europe. Les Allemands désirent uniquement vivre libres et unis et uvrer en tant qu'Allemands dans la paix et l'amitié avec tous les peuples de notre continent.»

taz dabe

← ↑

Die Steine aus dem Boden unter der Baracke in den Händen der Angehörigen der Westalliierten.

Stones from underneath the building being held by members of the Western Allied Forces.

Soldats des forces alliées occidentales arborant les petits pavés qui se trouvaient sous la baraque.

↑
Abbau der Ost-Berliner Grenzübergangsstelle Friedrich-/Zimmerstraße.

Dismantling the East-Berlin border crossing point at Friedrichstraße/Zimmerstraße.

Démontage du poste-frontière de Berlin-Est Friedrichstrasse – Zimmerstrasse.

2.8 Checkpoint Charlie heute

2.8 Checkpoint Charlie today

2.8 Checkpoint Charlie aujourd'hui

↑

Immer öfter fragten Besucher: „Wo ist der Checkpoint Charlie?"

Jahre nach dem Fall der Mauer stellte man plötzlich fest, dass in der Euphorie der deutschen Wiedervereinigung vieles abgerissen und vergessen wurde, was zur Erinnerung hätte erhalten werden müssen.

Der erste Schritt, dem Checkpoint Charlie wieder ein Gesicht zu geben, war 1998 die Aufstellung der originalgetreuen Kopie des Sektorenschildes „You are leaving the American sector" am historischen Ort (siehe Pfeil; das Original befindet sich in unserem Museum).

More and more often visitors ask, "Where is Checkpoint Charlie?"

Years after the fall of the Wall it was suddenly realised that in the euphoria of German Reunification many things that should have been preserved in the interests of collective memory had been swept aside and forgotten.

The first step toward giving Checkpoint Charlie a face was the setting up of an exact copy of the "You are leaving the American sector" sign at its historical location (see the arrow – the original is in our museum) in 1998.

Les visiteurs de Berlin sont nombreux à demander où se trouve Checkpoint Charlie.

Plusieurs années après la chute du Mur, on a soudain constaté que dans l'euphorie de la réunification allemande, quantité de choses avaient été démolies et oubliées dont le souvenir aurait dû persister.

La première mesure qui a été prise pour redonner le souvenir de ce que fut Checkpoint Charlie, a consisté à mettre en place, là où se trouvait l'original, la copie conforme à l'original du panneau indiquant la frontière entre les secteurs «You are leaving the American sector» (voir la flèche; le panneau d'origine est déposé dans notre Musée).

U.S. ARMY CHECKPOINT

US ARMY CHECKPOINT
Marc's

←

Der originalgetreue Nachbau der ersten alliierten Kontrollbaracke am Checkpoint Charlie kam als Denkmal für den Einsatz der Westalliierten für die Freiheit Berlins an die ursprüngliche Stelle. Am 13. August 2000 wurde die Kontrollbaracke im Beisein von Diplomaten, Politikern und Pressevertretern aus aller Welt eingeweiht.

An exact copy of the first Allied checkpoint booth at Checkpoint Charlie was built on the original location as a memorial for the commitment of the Western Allies for the freedom of Berlin. The booth was inaugurated in the presence of diplomats, politicians and members of the press from all over the world on August 13th, 2000.

La copie conforme à l'original du premier baraquement de contrôle allié Checkpoint Charlie a été placée à l'endroit où se trouvait l'original et témoigne de l'engagement des alliés occidentaux pour la liberté de Berlin. Elle a été inaugurée solennellement le 13 août 2000 en présence de diplomates, de personnalités politiques et de journalistes du monde entier.

MAUERMUSEUM THE WALL LE MUR
ALLIED CHECKPOINT
U.S ARMY CHECKPOINT

←

Das aus der bürgerlichen Initiative von Dr. Rainer Hildebrandt 1962 entstandene Mauermuseum – Museum Haus am Checkpoint Charlie mit seiner jahrzehntelangen Geschichte zieht alljährlich Hunderttausende von Besuchern aus der ganzen Welt an.

Zum 40. Jahrestag der Entstehung erhielt das Museum Glückwünsche des amerikanischen Präsidenten George W. Bush, der britischen Königin Elisabeth II., des ungarischen Präsidenten Ferenc Mádl, des rumänischen Präsidenten Ion Illiescu, des indischen Ministerpräsidenten A.B. Vajpayee, von Bundeskanzler Gerhard Schröder, dem amerikanischen Senator Edward Kennedy, Bundesaußenminister a. D. Hans-Dietrich Genscher, dem Berliner Regierenden Bürgermeister Klaus Wowereit und anderen bedeutenden Persönlichkeiten.

The Mauermuseum (Wall Museum) – Museum Haus at Checkpoint Charlie, was started as a private initiative by Dr Rainer Hildebrandt in 1962 and has a decade-long history which attracts hundreds of thousands of visitors from all over the world each year.

For the 40th anniversary of its founding the Museum was congratulated by the American President George W. Bush, the British Queen Elizabeth II, the Hungarian President Ferenc Mádl, the Rumanian President Ion Illiescu, the Indian Prime Minister A.B. Vajpayee, by Federal Chancellor Gerhard Schröder, the American Senator Edward Kennedy, German Foreign Minister (retired) Hans-Dietrich Genscher, the Mayor of Berlin Klaus Wowereit and other prominent personalities.

Le Mauermuseum – Museum Haus am Chackpoint Charlie, créé par le Dr Rainer Hildebrandt, poussé par son esprit civique, attire chaque année des centaines de milliers de visiteurs du monde entier par ses nombreux témoignages sur une longue histoire.

Le président américain George W. Bush, la reine d'Angleterre Elisabeth II, le président hongrois Ferenc Mádl, le président roumain Ion Illiescu, le premier ministre indien A.B. Vajpayee, le chancelier fédéral Gerhard Schröder, le sénateur américain Edward Kennedy, l'ancien ministre des Affaires étrangères de la République Fédérale d'Allemagne Hans-Dietrich Genscher, le bourgmestre régnant de Berlin Klaus Wowereit et de nombreuses autres personnalités ont tenu à transmettre leurs félicitation pour le 40e anniversaire de la création du Musée.

HANS-DIETRICH GENSCHER

Grußwort

Das Lebenswerk von Rainer Hildebrandt – das Mauermuseum – Museum Haus am Checkpoint Charlie – existiert nun seit 40 Jahren. Es dokumentiert seit 1963 am legendären Checkpoint Charlie viele menschliche Schicksale, die sich mit der Flucht aus dem Osten Deutschlands in den Westen verbinden, und zeigt vorbildliche Beispiele des weltweiten gewaltfreien Kampfes für Menschenrechte – vom Volksaufstand des 17. Juni 1953 über die ungarische Revolution 1956 und den Prager Frühling 1968 bis zu Solidarnosc 1980 und den Montagsdemonstrationen 1989.

Nicht zuletzt haben wir es Menschen wie Rainer Hildebrandt zu verdanken, dass wir heute in Europa am Anfang eines neuen Kapitels der Geschichte stehen, dass heute in Europa eine neue Kultur des Zusammenlebens möglich ist, die sich in der Ebenbürtigkeit der Völker und deren Gleichberechtigung begründet.

Das Museum wurde anlässlich des zehnten Jahrestages des 17. Juni-Aufstandes am 14. Juni 1963 eröffnet. Das verpflichtet. Mit Dankbarkeit und Bewunderung begleite ich die verdienstvolle Arbeit des Museums und seines Gründers Rainer Hildebrandt.

„Herr Hildebrandt, ich weiß, was Sie geleistet haben." Ich wünsche Ihnen und Ihrem Museum weiterhin viel Erfolg.

Hans-Dietrich Genscher
Greetings

Rainer Hildebrandt's life work – the Wall Museum - Museum Haus am Checkpoint Charlie - has now been in existence for 40 years. Located at the legendary Checkpoint Charlie it has been documenting, since 1963, many of the human stories behind attempts to flee from eastern Germany to the West. It also contains displays devoted to some of the key events in the worldwide non-violent struggle for human rights – from the popular uprising on 17th June 1953 and the Hungarian Revolution of 1956 to the Prague Spring of 1968, the birth of Solidarity in 1980 and the 'Monday Demonstrations' of 1989.

It is thanks to people like Rainer Hildebrandt that today in Europe we stand at the threshold of a new chapter in history, that today in Europe a new culture of co-existence is possible founded on the equal rights and status of people and nations.

The Museum was opened on 14th June 1963, the tenth anniversary of the June 17th uprising. This gives us certain obligations and it is with gratitude, and not a little astonishment, that I have followed the tireless work of the Museum and its founder Rainer Hildebrandt.

„Herr Hildebrandt, ich weiß, was Sie geleistet haben“. (Mr Hildebrandt, I know well what you have achieved.)

I wish you and your Museum every success for the future.

Signed by Hans-Dietrich Genscher

Hans-Dietrich Genscher
Message de salutations

L'œuvre de toute la vie de Rainer Hildebrandt, le Mauermuseum – Museum Haus am Checkpoint Charlie –, existe depuis désormais 40 ans. Il documente les nombreux destins qui se sont joués en ce haut-lieu de l'histoire qu'est Checkpoint Charlie, pour ceux qui fuyaient l'Allemagne de l'Est pour aller à l'Ouest, et illustre par de magnifiques exemples la lutte non violente dans le monde entier pour les droits de l'homme, à commencer par le Soulèvement populaire du 17 juin 1953, la Révolution hongroise de 1956, le Printemps de Prague 1968, pour en arriver à Solidarité en 1980 et aux Manifestations du lundi en 1989.

Nous devons en particulier à des hommes tels que Rainer Hildebrandt de nous trouver aujourd'hui au début d'une nouvelle époque de l'histoire en Europe, de vivre aujourd'hui en Europe une nouvelle convivialité fondée sur la valeur égale des peuples et l'égalité des droits.

Le Musée a ouvert ses portes à l'occasion du dixième anniversaire du Soulèvement du 17 juin, le 14 juin 1963, ce qui, en soi, constitue un engagement. C'est avec gratitude et admiration que je suis l'action méritoire du Musée et de son fondateur, Rainer Hildebrandt.

„Herr Hildebrandt, ich weiß, was Sie geleistet haben“. «Monsieur Hildebrandt, je sais tout ce que vous avez fait.»
Je vous souhaite un grand succès, à vous et à votre Musée.

Soussigné de Hans-Dietrich Genscher

3 Geschehnisse am Checkpoint Charlie

3 Incidents at Checkpoint Charlie

3 Evénements survenus Checkpoint Charlie

3.1 Der Volksaufstand vom 17. Juni 1953 in der DDR

3.1 The DDR (East Germany) uprising of June 17th 1953

3.1 Le soulèvement populaire du 17 juin 1953 en RDA

17. Juni 1953: In 701 Städten und Dörfern der DDR erhob sich die Bevölkerung gegen das kommunistische Regime; die Demonstranten forderten die Rücknahme der Normerhöhung, die Freilassung der politischen Gefangenen, den Rücktritt der Regierung, freie Wahlen und die Wiedervereinigung Deutschlands.

In Berlin, in der Friedrichstraße, kam es ebenfalls zu Demonstrationen, ein Holzverschlag ging in Flammen auf. Aus einem Geschäftshaus in der Mauerstraße warfen Demonstranten Büromaterialien auf die Straße. Politische Forderungen wie „Nieder mit Ulbricht und Grotewohl!" waren aus der Menge heraus zu hören, offizielle Losungen und Transparente wurden heruntergerissen.

Die Sowjets antworteten mit der Verhängung des Ausnahmezustandes; der Aufstand wurde mit Hilfe der Volkspolizei und sowjetischer Panzer blutig niedergeschlagen. Erst am 11. Juli 1953 erfolgte in Ost-Berlin die Aufhebung des Ausnahmezustands; bereits zwei Tage zuvor war die Sektorengrenze zwischen West- und Ost-Berlin wieder geöffnet worden.

Der Volksaufstand vom 17. Juni 1953 war die erste Massenerhebung gegen den Sowjetkommunismus und zeigte den Weg zu Freiheit und Einheit auf. Am 4. August 1953 unterzeichneten Bundespräsident Theodor Heuss, Bundeskanzler Konrad Adenauer und die Bundesminister Thomas Dehler und Jakob Kaiser das Gesetz, mit dem der 17. Juni zum „Tag der deutschen Einheit" erklärt wurde.

June 17th 1953: the people of the DDR (East Germany) rose up in 701 towns and villages against the communist regime. The demonstrators demanded the withdrawal of work quota increases, the release of political prisoners, the resignation of the government, free elections and the reunification of Germany.

Demonstrations also took place in the Friedrichstraße in Berlin, with a wooden barricade going up in flames. Demonstrators on Mauerstraße threw office supplies from an office building onto the street. Political demands, such as, "Down with Ulbricht and Grotewohl!" were heard from the crowd; official notices and banners were ripped down.

The Soviets replied by declaring a state of emergency – the uprising was violently suppressed with the help of the Volkspolizei (people's police) and Soviet tanks. The state of emergency in East Berlin was repealed on the 11th of July 1953 – the sector border between West and East Berlin had been reopened only two days before.

The People's uprising of June 17th, 1953 was the first mass-uprising against Soviet communism and marked the way to freedom and unity. On August 4th 1953, Theodor Heuss, President of the Federal Republic of Germany (West Germany), Federal Chancellor Konrad Adenauer and the Federal Ministers Thomas Dehler and Jakob Kaiser, signed the law declaring the 17th of June to be the "Day of German Unity" (Tag der deutschen Einheit).

17 juin 1953: Dans 701 villes et villages de la RDA, la population se soulève contre le régime communiste; les manifestant exigent le retrait de l'augmentation des normes de production, la libération des prisonniers politiques, la démission du gouvernement, des élections libres et la réunification de l'Allemagne.

A Berlin et plus particulièrement Friedrichstrasse, des manifestations eurent également lieu, un baraquement de bois a été mis en feu. Introduits dans un immeuble commercial de la rue Mauerstrasse, les manifestants ont jeté le matériel de bureau par les fenêtres. La foule scandait alors ce slogan politique «A bas Ulbricht et Grotewohl!», tandis que les banderoles et les affiches officielles étaient lacérées.

Les Soviétiques y répondirent par la proclamation de l'état d'exception; le soulèvement fut réprimé dans le sang par la Volkspolizei et les blindés soviétiques. L'état d'exception ne fut levé à Berlin-Est que le 11 juillet 1953 alors que la frontière entre les secteurs Ouest et Est avait été rouverte deux jours plus tôt.

Le soulèvement populaire du 17 juin 1953 a été la première révolte de masse contre le communisme soviétique et a montré la voie de la liberté et de l'unité. Le 4 août 1953, le président fédéral Theodor Heuss, le chancelier fédéral Konrad Adenauer et les ministres fédéraux Thomas Dehler et Jakob Kaiser signaient la loi instituant le 17 juin «Jour de l'unité allemande».

→

Diese und die folgende Seite:

West-Berliner verfolgen die Vorgänge im Ostsektor an der Sektorengrenze Friedrichstraße (zukünftiger Checkpoint Charlie) am 17. Juni 1953.

This page and the following page:

West-Berliners following events in the eastern Sector at the Friedrichstraße sector border (the future Checkpoint Charlie) on June 17th, 1953.

Photos ci-contre et la page suivante:

Des Berlinois de l'Ouest massés à la limite entre les secteurs (qui allait devenir Checkpoint Charlie) observent ce qui se passe du côté Est, le 17 juin 1953.

YOU ARE LEAVING
THE AMERICAN SECTOR
ВЫ ВЫЕЗЖАЕТЕ ИЗ
АМЕРИКАНСКОЙ ЗОНЫ
VOUS SORTEZ
Schultheiss Flaschenbier

ВЫ ВЫЕЗЖАЕТЕ ИЗ
АМЕРИКАНСКОЙ ЗОНЫ
VOUS SORTEZ
DU SECTEUR AMERICAIN
SIE VERLASSEN DEN AMERIKANISCHEN SEKTOR

YOU ARE LEAVING
THE AMERICAN SECTOR
ВЫ ВЫЕЗЖАЕТЕ ИЗ
АМЕРИКАНСКОЙ ЗОНЫ
VOUS SORTEZ
DU SECTEUR AMERICAIN

AMERICAN SECTOR
ВЫЕЗЖАЕТЕ ИЗ
VOUS SORTEZ
SECTEUR AMERICAIN

↑

Öffnung der Sektorengrenze für den „kleinen Grenzverkehr“ nach dem Aufstand des 17. Juni 1953 in Ost-Berlin. Fußgänger passieren die Sektorengrenze (künftiger Checkpoint Charlie) am 9. Juli 1953.

Opening of the sector border for “individual traffic” after the Uprising on June 17th, 1953 in East Berlin. Pedestrians crossing the sector border (the future Checkpoint Charlie) on July 9th, 1953.

Ouverture de la frontière entre secteurs pour ce que l’on appelait la «petite circulation frontalière», après le soulèvement populaire du 17 juin 1953 à Berlin-Est. Des piétons franchissent la frontière entre secteurs le 9 juillet 1953, là où sera par la suite Checkpoint Charlie.

3.2 Beginn des Mauerbaus am 13. August 1961 und Panzeraufmarsch vom August 1961

3.2 Starting to build the wall on August 13th, 1961 and the deployment of tanks in August 1961

3.2 Début de la construction du Mur, le 13 août 1961, et arrivée des blindés en août 1961

Chronologie der Abriegelung von West-Berlin

In den frühen Morgenstunden des Sonntags, 13. August 1961, sperren Einheiten der Volkspolizei und der Nationalen Volksarmee ab zwei Uhr die Sektorengrenze zwischen dem Sowjetsektor und West-Berlin ab. Ost-Berlin gleicht einer Stadt im Belagerungszustand. Panzerformationen und schwerbewaffnete Polizei- und Truppeneinheiten beziehen an der Sektorengrenze Stellung, sie werden von SED-Kampfgruppen verstärkt. Das „Regierungsviertel" wird hermetisch abgeriegelt. Auf Anordnung der kommunistischen Machthaber wird allen Bewohnern der DDR und Ost-Berlins das Betreten West-Berlins untersagt. Diese Maßnahmen gehen auf eine Weisung der „Warschauer Vertragsstaaten" zurück, „... an der West-Berliner Grenze eine solche Ordnung einzuführen, durch die eine verläßliche Bewachung und eine wirkliche Kontrolle gewährleistet wird". Im einzelnen wird folgendes angeordnet. Für alle Bewohner des Sowjetsektors und der DDR besteht Passierscheinzwang beim Betreten West-Berlins. Die bisherigen 89 Übergangsstellen werden bis auf 13 geschlossen.

Den „Grenzgängern" wird die weitere Arbeit in West-Berlin untersagt. Sie müssen sich entweder bei ihrer letzten Arbeitsstelle im Sowjetsektor zur Wiederaufnahme der Arbeit oder bei der zuständigen Registrierstelle melden. Der direkte S-Bahn-Verkehr zwischen beiden Teilen der Stadt und aus den Randgebieten der DDR nach West-Berlin wird eingestellt; die in Ost-West-Richtung verkehrenden S-Bahnzüge enden auf dem Bahnhof Friedrichstraße. Bewohnern West-Berlins ist das Betreten des Sowjetsektors nach Vorzeigen des Personalausweises weiterhin gestattet. West-Berliner Kraftwagen dürfen nicht in den Sowjetsektor fahren. Bürger der Bundesrepublik können an vier Ausgabestellen nach Vorlage der Personaldokumente wie bisher Tagesaufenthaltsgenehmigungen zum Betreten des Sowjetsektors erhalten. Schon in den frühen Morgenstunden beginnen Grenztruppen und Volkspolizei, Straßen und Plätze an der Sektorengrenze mit Stacheldraht von den Westsektoren abzuriegeln. Betonpfähle werden errichtet, an vielen Stellen werden Hindernisse angelegt, indem Gräben gezogen werden und das Straßenpflaster aufgerissen wird.

Am 14. August werden die zur Absperrung eingesetzten militärischen und halbmilitärischen Verbände verstärkt. Nachts wird die Grenzsperrlinie mit Scheinwerfern angestrahlt. Die Telefon- und Fernschreibverbindungen zwischen der DDR und der Bundesrepublik und somit auch zwischen West-Berlin und der DDR werden unterbrochen, lediglich der Telegrammverkehr verläuft normal.

Am 15. August werden an zahlreichen Stellen der Sektorengrenze Sperren aus 1,25 Meter hohen Betonplatten errichtet. Die den Sowjetsektor betretenden West-Berliner werden immer schärferen Kontrollen unterzogen, verschiedentlich werden Leibesvisitationen vorgenommen. Weitere Infanterieeinheiten beziehen Stellung an der Sektorengrenze, und Panzerspähwagen fahren an verschiedenen Stellen auf. Auch innerhalb des Sowjetsektors, beispielsweise am Bahnhof Friedrichstraße, werden Stacheldrahtverhaue um die Stützpunkte der Panzer und Infanterie angelegt.

Die Stein- und Betonmauern an der Sektorengrenze werden weiter ausgebaut, das Sperrsystem wird immer dichter. Die Zonengrenze ist seit 16. August, 0.00 Uhr, für Einwohner der DDR und Ost-Berlin, die nach Westdeutschland reisen wollen, gesperrt. West-Berliner Kraftfahrzeuge werden nur noch ausnahmsweise in den Ostsektor gelassen, Fußgänger unterliegen mehrfachen Kontrollen. Panzereinheiten und motorisierte Truppen werden von der Sektorengrenze ins Innere Ost-Berlins verlegt. Der unterbrochene Fernschreibverkehr mit der Bundesrepublik wird von den Postbehörden der DDR wieder aufgenommen.

Am 23. August ordnen die Behörden des sowjetisch besetzten Sektors von Berlin an, dass künftig auch West-Berliner zum Besuch des Sowjetsektors einen Passierschein beantragen müssen. Gleichzeitig wird die Zahl der Grenzübergänge von zwölf auf sieben reduziert. Vier davon sind West-Berlinern, zwei den Besuchern aus der Bundesrepublik und einer ist Ausländern vorgeschrieben. Der Senat von Berlin (West) beschließt, die beiden von den DDR-Behörden geplanten Antragsannahmestellen für Passierscheine auf West-Berliner Boden nicht zuzulassen. Der Innenminister der DDR fordert die Bevölkerung auf, „im Interesse ihrer eigenen Sicherheit den Grenzen zwischen der Hauptstadt der DDR und West-Berlin in einem Abstand von beiderseits hundert Metern fernzubleiben". Die drei westlichen Stadtkommandanten protestieren sofort gegen diese neuen Beschränkungen mit einer Erklärung, in der den Ost-Berliner Behörden Anmaßung vorgeworfen wird, und lassen anschließend gefechtsmäßig ausgerüstete Einheiten zum Schutz der Sektorengrenze anrücken. Die Sowjetunion überreicht den Botschaftern der Westmächte in Moskau neue Noten zum Berlin-Konflikt, in denen sie dem Westen Mißbrauch der Luftkorridore vorwirft.

Chronology of the blocking-off of West Berlin

At 2 o'clock in the early hours of Sunday, the 13th of August 1961, units of the Volkspolizei (People's Police) and the National Volksarmee (People's Army) began to block the sector border between the Soviet sector and West Berlin. East Berlin was like a city under siege. Tank formations and heavily armed police and military units took up position at the sector border – they were reinforced by SED Kampfgruppen (Task forces belonging to the Party of Socialist Unity). The "Government Quarter" was hermetically sealed. All inhabitants of the DDR (East Germany) and East Berlin were prohibited by decree of the communist rulers from entering West Berlin. These measures had their origins in a directive from the "Warschauer Pact States": "... to introduce an order at the West Berlin border in such a way that a reliable surveillance and an effective control are guaranteed." Details of the directive include the following: passes are required for all inhabitants of the Soviet sector and the DDR entering West Berlin; the former 89 crossing points were reduced to 13.

Cross-border commuters are prohibited from further work in West Berlin. They must either report to their last place of employment in the Soviet sector for resumption of work or to the responsible government office. The direct suburban rail traffic between both parts of the city and from the surrounding areas of the DDR to West Berlin is stopped: Suburban trains travelling in the east-west direction are suspended at Friedrichstraße station. Inhabitants of West Berlin showing their identity card are still allowed to enter the Soviet sector. Vehicles from West Berlin are not allowed to travel in the Soviet sector. Citizens of the Federal Republic (West Germany) can obtain a day-permit to enter the Soviet sector at one of four issuing offices upon submission of their personal documents. In the early hours of the morning, border guards and Volkspolizei have already begun to seal off the streets and squares on the border to the west sector with barbed wire. Concrete pickets are erected, at many points, trenches were dug or the street paving ripped up, in order to create obstacles.

On the 14th of August, the military and paramilitary formations deployed to seal the border are reinforced. At night, the line of demarcation is illuminated with searchlights. The telephone and teletype lines between the DDR and the Federal Republic – and therefore the lines between West-Berlin and the DDR are cut: only communication by telegram continues as usual.

On the 15 of August, sector border barricades of 1.25-meter-high concrete slabs are erected. West Berliners entering the Soviet sector are subject to increasingly stricter controls; on various occasions intimate examinations are carried out. Further infantry units are positioned at the sector border. Armoured vehicles take position at various points. Barbed wire barriers are also erected within the Soviet sector, for example at the Friedrichstrraße railway station, around the tank and infantry positions.

The stone and concrete walls on the sector border are extended further, the barrier-system becomes tighter,

As of the16th of August, from 00:00 on, the zone border closes to citizens of the DDR and East Germany wanting to travel to West Germany. Vehicles from West Berlin are only allowed into the eastern sector under exceptional circumstances, pedestrians are subject to repeated checks. Tank units and motorised troops are re-deployed from the sector border to the centre of East Berlin. The disrupted teletype communication to the Federal Republic is re-established by the postal authorities.

On the 23rd of August, the administration of the Soviet occupied sector of Berlin orders that in the future, West Berliners must also apply for a permit before visiting the Soviet sector. At the same time, the number of border crossing points is reduced from twelve to seven. Four of these are for West Berliners, two are for visitors from the Federal Republic and one is stipulated for foreigners.

The West Berlin Senate decides not to authorise either of the receiving offices for permit applications, planned by the DDR (East German) authorities for West Berlin. The DDR Minister of the Interior appeals to the people, "in the interests of their own security, to remain more than one hundred metres away from both sides of the border between the capital of the DDR and West Berlin". The three western city commanders immediately protest against these new restrictions with a statement in which the East Berlin authorities are accused of arrogance. They subsequently advance combat units to protect the sector border. The Soviet Union presents the Ambassadors of the Western Powers in Moscow with a new note in the Berlin conflict, in which it accuses the West of misusing the air corridors.

Chronologie de l'isolation de Berlin-Ouest

Dans la nuit du samedi au dimanche 13 août 1961, à partir de deux heures du matin, des unités de la Volkspolizei et de l'armée nationale populaire de la RDA barrèrent la frontière entre le secteur soviétique et Berlin-Ouest. Berlin-Est se transforma alors en une ville où régnait l'état de siège. Les formations blindées et les unités de la police et de l'armée avec tous leurs armements lourds, prirent position à la frontière des secteurs, renforcés par les milices ouvrières du SED. Pendant les opérations, le «quartier gouvernemental» est isolé hermétiquement. Sur ordre des dirigeants communistes, il est interdit aux habitants de la RDA et de Berlin-Est de se rendre à Berlin-Ouest, mesure découlant d'une directive des «Etats membres du Traité de Varsovie» sur «... l'établissement à la frontière de Berlin-Ouest d'un régime permettant une surveillance fiable et un contrôle efficace». Les mesures de détail sont les suivantes: tous les habitants du secteur oriental et de la RDA sont tenus d'être en possession d'un laissez-passer pour se rendre à Berlin-Ouest. Au nombre de 89 jusque-là, les postes-frontière sont ramenés à 13.

Il est interdit aux «frontaliers» de poursuivre leur travail à Berlin-Ouest, ils doivent ou bien s'adresser à leur dernier employeur dans le secteur soviétique pour y reprendre le travail qu'ils faisaient autrefois ou se faire enregistrer auprès des services administratifs compétents. La circulation directe du chemin de fer urbain entre les deux parties de la ville et le territoire de la RDA à la périphérie et Berlin-Ouest est suspendue; les trains urbains Est-Ouest s'arrêtent en gare de Friedrichstrasse. Les habitants de Berlin-Ouest ont la permission de pénétrer en secteur soviétique sur présentation de leur carte d'identité. Les voitures ne peuvent plus se rendre dans le secteur soviétique. Comme jusqu'à cette date, les résidents de République Fédérale peuvent obtenir, auprès de quatre services de délivrance, des autorisations pour se rendre dans la journée dans le secteur soviétique, sur présentation de leurs papiers d'identité. Aux premières heures de la journée, les gardes-frontière et la Volkspolizei barrent avec des barbelés les rues et les places traversés par la frontière des secteurs. Des poteaux de béton sont dressés tandis qu'en de nombreux endroits, on installe des obstacles de type militaire, on entreprend des fouilles et l'on dépave les rues.

Le 14 août, les formations militaires et paramilitaires en place jusque-là sont renforcées. La nuit, la ligne infranchissable est éclairée par les projecteurs. Les lignes téléphoniques et le télex entre la RDA et la République Fédérale et donc entre Berlin-Ouest et la RDA sont interrompus, seules les liaisons télégraphiques restent normales.

Le 15 août, on amène en de nombreux endroits de la frontière entre secteurs des plaques de béton hautes de 1,25 mètre. Les Berlinois de l'Ouest qui se rendent dans le secteur soviétique sont soumis à des contrôles de plus en plus sévères et certains sont même perquisitionnés à corps. De nouvelles unités d'infanterie se postent à la frontière entre les secteurs, des blindés légers de reconnaissance Panzerspähwagen prennent position en divers endroits. A l'intérieur même du secteur soviétique, par exemple à la gare Friedrichstrasse, des barbelés sont déployés autour des bases des blindés et de l'infanterie.

La construction des murs de pierre et de béton se poursuit à la frontière entre secteurs et les obstacles deviennent de plus en plus infranchissables. A partir du 16 août, 0 heure, la frontière entre secteurs est interdite pour les habitants de la RDA et de Berlin-Est qui veulent se rendre en Allemagne de l'Ouest. Les voitures en provenance de Berlin-Ouest ne sont autorisées à pénétrer dans le secteur soviétique que dans certains cas exceptionnels, tandis que les piétons doivent se soumettre à des contrôles réitérés. Les unités blindées et les troupes motorisées se replient de la frontière entre secteurs vers l'intérieur de Berlin-Est. Les services postaux de RDA reprennent le service télex avec la République Fédérale qui avait été interrompu.

Le 23 août, les autorités du secteur d'occupation soviétique de Berlin décrètent que les Berlinois de l'Ouest eux aussi doivent être dorénavant en possession d'un laissez-passer pour se rendre dans le secteur soviétique. Dans le même temps, le nombre des postes-frontière est réduit de douze à sept, dont quatre pour les Berlinois de l'Ouest, deux pour les visiteurs en provenance de République Fédérale et un pour les ressortissants non allemands. Le Sénat de Berlin (Ouest) décide de ne pas autoriser les deux services prévus par les autorités de la RDA pour les demandes de laissez-passer sur le territoire de Berlin-Ouest. Le ministre de l'Intérieur de la RDA invite la population «dans l'intérêt de sa sécurité, à ne pas s'approcher de plus de cent mètres de la frontière entre la capitale de la RDA et Berlin-Ouest». Les trois commandants occidentaux de la ville protestent immédiatement contre cette nouvelle réglementation par une déclaration reprochant aux autorités de Berlin-Ouest leurs prétentions arrogantes et ordonnent ensuite le déploiement d'unités armées prêtes au combat pour protéger la frontière entre secteurs. L'Union soviétique remet aux ambassadeurs des puissances occidentales en poste à Moscou une note sur le conflit de Berlin faisant grief à l'Ouest d'abuser du corridor aérien.

↑

DDR-Staatssicherheitsdienst und Volkspolizei auf Ost-Berliner Seite der Friedrichstraße nach der Grenzziehung Ende August 1961.

The DDR (East Germany) State Security Service and People's Police on the East Berlin side of the Friedrichstraße after drawing the border. End of August 1961.

La Stasi de RDA et la Volkspolizei sur la partie de la rue Friedrichstrasse située à Berlin-Est après le marquage de la frontière, fin août 1961.

↓ →

Verstärkung der Grenze auf der Ost-Berliner Seite an der Friedrich-/Zimmerstraße im Dezember 1961.

Reinforcing the border on the East Berlin side at Friedrichstraße/Zimmerstraße in December 1961.

Renforcement de la frontière côté Berlin-Est à la hauteur Friedrichstrasse – Zimmerstrasse en décembre 1961.

↑

24. August 1961: Gepanzerte Wasserwerfer der Volkspolizei und amerikanische Panzer stehen sich in der Friedrichstraße gegenüber.

24th of August, 1961: armoured water cannons belonging to the Volkspolizei (People's Police) and American tanks standing opposite one another in the Friedrichstraße.

24 août 1961: Des canons à eau blindés de la Volkspolizei et des blindés américains face à face dans la rue Friedrichstrasse.

→ ↑
Diese beiden Fotos und die Fotos auf den folgenden zwei Seiten entstanden am 23. und 24. August 1961 rund um die Friedrichstraße. Erst nach Tagen, nachdem sich die Situation beruhigt hatte, wurden die Panzer abgezogen.

Both of these photo and those on the following two pages were taken on the 23rd and 24th of August 1961 in the Friedrichstraße area. The tanks were removed days later, only after the situation had calmed down.

Ces deux photos et celles des deux pages suivantes ont été prises les 23 et 24 août 1961, Friedrichstrasse et aux environs immédiats. Ce n'est que quels jours plus tard, après que la situation se soit détendue que les blindés se sont repliés.

↑

August 1961: Friedrichstraße.

August 1961: Friedrichstraße.

Août 1961: Friedrichstrasse.

↑
August 1961: Koch-/Ecke Friedrichstraße.

August 1961: The corner of Kochstraße and Friedrichstraße.

Août 1961: angle Kochstrasse – Friedrichstrasse.

Zimmerstraße

←

Ein Volkspolizist bringt am 6. September 1961 den fünf Jahre alten Romano Kops, der noch einmal einen Blick in den Westen wirft, durch die Sektorengrenze zu seinen Eltern nach Ost-Berlin zurück. Seine Eltern, die ihn am Grenzübergang in der Friedrichstraße sehnsüchig erwarteten, hatten die Trennung von ihrem Kind nicht mehr ertragen können und seine Rückkehr gewünscht. Romano hatte zuvor bei Großmutter und Tante in West-Berlin gelebt.

On the 6th of September 1961, a people's policeman (Volkspolizist) brings the five year old Romano Kops, once more looking back towards the West, through the sector border to his parents in East Berlin. The parents, who were longingly waiting for him at the border crossing point in the Friedrichstraße, could not endure the separation from their child any longer and wished for his return. Up till then Romano had lived with his grandmother and aunt in West Berlin.

6 septembre 1961: Un Vopo ramène à ses parents à Berlin-Est le petit Romano Kops, 5 ans, qui jette un dernier regard sur la partie occidentale, après avoir franchi la frontière entre les secteurs. Ses parents qui l'attendaient au poste-frontière de Friedrichstrasse ne supportaient plus la séparation et avaient demandé qu'il revienne après avoir passé quelques jours chez sa grand-mère et sa tante à Berlin-Ouest.

↑

Ein Angehöriger der Westalliierten unterhält sich mit einem DDR-Grenzoffizier. Dazwischen verläuft der weiße Grenzstrich.

A member of the western allies talking with a DDR (East German) border officer. The sector border line runs between them.

Un soldat des alliés occidentaux s'entretient avec un officier des gardes-frontière de RDA. Entre les deux court la ligne blanche de la frontière.

↑

Hier endete die freie Welt.

The free world ends here.

Ici finissait le monde libre.

→

Schon wenige Tage nach dem „13. August" wurden an vielen Stellen die Stacheldrahtzäune durch eine Mauer ergänzt. Ihre Gesamtlänge Mitte September 1961: 3 Kilometer.

Blick auf die Mauer in der Zimmerstraße in Richtung „Haus der Ministerien" (heute Bundesfinanzministerium).

Only a few days after the "13th of August", the barbed wire fence has been supplemented with a wall. By mid-September, 1961, the total length of the wall reaches 3 kilometers.

A view along the wall in the Zimmerstraße in the direction of the "House of Ministeries" (Haus der Ministerien) – today the Federal Finance Ministry.

Quelques jours seulement après le «13 août 1961», les barbelés ont été complétés en de nombreux endroits par un mur qui avait une longueur totale de trois kilomètres à la mi-septembre 1961.

Vue du Mur Zimmerstrasse, dans la direction de la «Maison des ministères» (aujourd'hui ministère fédéral des Finances).

↑

Noch am 15. Juni 1961 hatte DDR-Staats- und Parteichef Walter Ulbricht auf einer internationalen Pressekonferenz versichert: „Die Bauarbeiter unserer Hauptstadt beschäftigen sich hauptsächlich mit Wohnungsbau, und ihre Arbeitskraft wird dafür voll eingesetzt. Niemand hat die Absicht, eine Mauer zu errichten!“

As early as June 15th 1961 Walter Ulbricht, the DDR (East German) Head of State and party leader, had affirmed that “Our capital's building workers are employed in the construction of houses, and their labor fully occupied in this endeavor. No one intends to build a wall!”

Le 15 juin 1961, le chef du parti et de l'Etat de la RDA Walter Ulbricht, affirmait encore, lors d'une conférence de presse internationale: «Les ouvriers du bâtiment de notre capitale sont occupés principalement à construire des logements et leur force de travail y est entièrement consacrée. Personne n'a l'intention de construire un mur!»

↑

Kontrollen an der Ost-Berliner Grenzübergangsstelle Friedrich-/Zimmerstraße.

Inspections at the East Berlin border crossing point at Friedrichstraße/Zimmerstraße.

Contrôles au poste-frontière de Berlin-Est Friedrichstrasse – Zimmerstrasse.

↑

Die Grenzsperren der DDR erinnern an KZs oder Gefängnisse.

The DDR (East German) border barrier reminds one of a concentration camp or a prison.

La barrière dressée à la frontière de la RDA ressemble à une enceinte de camp de concentration ou de prison.

↓

Die Mauer in der Zimmerstraße.

The wall in the Zimmerstraße.

Le Mur, Zimmerstrasse.

3.3 Panzerkonfrontation vom Oktober 1961

3.3 Tank standoff of October 1961

3.3 Face à face des blindés en octobre 1961

↑

Am 22. Oktober 1961 wollte der US-Gesandte in Berlin, Allan Lightner, mit seiner Frau in Ost-Berlin ins Theater gehen und fuhr im privaten VW mit US Army-Kennzeichen zum Grenzübergang Friedrichstraße. Dort wurden sie gestoppt und aufgefordert sich auszuweisen. Aufgrund des Viermächtestatus durften US-Bürger nur von Sowjets kontrolliert werden. So weigerte sich Lightner und verlangte einen Sowjetoffizier zu sprechen. Die Vopos haben die Sowjets nicht verständigt und Lightner fuhr langsam weiter. Als die Vopos ihn erneut anhielten, kam ein US-Offizier vom Checkpoint Charlie herüber, der die Szene beobachtete. Lightner bat ihn, General Clay und General Watson zu informieren. Minuten später kam der US-Offizier zurück und im Namen von General Clay bat er Frau Lightner auszusteigen. Sobald sie in Sicherheit war, umstellten acht bewaffnete GIs Lightners VW und begleiteten ihn mit gezogenen Bajonetten in den Ostsektor und zurück. Dann versuchte es Lightner ohne GIs und wurde wieder gestoppt. Er winkte aus dem Autofenster zu seiner Eskorte und fuhr ein zweites Mal hinüber. In den folgenden Tagen eskalierte die Situation, denn jetzt wurde nahezu allen Amerikanern der Zugang verwehrt. US-Stadtkommandant General Watson protestierte beim sowjetischen Kommandanten Andrej Solowjew gegen diese Verletzung der Alliiertenrechte. Solowjew antwortete, dass er nicht mehr zuständig sei und dass Ost-Berlin die Hauptstadt der „souveränen" DDR sei. Watson müsse sich mit der DDR in Verbindung setzen, um seine Transitfragen zu regeln. Die sowjetische Haltung war für Clay völlig unakzeptabel. Inzwischen hatten die Sowjets sämtliche in der Umgebung von Berlin stationierten Panzer am

Potsdamer Platz zusammengezogen. Es war das erste Mal seit dem Volksaufstand vom 17. Juni 1953, dass sowjetische Panzer in Ost-Berlin waren.

Clay schickte zwei Mitarbeiter in den Ost-Sektor, die ihn über das Anrollen sowjetischer Panzer „Unter den Linden" informierten. Zehn sowjetische T-54 fuhren auf den Übergang Friedrichstraße zu, die Kanonenrohre auf die US-Baracke am Checkpoint Charlie gerichtet. Auch US-Panzer vom Typ M-48 kamen unverzüglich. Damit hatte der Kalte Krieg eine neue Dimension erreicht: Zum ersten Mal gingen hier Amerikaner und Sowjets gegeneinander in Stellung! Kaum 80 Meter voneinander entfernt standen sich jeweils zehn sowjetische und amerikanische Panzer gegenüber.

Kurz vor Mitternacht erläuterte Clay in einem Telefonat dem besorgten US-Präsidenten Kennedy seine Ansicht, dass es sich bei dem Manöver um einen Bluff Chruschtschows handle. Noch während des Gesprächs wurde ihm mitgeteilt, dass 20 weitere sowjetische Panzer Stellung bezogen hätten. Auf 30 in Berlin stationierte amerikanische Panzer kamen somit 30 sowjetische in der Friedrichstraße. Clay sah hierin eine Bestätigung seiner Einschätzung, dass die Sowjets nichts unternehmen würden. In der Tat: Schließlich ließ Chruschtschow die Panzer wieder abziehen.

On the 22nd of October 1961, the U.S. Chief of Mission in West Berlin, Allan Lightner, wanted to visit a theatre in East Berlin with his wife. He drove in his private VW with U.S. Army number plates to the Friedrichstraße border crossing where he was stopped and asked to identify himself. Because of their four powers status, U.S. citizens could only be stopped by the Soviets. Lightner therefore refused and asked to speak with a Soviet officer. The Vopos (Volkspolisten, People's Police) did not inform the Soviets and Lightner drove slowly on. As the Vopos stopped him again, a U.S. officer came over from Checkpoint Charlie to observe the scene. Lightner asked him to inform General Clay and General Watson. The officer returned minutes later and, in the name of General Clay asked Mrs. Lightner to get out of the car. As soon as she was safe, eight armed G.I.s surrounded Lightner's VW and escorted him with mounted bayonets through the eastern sector and back. Lightner tried once more without G.I.s and was stopped again. He winked through the car window to his escort and then crossed a second time. The situation escalated in the following days, with almost all Americans being refused admission. General Watson, the U.S. City Commander protested to the Soviet Commander Andrej Solowjew against these infringements of allied rights. Solowjew answered that he was no longer responsible and that East Berlin was the capital of the "sovereign" DDR (East Germany). Watson must get in touch with the DDR in order to regulate his transit problems. The Soviet attitude was completely unacceptable to Clay. In the meantime, the Soviets had assembled all the tanks stationed in the Berlin area at Potsdamer Platz. It was the first time since the People's Uprising on the 17th of June, 1953 that Soviet tanks had been in Berlin.

Clay sent two members of staff to the eastern sector, who informed him of the movement of Soviet tanks on "Unter den Linden". Ten Soviet T-54s were advancing towards the Friedrichstraße crossing point, their guns aimed at the U.S. booth at Checkpoint Charlie. U.S. M-48 tanks came promptly to the scene. This brought the cold war to a new dimension. For the first time, the Americans and the Soviets had taken up position opposite each another. A mere 80 metres separated ten Soviet and ten American tanks from one another.

Shortly before midnight, Clay informed a worried U.S. President Kennedy that, in his opinion, the manoeuvre was a bluff from Khrushchev. During this conversation, Clay was informed that an additional 20 Soviet tanks had taken up position. This meant that for the 30 American tanks stationed in Berlin, there were now 30 Soviet tanks in the Friedrichstraße. Clay saw this as a confirmation of his assessment, that the Soviets would not attempt anything. Indeed, Khrushchev eventually withdrew the tanks.

Le 22 octobre 1961, l'ambassadeur américain Allan Lightner, voulut se rendre au théâtre à Berlin-Est avec son épouse et se présenta au poste-frontière de Friedrichstrasse dans sa voiture particulière de marque Volkswagen, immatriculée auprès des services de l'Armée américaine. Il y fut arrêté et sommé de présenter ses papiers. Aux termes du statut quadripartite, les ressortissants américains ne pouvaient être contrôlés que par les Soviétiques. Allan Lightner a alors refusé et exigé de parler à un officier soviétique. Comme les Vopos ne faisaient pas appel aux Soviétiques, Lightner a fait lentement marche arrière sur quelques mètres. Lorsque les Vopos le stoppèrent une nouvelle fois, un officier américain en poste Checkpoint Charlie accourut pour suivre la scène. Lightner lui demanda d'informer les généraux Clay et Watson. Quelques minutes plus tard, l'officier revint et pria Madame Lightner de descendre de la voiture, au nom du général Clay. Après qu'elle se soit mise en sécurité, huit soldats américains en armes entourèrent la voiture de Lightner et l'accompagnèrent, baïonnette au canon, lors de son déplacement aller et retour vers le secteur oriental. Lightner a alors effectué une nouvelle tentative sans être accompagné par les soldats et fut stoppé une nouvelle fois. Au volant de sa voiture, il fit un signe à son escorte qui l'accompagna une seconde fois. Les jours suivants, la situation ne cessa de se dégrader et il devenait impossible pour pratiquement tous les Américains d'accéder à l'Est. Le général Watson, commandant américain de la ville, protesta auprès au commandant soviétique Andreï Soloviev contre cette violation des adroits des alliés. Soloviev répondit qu'il n'était plus compétent et que Berlin-Est était la capitale de la RDA «souveraine». Watson dut alors se mettre en liaison avec les services de RDA pour régler la question du transit. Clay ne pouvait accepter l'attitude soviétique. Entre-temps, les Soviétiques avaient rassemblé Potsdamer Platz tous les blindés stationnés à proximité de Berlin. C'était la première fois depuis le soulèvement populaire du 17 juin 1953 que les blindés soviétiques étaient déployés à Berlin-Est.

Clay envoya deux de ses collaborateurs dans le secteur oriental et ceux-ci lui firent rapport sur l'arrivée des blindés soviétiques «Unter den Linden». Dix blindés soviétiques de type T 54 prirent la direction du poste-frontière de Friedrichstrasse, le canon braqué sur le baraquement de Checkpoint Charlie. Des blindés américains de type M 48 arrivèrent immédiatement dans l'autre direction. La guerre froide prenait une dimension nouvelle: c'était la première fois que les Américains et les Soviétiques prenaient position directement face à face. A 80 mètres à peine les uns des autres étaient placés dix blindés soviétiques et les blindés américains.

Dans un entretien téléphonique avec le président américain Kennedy, peu avant minuit, Clay a fait part de son opinion selon laquelle le déploiement de force était un bluff de Khrouchtchev. Alors même que se déroulait cet entretien, on lui fit savoir que 20 autres blindés soviétiques avaient pris position. Les 30 blindés américains stationnés à Berlin étaient alors opposés à 30 blindés soviétiques Friedrichstrasse. Clay y vit une confirmation de son idée selon laquelle les Soviétiques ne passeraient pas aux actes et c'est un fait que, finalement, Khrouchtchev a donné l'ordre de retirer les blindés.

← ↑ →

Die Amerikaner demonstrierten ihr Recht auf freie Fahrt nach Ost-Berlin. Ein amerikanischer Pkw wurde unter dem Schutz von amerikanischen Jeeps durch die Slalom-Sperre nach Ost-Berlin geleitet.

The Americans demonstrating their right to freedom of movement in East Berlin. An American car is escorted through the slalom barriers into East Berlin under the protection of American jeeps.

Les Américains manifestent leur droit de circuler librement à Berlin-Est. Une voiture particulière américaine est ici accompagnée par plusieurs jeeps militaires pour franchir les chicanes en direction de Berlin-Est.

↑

DDR-Grenzposten verweigerten einem Angehörigen der US Army die unkontrollierte Ausfahrt aus Ost-Berlin. US-Jeeps fuhren los, um das gestoppte Fahrzeug herauszuholen.

DDR (East German) border guards refuse a member of the U.S. Army permission to leave East Berlin without showing his papers. U.S. jeeps set off to fetch the stopped vehicle.

Les gardes-frontière de la RDA s'opposent à ce qu'un soldat de l'Armée américaine quitte Berlin-Est sans être contrôlé. Un convoi de jeeps militaires est alors envoyé pour dégager le véhicule bloqué.

→

Mit gezogenem Bajonett erzwangen GIs die unkontrollierte Durchfahrt.

G.I.s enforce the uncontrolled passage with mounted bayonets.

Baïonnette au canon, les soldats américains imposent le passage sans contrôle.

↑

US-Panzer rollen in Richtung Grenze.

U.S. armoured vehicles moving towards the border.

Blindés américains se dirigeant vers la frontière.

→

US-Panzer an der Grenze.

U.S. tanks at the border.

Blindés américains à la frontière.

↑

Angehörige der US Army.

Members of the U.S. Army.

Soldats de l'Armée américaine.

MP
MP
Fein-Bäckerei

←

Angehörige der US Army. Links: J. W. Smith, der sich Ende der 90er Jahre beim Besuch in unserem Museum auf dem Foto wiedererkannte.

Members of the U.S. Army. Left: J. W. Smith, who at the end of the nineties, recognised himself in this photo when visiting our museum.

Soldats de l'Armée américaine. A gauche: J. W. Smith qui, à la fin des années 1990, s'est reconnu sur l'une des photos alors qu'il visitait notre Musée.

↑

Blick auf die Ost-Berliner Seite. Dort ist auf dem Schild zu lesen: „Der Sozialismus siegt."

View towards the East Berlin side. Written on the sign is, "Socialism wins."

Vue sur Berlin-Est. Le panneau de propagande porte ce slogan: «Le socialisme en marche vers la victoire».

3.4 Presspoint Berlin, das Mauermuseum – Museum Haus am Checkpoint Charlie

3.4 Presspoint Berlin, the Wall Museum – the Museum at Checkpoint Charlie

3.4 Rendez-vous de la presse à Berlin, le Mauermuseum – Museum Haus am Checkpoint Charlie

←

Seine erste Ausstellung „Es geschah an der Mauer“ war in einer 2 1/2 Zimmer-Wohnung in der Wolliner Straße am 19. Oktober 1962 eröffnet worden. Der Gründer und bis zu seinem Tode Leiter unseres Museums, Dr. Rainer Hildebrandt (14. Dezember 1914 – 9. Januar 2004), appellierte an die Touristen, den Grenzsoldaten dankbar zu sein, die nicht gezielt feuerten: „Durchschaut die Uniform!“ Mancher der Grenzsoldaten wusste sich verstanden und kam nach seiner Flucht und wurde Mitkämpfer.

Der rege Zustrom von Besuchern veranlasste Dr. Hildebrandt, nach neuen Räumen zu suchen. Diese fand er am Checkpoint Charlie. Mit dem Bau der Mauer siedelten viele Menschen nach West-Deutschland über und ganze Häuser standen leer. Verleger Axel Springer hat geholfen, die Räume einzurichten. Anlässlich des 10. Jahrestages des Volksaufstandes vom 17. Juni 1953 wurde das „Haus am Checkpoint Charlie“ am 14. Juni 1963 mit seiner ersten Ausstellung „Die Freiheit darf hier nicht enden“ im Beisein des Bundesministers für Gesamtdeutsche Fragen, Ernst Lemmer, eröffnet. Es wurde zu einer Insel der Freiheit im letzten Gebäude direkt vor der Grenze. Hier konnten Fluchthelfer durch ein kleines Fenster alle Bewegungen am Ost-Berliner Grenzübergang Friedrich-/Zimmerstraße beobachten, hier waren Geflüchtete stets willkommen und wurden unterstützt, hier wurden Fluchtpläne überlegt, hier wurde immer gegen das Unrecht in der DDR gekämpft.

Zahlreiche Spitzel hatte die Staatssicherheit der DDR auf das Museum und dessen Gründer Dr. Rainer Hildebrandt angesetzt. Auch bei der Eröffnung des Museums war ein Spitzel dabei (siehe Pfeil auf dem Foto).

The first exhibition, “It Happened at the Wall” was opened on October 19th, 1962, in a two-room flat in the Wolliner Straße. The founder and, until his death, director of the museum, Dr Rainer Hildebrandt (14th December 1914 – 9th January 2004) appealed to the tourists to be thankful to those border guards that did not shoot to kill. “See through the uniform!” Some border guards felt understood and after their own escape came to help us fight.

The large number of visitors caused Dr Hildebrandt to seek new premises, which he found at Checkpoint Charlie. With the construction of the wall, many people had moved to West Germany and complete buildings stood empty. The publisher Axel Springer had helped to equip the rooms. The Museum at Checkpoint Charlie opened on June 14th, 1963, marking the 10th anniversary of the People’s Uprising (17th of June 1953) with its first exhibition, “Freedom Cannot End Here”. The opening took place in the presence of Ernst Lemmer, the Federal Minister of All-German Affairs, and became an island of freedom in the last building before the border. Escape helpers could watch all the movements at the Friedrichstraße / Zimmerstraße border crossing through a small window; escapees were always welcome and were supported; escape plans were conceived and the injustice in the DDR (East Germany) was always fought against.

Numerous informers were set by the DDR State Security against the museum and its founder Dr Hildebrandt. One was also present at the opening of the Museum (see the arrow on the photo).

Sa première exposition «Cela s'est passé sur le Mur» a été organisée dans son appartement deux pièces et demie de la Wolliner Strasse, et a été inaugurée le 19 octobre 1962. Le Dr Rainer Hildebrandt (14 décembre 1914 – 9 janvier 2004), fondateur et directeur de notre Musée jusqu'à sa mort, appelait les touristes à remercier les gardes-frontière de ne pas viser lorsqu'ils tiraient: «Voyez les uniformes» leur disait-il. Certains parmi les gardes-frontière comprenaient pertinemment et sont devenus des résistants après avoir pris la fuite.

Devant l’affluence des visiteurs, le Dr Hildebrandt a cherché de nouveaux locaux et les trouva Checkpoint Charlie. Après la construction du Mur, de nombreux habitants de la ville sont partis pour l’Allemagne de l’Ouest et quantité d’immeubles étaient vides. L’éditeur Axel Springer a apporté son aide pour l’aménagement des locaux. «Haus am Checkpoint Charlie» ouvrit ses portes le 14 juin 1963, pour le 10e anniversaire du soulèvement populaire du 17 juin 1953, avec sa première exposition «La liberté ne doit pas s’arrêter ici», inaugurée en présence du ministre fédéral des Question allemandes, Ernst Lemmer, et constituant une sorte d’îlot de la liberté dans le dernier immeuble avant la frontière. Là, les passeurs pouvaient observer tous les mouvements au poste-frontière Friedrichstrasse – Zimmerstrasse depuis une petite fenêtre. Les fugitifs étaient accueillis là avec toutes les prévenances et recevaient une aide, des plans de fuite ont été forgés ici et l’on n’a jamais cessé d’y combattre l’injustice en RDA.

La Stasi de RDA a envoyé quantité d’espions et de provocateurs au Musée et contre le fondateur, le Dr Rainer Hildebrandt. Un dénonciateur était déjà là à l’inauguration du Musée (marqué par une flèche sur la photo).

↑

Unser Museum befindet sich in ehemaligen Wohn- und Geschäftsräumen. In einem Raum war früher das Café Köln. Seit dem Bau der Mauer hatte das Café kaum noch andere Gäste außer Fotografen und Journalisten.

Mit dem 13. August 1961 wurde der Checkpoint Charlie zu einem Brennpunkt: Von den ersten amerikanischen Panzern Ende August 1961 und der Panzerkonfrontation im Oktober desselben Jahres, dem Tod von Peter Fechter, dem Besuch des amerikanischen Präsidenten John F. Kennedy, bis zum Mauerfall am 9. November 1989, dem Abbau der Kontrollbaracke der Alliierten und ihrem Wiederaufbau als Denkmal.

Die Reporter wollten nichts verpassen und hielten sich deshalb täglich stundenlang im Café Köln auf. Aus diesem Fenster (Pfeil) konnten sie die Ereignisse am Checkpoint Charlie beobachten und fotografieren. Hier konnten sie im Warmen sitzen und brauchten ihr Leben nicht zu riskieren. Für diese Möglichkeit war die Presse sehr dankbar, nachdem im Haus gegenüber, das nach dem Ende des Krieges noch lange als Ruine stand, ein Fotograf bei Aufnahmen gestürzt war und sich schwer verletzt hatte.

An der Hausfassade unter diesem Fenster war das Schild „Press Point Berlin", darunter, im Erdgeschoß, der damalige Eingang zu unserem Museum. Es wurde gegründet und aufgebaut in freier bürgerlicher Initiative von Dr. Rainer Hildebrandt. Die Eröffnung fand am 14. Juni 1963 statt.

Our museum is located in former residential and business rooms. One room, for example, used to house Café Köln. However, after the wall had been built, the café had hardly any guests other than photographers and journalists.

On August 13, 1961 Checkpoint Charlie became a focus of interest: From the first American tanks at the end of August 1961 and the confrontation of tanks in October of the same year, the death of Peter Fechter, the visit of John F. Kennedy, the American President, the fall of the Wall on November 09, 1989, to the dismantling of the Allied checkpoint and its reconstruction as a monument.

The reporters did not want to miss anything and that is why they stayed every day for many hours in the Café Köln. From this window (arrow) they could watch and take photographs of the events at Checkpoint Charlie. Here they had a warm place to stay and did not have to risk their lives. The press was very grateful for this opportunity because in the opposite building which had remained as a ruin for a long time after the end of the war, a photographer fell when taking photographs and was seriously injured.

At the house facade below this window was the sign "Press Point Berlin", and below that, on the ground floor, the former entrance to our museum which was founded and established in free civil initiative by Dr. Rainer Hildebrandt. Its opening took place on June 14, 1963.

Notre Musée se trouve dans des anciens locaux d'habitation et à usage commercial. Une salle abritait autrefois le café Köln. Depuis la construction du Mur, le café n'avait guère d'autres visiteurs que des photographes et des journalistes.

Le 13 août 1961, Checkpoint Charlie est devenu soudain un point chaud, à partir du déploiement des premiers blindés américains à la fin d'août 1961 et le face à face des blindés en octobre de cette même année, de la mort de Peter Fechter, de la visite du président américain John F. Kennedy, jusqu'à la chute du Mur, le 9 novembre 1989, jusqu'au démontage de la baraque de contrôlé des alliés et sa restauration comme une monument historique.

Les reporters ne veulent rien laisser s'échapper et, pour cette raison, ils passaient tous les jours des heures entières au café Köln. Par cette fenêtre (flèche), ils pouvaient observer ce qui se passait à proximité immédiate de Checkpoint Charlie, ils pouvaient se tenir au chaud et ne devaient pas mettre leur vie en jeu. La presse en était vivement reconnaissante après qu'un photographe posté dans l'immeuble d'en face qui resta longtemps une ruine après la guerre, soit tombé en prenant ses photo et se soit blessé grièvement.

La façade arborait, sous la fenêtre, l'enseigne «Press Point Berlin» et, au rez-de-chaussée se trouvait l'entrée de notre Musée, créé et édifié par le Dr Rainer Hildebrandt, poussé par son esprit civique. L'inauguration eut lieu le 14 juin 1963.

23000 Vopos flüchteten seit 19
Die unzuverlässigste Armee der Wel
Die Zahl der Maueropfer wäre noch zehnf
größer, wenn alle Grenzposten Zielschüs
abgeben würden. Beschimpft sie nicht
Schmährufen. DURCHSCHAUT DIE UNIFO
Und wo Ihr den Menschen entdeckt ha
beweist es durch einen freundlichen Gr
Eure Haltung und Euer kleines Opfer könn
die Mauer weiter aufreißen als d
größte Sprengstoffladung.
Arbeitsgemeinschaft 13. Aug

←

Ein Plakat, das durch den Gründer des Mauermuseums – Museum Haus am Checkpoint Charlie, Dr. Rainer Hildebrandt, direkt an der Mauer angebracht wurde. So konnten die Angehörigen der DDR-Grenztruppen den Text lesen. Von 1961 bis zum Fall der Mauer flüchteten ca. 2.500 von ihnen in den Westen.

A sign mounted directly on the Wall by the founder of the Wall Museum – Museum Haus am Checkpoint Charlie – Dr Rainer Hildebrandt. This could be read by members of the DDR (East Germany) border troops. Around 2,500 of them escaped to the West from 1961 until the wall fell.

Text on sign in photo:

23000 Vopos (Volkspolizisten – People's Police) have fled since 1949. The most unreliable army of the world! The number of victims of the wall would be ten times higher, if all border guards shot to kill. Do not insult them with abuse. SEE THROUGH THE UNIFORM! And where you have discovered the person, prove it with a friendly greeting. Your attitude and your small sacrifice can open the wall much further than the largest charge of explosives.

The 13th August Working Group

Affiche apposée directement sur le Mur par le Dr Rainer Hildebrandt, fondateur de Mauermuseum – Museum Haus am Checkpoint Charlie. Les gardes-frontière de RDA pouvaient ainsi en lire le texte. De 1961 jusqu'à la chute du Mur, environ 2.500 parmi eux prirent la fuite en direction de l'Ouest.

Texte de l'affiche:

Depuis 1949, 23.000 Vopos ont pris la fuite, ce qui en fait l'armée la moins sûre du monde. Le nombre des victimes du Mur serait dix fois plus élevé si tous les gardes-frontière avaient ciblé leurs tirs. Ne les accablez pas de sarcasmes et de jurons. VOYEZ LES UNIFORMES! Si vous découvrez un homme sous l'uniforme, manifestez votre sympathie par un salut amical. Votre attitude et votre sacrifice bénin peuvent entamer le Mur beaucoup plus que la plus grande charge explosive.

Groupe de travail 13 août

3.5 Fluchten

3.5 Escapes

3.5 Fuites

↑

Soeben sind zwei DDR-Grenzsoldaten geflüchtet und werden am Checkpoint Charlie willkommen geheißen und freudig begrüßt.

Bis 1963 standen sich am Checkpoint Charlie die Grenzposten gegenüber. Nachdem dort jedoch mehrmals Grenzposten flüchten konnten, wurde für die DDR-Kontrollposten die Grenze um 50 Meter rückverlegt. Die vordem zuletzt Geflüchteten (30. Juli 1963) wurden wenige Sekunden nach ihrem Übertritt von einem Passanten fotografiert, nachdem sie gerade ihre Waffen einem West-Berliner Polizisten überreicht hatten.

Two GDR border soldiers have just fled, and are now receiving a friendly and happy welcome at Checkpoint Charlie.

Until 1963 the border posts at Checkpoint Charlie were directly opposite each other. However after several escapes to the West from these posts by GDR-border guards, the GDR positions were moved back 50 meters. The last people to escape in this way (30th of July 1963) were photographed by a passer-by a few seconds after they had crossed the border and had handed their arms over to a West-Berlin policeman.

Deux soldats de RDA viennent de prendre la fuite et sont accueillis Checkpoint Charlie avec enthousiasme.

Jusqu'en 1963, les gardes-frontières au point de contrôle Checkpoint Charlie se faisaient face directement. Pourtant, comme à plusieurs reprises des gardes-frontières avaient pu prendre la fuite, la frontière fût transférée 50 m plus à l'arrière pour les gardes-frontières de RDA. Le 30 juillet 1963, les derniers fugitifs avant cette mesure ont été photographiés par un passant quelques secondes après leur passage alors qu'ils venaient de remettre leurs armes entre les mains d'un policier de Berlin-Ouest.

←

Selbstgenähte Uniformen sowohl der Amerikaner als auch der Sowjets dienten einigen DDR-Bürgern zur Flucht. Wichtig war aber nicht nur die Qualität der Uniform. Der Flüchtling musste auch wissen, dass die amerikanischen Soldaten laut Befehl DDR-Posten „wie Luft" zu behandeln hatten. Wenn ein vermeintlicher US-Soldat jedoch grüßte, war er bereits so gut wie verhaftet.

Der DDR-Fachlehrer Mundstock in einer selbstgeschneiderten US-Uniform (1961).

Homemade American or Soviet uniforms helped several citizens of the DDR (East Germany) to escape. Not only was the quality of the uniform important, but also, the escapee must know that the American soldiers had orders to treat the DDR (East German) guards as if they "were invisible". If an alleged U.S. soldier saluted, he was as good as arrested.

The DDR (East German) teacher Mundstock in a self-tailored U.S. uniform.

Plusieurs habitants de la RDA se sont confectionnés des uniformes des armées américaine et soviétique pour prendre la fuite. La qualité de l'uniforme n'était pas seule à entrer en ligne de compte. Les fugitifs devaient aussi savoir qu'en vertu des ordres, les soldats américains traitaient les gardes-frontière de RDA «comme du vent». Si un soldat américain saluait, il signait en quelque sorte son arrestation.

Le professeur de l'enseignement technique de RDA Mundstock, dans un uniforme américain de sa confection (1961).

↑ →

Diese Ost-Berlinerin schneiderte die sowjetischen Uniformen für ihre deutschen Freunde. Die Kontrollpunktposten erwiderten respektvoll den gut einstudierten Gruß der „Sowjet-Offiziere". Nach geglückter Flucht wurde das Mädchen aus dem Versteck gezogen (Frühjahr 1962).

This East Berlin woman sewed Soviet uniforms for her friends. The checkpoint guards respectfully returned the well-rehearsed greeting of the "Soviet officers", and after the successful escape the girl was released from her hiding place (spring 1962).

Cette Berlinoise de l'Est a confectionné les uniformes soviétiques pour ses amis allemands. Les sentinelles en faction ont répondu avec respect au salut des «officiers soviétiques», que les fugitifs avaient étudié pendant longtemps. Au terme de la fuite, la jeune femme est extraite de sa cachette (début 1962).

← ↑

„Helft mir doch!", rief der 18jährige Peter Fechter. 50 Minuten lag er verblutend an der Mauer, ohne ärztliche Hilfe und ohne dass die Posten aus ihren Verstecken herauskamen. Sie durften sich nicht enttarnen. Es musste gewartet werden, bis ein Bergungskommando kam. Ihr eigenes Leben gefährdend, versuchten West-Berliner Polizisten, ihm Verbandspäckchen zuzuwerfen (siehe Fotos auf den folgenden Seiten). Er war zu schwach. Sterbend wurde er fortgetragen (17. August 1962).

"Help me!" the 18-year-old Peter Fechter cried. 50 minutes he lay bleeding against a wall, with no medical aid and the guards did not come out of their hiding places. They could not give away where they were. The matter had to wait until a rescue team came. Endangering their own lives, they asked West Berlin Police to give them bandage packs (see pictures on following pages). He was too weak. Dying, he was carried away (August 17th 1962).

Le jeune Peter Fechter, 18 ans, ne cessait d'appeler «Aidez-moi!». Pendant 50 minutes, il a perdu son sang au pied du Mur, sans assistance médicale et sans que les sentinelles ne sortent de leur cachette. Ils avaient pour consigne de ne pas dévoiler leur abri. Il fallut attendre qu'une compagnie spéciale de sauvetage arrive sur les lieux. Au péril de leur vie, des policiers de Berlin-Ouest tentèrent de lancer le matériel de premier secours (voir les photos des page suivantes) mais le blessé était trop affaibli. On le transporta agonisant (17 août 1962).

↑

Die Vopos tragen den leblosen Körper Peter Fechters fort.

The Vopos (East German "Peoples Police") carrying away the lifeless body of Peter Fechter.

Les Vopos transportent le corps inanimé de Peter Fechter.

←

Verzweifelt schauten die West-Berliner Polizisten auf den sterbenden Peter Fechter.

West Berlin policemen helplessly watching the dying Peter Fechter.

Au désespoir, les policiers de Berlin-Ouest assistent impuissants à l'agonie de Peter Fechter.

→

Eine Frau am Fenster eines Wohnhauses auf Ost-Berliner Seite beobachtet erschrocken und entsetzt den Mord an Peter Fechter.

A woman at the window of a house on the East Berlin side, appalled and aghast, after witnessing, the murder of Peter Fechter.

Postée à sa fenêtre à Berlin-Est, cette femme horrifiée assiste à l'assassinat de Peter Fechter.

← →
Das Haus, aus dem der tödliche Schuss fiel, wurde 1964 gesprengt.

The house from which the fatal shot was fired, was blown up in 1964.

L'immeuble d'où avaient été tirés les coups de feu fut démoli par dynamitage en 1964.

→
„Mörder!", schrien die West-Berliner immer wieder. Tagelang kam es zu Protestdemonstrationen. Nach West-Berlin einfahrende Fahrzeuge mit Sowjetsoldaten wurden mit Steinen beworfen.

Die Mordschützen standen 35 Jahre danach vor ihrem Richter. Sie bekannten sich zu ihren damaligen Schüssen und wurden zu 20 und 21 Monaten „auf Bewährung" verurteilt.

"Murderers!" cried the West Berlin people again and again. For days there were protest demonstrations. Vehicles with Soviet soldiers entering West Berlin were stoned.

After 35 years the murdering marksmen stood before their judge. They admitted firing the shots at that time and were sentenced to 20 and 21 months "suspended".

Les Berlinois de l'Ouest scandaient «Assassins!». Les manifestations de protestation durèrent plusieurs jours. Les véhicules militaires soviétiques arrivant à Berlin-Ouest étaient accueillis par des jets de pierres.

Les meurtriers ont été traduits devant leurs juges 35 ans plus tard. Ils n'ont manifesté aucun repentir et ont été condamnés l'un à 20 mois de prison, l'autre à 21 mois «avec sursis».

↑

Ein provisorisches Kreuz zu Ehren Peter Fechters wurde wenige Tage später durch ein massives, genauso großes Kreuz ersetzt.

The provisional cross erected in memory of Peter Fechter was replaced a few days later by a solid one, just as large as the original.

La croix provisoire en souvenir de Peter Fechter a été remplacée quelques jours plus tard par une grande croix en bois massif.

↑

Die ständige Pflege des Peter-Fechter-Mahnmales erfolgte durch den Axel-Springer-Verlag, den damaligen Grundstückseigentümer. Das Gelände, auf dem sich das Mahnmal befand, wurde jedoch 1998 von einem neuen Eigentümer bebaut. Das Peter-Fechter-Kreuz ging daraufhin an das Mauermusem – Museum Haus am Checkpoint Charlie, wo es heute ausgestellt ist.

An dem Ort, an dem Peter Fechter tödlich getroffen wurde, entstand 1999 eine Gedenkstätte des neuen Bauherrn.

The Axel Springer-Verlag, the then-proprietors of the land, took on the task of tending the Peter Fechter memorial. The site of the memorial was built on by a new owner in 1998, however, at which point the Peter Fechter cross went to the Wall Museum, where it remains to this day.

In 1999 the new owner erected a memorial to Peter Fechter at the spot where he was fatally wounded.

Les éditions Axel Springer, à l'époque propriétaire du terrain, se chargeaient de l'entretien du mémorial Peter Fechter. Le terrain sur lequel se trouvait le Mémorial a été flanqué d'une construction par le nouveau propriétaire, en 1998. La croix Peter Fechter a été alors reprise par le Mauermuseum – Museum Haus am Checkpoint Charlie, où elle est toujours exposée.

Les nouveaux propriétaires ont aménagé en 1999 un oratoire de recueillement sur les lieux où Peter Fechter a été blessé mortellement.

↑ →

Er war Österreicher. In West-Berlin hatte er in einem Autoleihgeschäft auf dem Kurfürstendamm einen Wagen entdeckt, der so niedrig war, dass er unter dem Schlagbaum hindurchpasste. Mit seiner Braut und der Schwiegermutter gelang die Flucht (Mai 1963). Bald danach entdeckte ein Argentinier denselben Wagen in demselben Leihgeschäft. Er hatte dieselbe Idee. „Ist das nicht der Wagen von neulich?“, fragte der Posten bei der Einfahrt. Der Argentinier wusste von nichts, und auch ihm gelang die Flucht mit der Braut. Beide Paare heirateten wenige Wochen später. An den Schlagbäumen aber wurden senkrechte Hängestäbe angebracht.

He was an Austrian. In a car-hire showroom on the Kurfürstendamm in West Berlin he had discovered a vehicle low enough to pass underneath the barrier. The escape with his wife and mother-in-law was a success (May 1963). Soon after, an Argentinian discovered the same car in the same showroom. He had the same idea. “Isn't that the car we had recently?”, asked the guard as he drove in. The Argentinian didn't know what the guard was talking about and the escape with his bride was a success, too. Both couples married a few weeks later. Vertically hanging bars were attached to the barriers.

Il était Autrichien. A Berlin-Ouest, dans un établissement de location de voitures sans chauffeur Kurfürstendamm, il avait découvert une voiture si basse qu'elle devait pouvoir passer sous la barrière. Il réussit à forcer le passage avec sa fiancée et sa future belle-mère (mai 1963). Peu de temps après, l'attention d'un Argentin fut attirée par la même voiture, dans la même agence. Il pensa lui aussi la même chose. A l'entrée à Berlin-Est, la sentinelle demanda s'il ne s'agissait pas de la même voiture que quelques jours plus tôt mais l'Argentin n'était au courant de rien. Lui aussi réussit à s'enfuir avec sa fiancée. Les deux couples célébrèrent leur mariage quelques semaines plus tard mais entre-temps, la barrière avait été garnie de barres verticales.

B-CE 402

↑ →

Der 21jährige Michael Meyer war bereits unter dem letzten Stacheldraht hindurch und wollte auf die Mauer. Da wurde er beschossen, verletzt und gestellt. Ein Posten wollte den am Boden Liegenden wegschleppen. Der US-Sergeant Hans-Werner Pool kletterte auf die Mauer und rief dem Posten zu: „Lass den Jungen los! Der gehört uns." Die im Hausflur befindlichen West-Berliner Polizisten drohten mit ihren Waffen, Warnschüsse fielen. Der Junge wurde freigegeben.

Im Foto ist die Stelle in der Stallschreiberstraße zu sehen, etwa einen Kilometer vom Checkpoint Charlie entfernt, wo der Kampf stattfand (13. September 1964).

Der Regierende Bürgermeister Willy Brandt dankte Pool für die Rettung.

21-year-old Michael Meyer was already under and through the last barbed wire and making for the wall when he was fired on, injured and stopped. A guard is about to drag the prostrate young man away when the American Sergeant Hans-Werner Pool climbs onto the wall and shouts to the guard, "Let the boy go!" West Berlin police in the entrance way fired warning shots. The boy is released.

The photograph shows the place in the Stallschreiberstraße, about one kilometer from Checkpoint Charlie, where the battle took place (September 13th 1964).

Pool is thanked for this rescue by Mayor Willy Brandt.

Michael Meyer, 21 ans, avait déjà franchi le dernier obstacle de barbelés et s'apprêtait à sauter sur le Mur lorsque les sentinelles se mirent à tirer. Il fut blessé et tenu en respect. Une sentinelle voulait traîner le blessé allongé sur le sol. Le sergent américain Hans-Werner Pool avait grimpé entre-temps sur le Mur et lança au garde-frontière: «Laisse-le». Les policiers de Berlin-Ouest qui se trouvaient dans l'embrasure d'une porte brandissaient leurs armes, plusieurs tirs de sommation éclatèrent. Finalement, le garçon fut libéré.

La photo montre l'endroit, Stallschreiberstrasse, à environ un kilomètre de Checkpoint Charlie, où l'affrontement eut lieu (13 septembre 1964).

Le bourgmestre régnant Willy Brandt remercia Pool pour son acte de sauvetage.

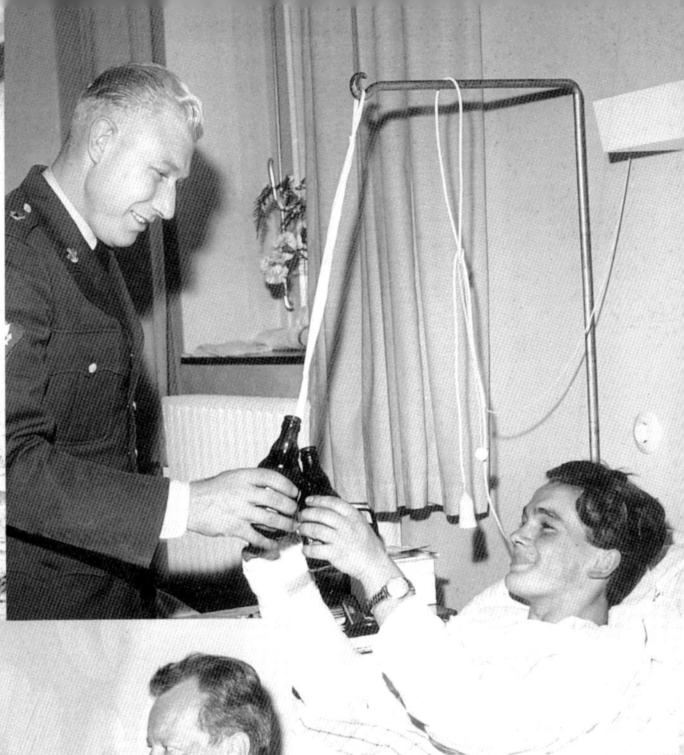

←

Für fast alle Fahrzeuge, auch für seltene Typen, hatten die DDR-Grenzposten Kontrollmöglichkeiten für den Fall baulicher Veränderungen. Außerdem konnte an den Grenzkontrollpunkten das Untere eines Autos mit einem Spiegel abgesucht werden. Die Isetta jedoch war so klein, dass es unmöglich erschien, in einem solchen Fahrzeug versteckt zu flüchten. Deshalb wurde es gar nicht kontrolliert. Auf dieser Beobachtung basierte ein Fluchtplan.

Der Motor der Isetta ist nicht größer als ein normaler Kochtopf und befindet sich an einem Hinterrad. Nach Umbau des Fahrzeuges war das Luftansaugrohr entfernt, ebenso die Heizung. Tank und Batterie waren verlegt und das Auspuffrohr nach unten gezogen. Die Spritzbleche über den Rädern waren durch eine Sperrholzplatte ausgewechselt worden, die einen menschlichen Körper tragen konnte.

Die Fluchthelfer arbeiteten 1964 mit zwei Isettas. Sechs Mal gelang mit dieser gezeigten Isetta eine Flucht. Als eine andere Isetta ihre vierte Fahrt machte, bewegte sich der Flüchtling – eine 57jährige Frau – ausgerechnet während der Kontrolle. Das Fahrzeug wackelte und der Posten rief zwei Offiziere und zwei weitere Posten herbei, die an Ort und Stelle den Wagen auseinandernahmen und Frau und Fahrer verhafteten.

The GDR border posts had ways of checking the vast majority of vehicles - even rare types - for structural modifications. Security personnel could also use mirrors on long handles to view the undersides of cars. The Isetta, however, was so small that it was inconceivable that anyone would be able hide in it as a means of escaping across the border. For that reason it was not subjected to a search. It was their realisation of this fact that spawned the escape plan.

The engine of the "Isetta" is not larger than an usual cooking pot and it occupies one side only. The air induction manifold as well as the heating system were taken out. The exhaust pipe was led directly to the underside of the vehicle. The splash-guards over the two wheels were demounted and instead a metal frame was installed which, lined with plywood, was capable of carrying a human body.

The escape helpers worked with two "Isettas" in 1964. Six times people escaped with the "Isetta" shown in this exhibition. When another "Isetta" made her fourth attempt to bring somebody to the West a 57-year-old woman hidden in the car made a movement just when the inspection was taking place. The guard called two officers and two more guards who disassembled the car in site and then arrested the woman and the driver.

Les gardes-frontière de RDA disposaient de moyens de contrôle pour déceler les modifications apportées aux structures des voitures particulières. Ils avaient aussi, aux postes-frontière, un dispositif à réflecteur permettant d'observer le bas de la caisse. L'Isetta était tellement petite qu'il semblait impossible de pouvoir y trouver une cachette, elle n'était donc pas contrôlée. C'est cette circonstance qui constituait l'idée de la fuite.

Le moteur de l'Isetta logé sur l'une des roues arrière n'est pas plus volumineux qu'un grand fait-tout. L'aménagement a consisté à retirer la conduite d'aspiration de l'air, ainsi que le chauffage, à changer de place le réservoir et la batterie et à diriger le tuyau d'échappement vers le bas. Les déflecteurs ont été remplacés par un panneau de contreplaqué susceptible de supporter le corps d'un homme.

Les passeurs opéraient en 1964 avec deux Isetta. La fuite réussit à six reprises avec la voiture de la photo. Alors qu'une quatrième tentative avait lieu avec une autre Isetta, le fugitif, une femme de 57 ans, a commencé à remuer pendant le contrôle, si bien que la voiture se mit à tanguer. La sentinelle appela deux officiers et deux autres sentinelles qui démontèrent la voiture et arrêtèrent la femme et le conducteur.

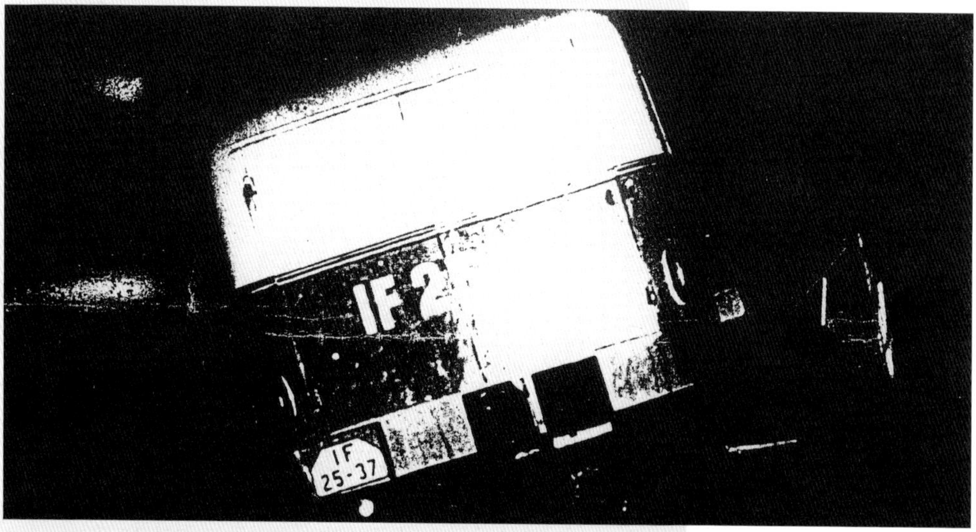
IF 2
IF
25-37

←

Aus dem Festnahmeprotokoll der GÜSt (Grenzübergangsstelle) Friedrich-/Zimmerstraße vom 24. Oktober 1966: „... Der Genannte unternahm den Versuch, mit einem entwendeten LKW, Granit 1,5 t, polizeiliches Kennzeichen IF 25 – 37, Eigentümer: VEB Großkonditorei Berlin, die Staatsgrenze in Richtung Westberlin gewaltsam zu durchbrechen. Er durchfuhr gewaltsam den geschlossenen Schlagbaum der rückwärtigen Begrenzung der GÜSt und kam nach ca. 40 m innerhalb der GÜSt zum Halten, wo dann sofort die Festnahme erfolgte ... " Aus dem Haftbefehl des Ost-Berliner Militärgerichts vom 27. Oktober 1966: „... Der Beschuldigte verließ am 23.10.1966 seine Einheit, um in Berlin die Staatsgrenze in Richtung Westberlin zu durchbrechen. Er trug sich seit längerem mit dem Gedanken[,] fahnenflüchtig zu werden. Am 24.10.1966 gegen 01.30 Uhr durchbrach er mit eine[m] rechtswidrig in Benützung genommenen Lastkraftwagen den Schlagbaum an der Grenzübergangsstelle Berlin-Friedrichstraße/Zimmerstraße. Er konnte innerhalb der Grenzsicherungsanlage festgenommen und an der weiteren Verwirklichung seiner Fahnenflucht gehindert werden ... " Aus dem Urteil des Militärobergerichts Neubrandenburg vom 28. April 1967: „... In der Strafsache gegen den ehemaligen Angehörigen der N[ationalen]V[olks]A[rmee] Klemmer, Joachim ... wegen Spionage, Fahnenflucht pp hat der 1. Strafsenat ... für Recht erkannt: Der Angeklagte wird wegen Spionage in Tateinheit mit einem staatsgefährdenden Gewaltakt, Fahnenflucht[,] unberechtigter Benutzung eines Kraftfahrzeugs ... zu einer Zuchthausstrafe von 6 – sechs – Jahren verurteilt."

In der DDR-Haft wurde Joachim Klemmer misshandelt. Im April 1972 wurde er in die Bundesrepublik Deutschland entlassen.

From the arrest records on the 24th of October 1966 at the border crossing point at Friedrichstraße/Zimmerstraße: "... the subject attempted by force, to break through the state border in the direction of West Berlin with the use of a stolen goods vehicle (granite, 1.5 tons; registration number IF 25 – 37; owner, the VEB Großkonditorei Berlin) .. He broke through the closed barrier post of the the border crossing point inner boundary and came to a stop after approx. 40 metres within the border crossing point, where he was immediately arrested. From the arrest warrant issued by the East Berlin military court on the 27th of October 1966: "... the accused left his unit on the 23.10.1966, in order to break through the state border in Berlin in the direction of West Berlin. He had been thinking of deserting for some time. On the 24.10.1966 at around 01:30 he broke through the barrier at the border crossing point at Friedrichstraße / Zimmerstraße using a truck he had illegally taken into his possession. He was arrested within the border crossing point and stopped from further pursuit of his desertion ...." From the judgement of the Neubrandenburg Military High Court from 28th April 1967: "... in the case against the former member of the NVA (Nationale Volksarmee – East German Army) Klemmer, Joachim ... on account of spying, desertion by proxy the 1st Criminal Division has judged: that the accused is sentenced, for spying in coincidence with a seditious act of violence, desertion, unpermitted use of a goods vehicle ... to a prison sentence of 6 – six – years."

Joachim Klemmer was mistreated during his imprisonment in the DDR (East Germany). He was released to the Federal Republic of Germany (West Germany) in April 1972.

Extraits du procès-verbal d'une arrestation au poste-frontière Friedrichstrasse – Zimmerstrasse du 24 octobre 1966: «... l'Interpellé a tenté de franchir par la force la frontière d'Etat en direction de Berlin-Ouest avec un camion qu'il avait volé, Granit, 1,5 t, numéro d'immatriculation IF 25 – 37, propriétaire boulangerie-pâtisserie d'Etat de Berlin. Il a franchi par force la barrière de la limite arrière du poste-frontière alors qu'il était baissé et, après environ 40 m, s'est arrêté, encore sur le périmètre du poste-frontière, où son arrestation a été opérée immédiatement ...» Extraits du mandat d'arrêt du tribunal militaire de Berlin-Est du 27 octobre 1966: «... L'inculpé a quitté son unité le 23 octobre 1966, dans l'intention de franchir la frontière d'Etat à Berlin, en direction de Berlin-Ouest. Il nourrissait depuis longtemps l'intention de déserter. Le 24 octobre 1966, vers 1 h 30, il franchit la barrière au poste-frontière Friedrichstrasse – Zimmerstrasse avec un camion qu'il utilisait illégalement. Il put être arrêté à l'intérieur des installations de sécurité frontalière et il n'a pas pu mener à bien sa tentative de désertion ...» Extraits du jugement du Tribunal militaire suprême de Neubrandenburg du 28 avril 1967: «... Dans l'affaire pénale contre l'ancien soldat de l'armée nationale populaire Klemmer, Joachim ... pour espionnage, désertion, etc., la 1e chambre pénale ... a reconnu comme étant de droit: L'accusé est reconnu coupable d'espionnage en liaison avec un acte de violence menaçant la sécurité de l'Etat, désertion, utilisation illégale d'un véhicule à moteur ... à une peine de réclusion criminelle de 6 – six – ans.»

Pendant sa réclusion en RDA, Joachim Klemmer a été victime de nombreux sévices. Il fut libéré en avril 1972 et expulsé en République Fédérale d'Allemagne.

↑ →

Am 5. September 1971 unternahm Bernd Sievert etwa einen Kilometer vom Checkpoint Charlie entfernt einen Fluchtversuch. Er wurde von DDR-Grenzern angeschossen, verletzt und verhaftet.

On the 5th of September 1971, Bernd Sievert attempted to escape about a kilometre from Checkpoint Charlie. He was shot, wounded and arrested by DDR (East German) border guards.

Le 5 septembre 1971, Bernd Sievert tenta de fuir à environ un kilomètre de Checkpoint Charlie. Les sentinelles de RDA le blessèrent et il fut arrêté sur place.

← ↑

Diese drei Jungarbeiter gruben einen 21 Meter langen Tunnel, unmittelbar neben dem Checkpoint Charlie. Einer von ihnen war als Heizer bei der Ost-Berliner Elektrizitätsgesellschaft in einem Grenzhaus beschäftigt. Die zur Mauer gelegenen Barackenräume waren leer und verplombt. „Ein wahrer Segen“, kommentierte einer, denn „niemand durfte die Räume betreten, jedoch die Plombenzange hing in der Portierloge.“

These three young workers dug a 21-meters-long tunnel very close to Checkpoint Charlie. One of them was employed as a stoker with the East Berlin Electricity Works in a house forming part of the border. The hut premises were situated near the wall and were empty and lead-sealed. “A real blessing”, according to one of them, “because nobody was permitted to enter the premises. However, the lead-sealing pliers were hanging in the porter’s lodge.”

Ces trois jeunes ouvriers ont creusé un tunnel long de 21 mètres, tout à côté de Checkpoint Charlie. L'un d'eux était employé comme chauffagiste dans une entreprise d'appareillages électriques de Berlin-Ouest et travaillait dans un immeuble à côté de la frontière. La cabane qui donnait directement sur le Mur était vide et la porte était condamnée par des scellées. Commentaire de l'un des fugitifs : «Une vraie chance pour nous car personne n'avait le droit de pénétrer dans cette cabane alors que la pince à plomber était accrochée dans la loge du concierge.»

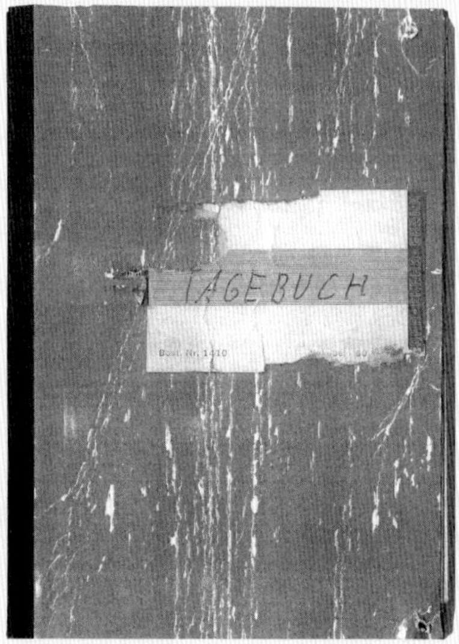

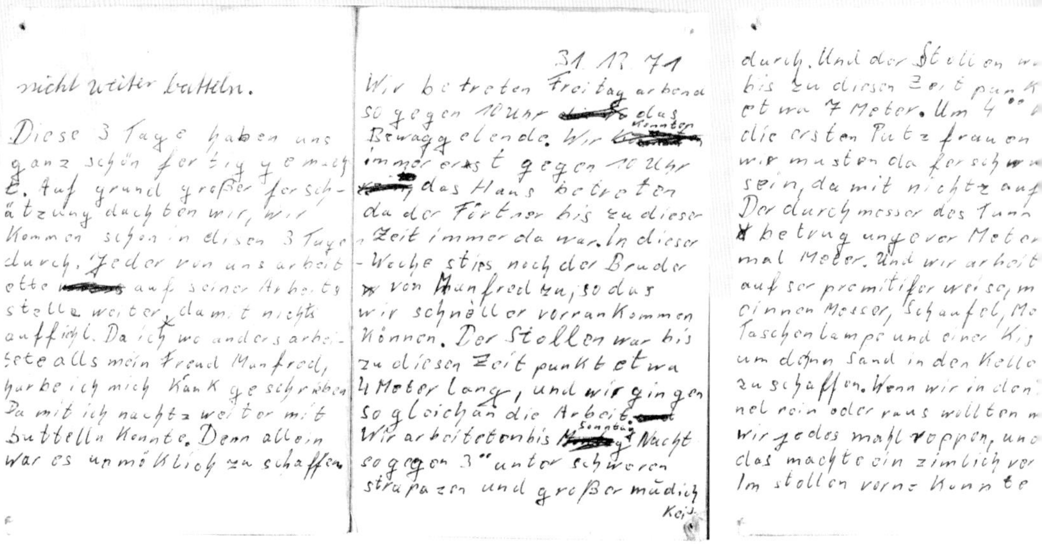

nicht weiter batteln.

Diese 3 Tage haben uns ganz schön fertig gemacht. Auf grund großer ferschätzung dachten wir, wir kommen schon in disen 3 Tage durch. Jeder von uns arbeitette auf seiner Arbeitsstelle weiter, damit nichts auffiehl. Da ich wo anders arbeitete alls mein Freund Manfred, habe ich mich Krank geschrieben Da mit ich nachts weiter mit butteln konnte. Denn allein war es unmöklich zu schaffen

31. 12. 71

Wir betreten Freitag abend so gegen 10 Uhr das Bewaggelende. Wir Kommten immer erst gegen 10 Uhr das Haus betreten da der Förtner bis zu dieser Zeit immer da war. In dieser Woche stieß noch der Bruder von Manfred zu, so das wir schneller vorran kommen können. Der Stollen war bis zu diesen Zeit punkt etwa 4 Meter lang, und wir gingen so gleich an die Arbeit. Wir arbeiteten bis Sonntag 4 Nacht so gegen 3°° unter schweren strapazen und großer müdich kei.

durch. Und der Stollen w
bis zu diesen Zeit punk
etwa 7 Meter. Um 4°°
die ersten Putzfrauen
wir musten da ferschw
sein, da mit nichts auf
Der durchmesser des Tunn
betrug ungefer Meter
mal Meter. Und wir arbeit
auf ser premitifer weise, m
einnen Messer, Schaufel, Ta
Taschenlampe und einer Kis
um denn Sand in den Kelle
zu schaffen. Wenn wir in den
nel rein oder raus wollten m
wir jedes mahl roppen, und
das machte ein zimlich ver
Im stollen vorne konnte

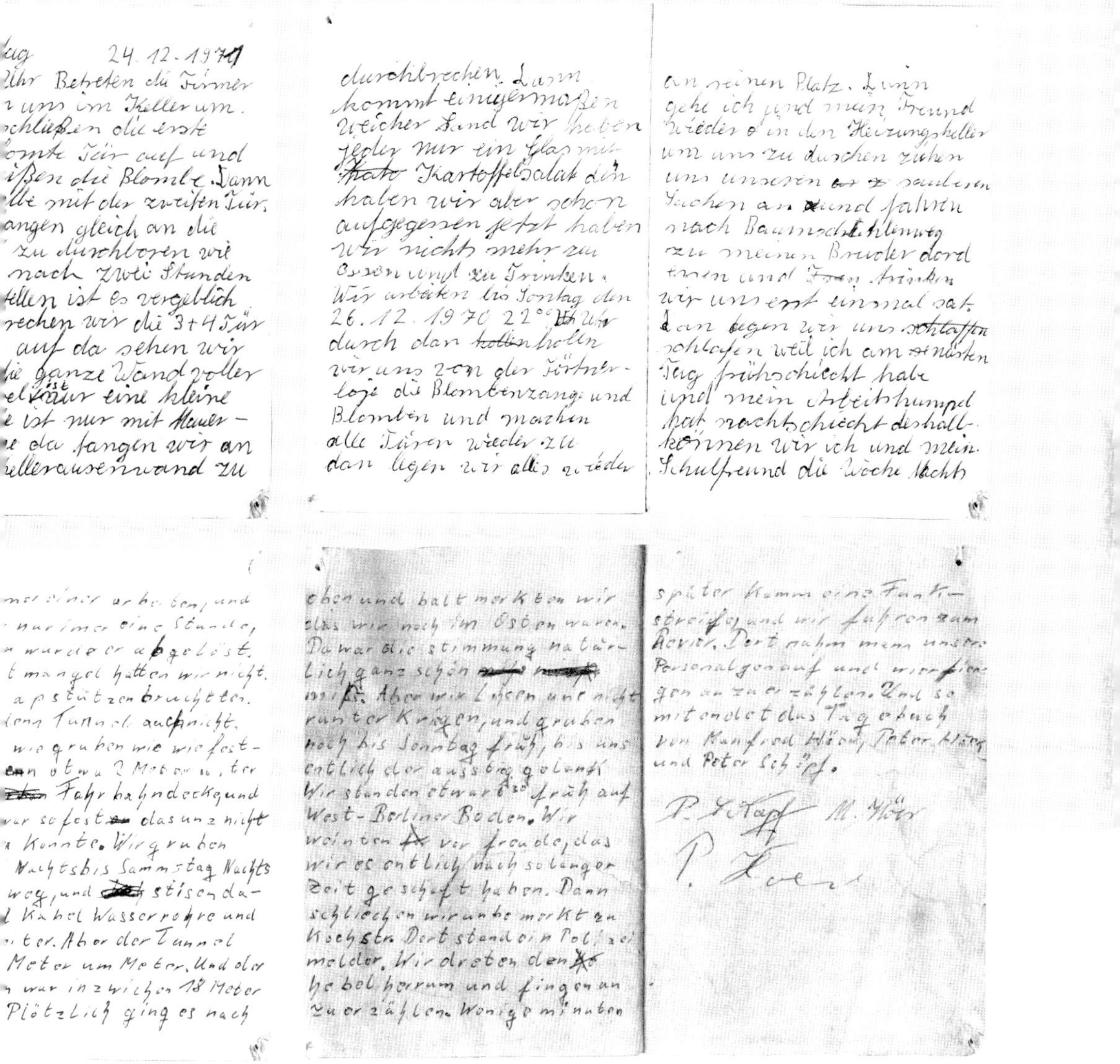

24. 12. 1970
Uhr Betreten die Türner
uns im Keller um.
schließen die erst
Tür auf und
ißen die Blombe. Dann
lbe mit der zweiten Tür,
angen gleich an die
zu durchboren wir
nach zwei Stunden
tellen ist es vergeblich
rechen wir die 3+4 Tür
auf da sehen wir
ie ganze Wand voller
el ist nur eine kleine
e ist nur mit Mauer –
e da fangen wir an
elleraußenwand zu

durchbrechen. Dann
kommt einigermaßen
weicher Sand wir haben
jeder nur ein Glas mit
~~Kato~~ Kartoffelsalat den
haben wir aber schon
aufgegessen jetzt haben
wir nichts mehr zu
essen und zu trinken.
Wir arbeiten bis Sonntag den
26. 12. 1970 22⁰⁰ Uhr
durch dan ~~kolln~~ holen
wir uns von der Pförtner-
loge die Blombenzange und
Blomben und machen
alle Türen wieder zu
dan legen wir alles wieder

an seinen Platz. Dann
gehe ich und mein Freund
wieder in den Heizungskeller
um uns zu duschen ziehen
uns unseren sauberen
Sachen an und fahren
nach Baumschulenweg
zu meinen Bruder dord
essen und trinken
wir uns erst einmal sat.
dan legen wir uns ~~schlaffen~~
schlafen weil ich am nächsten
Tag frühschicht habe
und mein Arbeitskumpel
hat nachtschicht deshalb
können wir ich und mein
Schulfreund die Woche Nachts

mal einer arbeiten, und
nur immer eine Stunde,
n wurde er abgelöst.
t mangel hatten wir nicht.
abstützen brauchten
dens Tunnel auch nicht.
wir gruben wie wir fest-
en etwa 2 Meter unter
Fahrbahndecke und
war so fest das uns nicht
n konnte. Wir gruben
Nachts bis Sammstag Nachts
weg, und stießen da-
l Kabel Wasserrohre und
ter. Aber der Tunnel
Meter um Meter. Und der
n war inzwischen 18 Meter
Plötzlich ging es nach

oben und bald merkten wir
das wir noch im Osten waren.
Da war die stimmung natür-
lich ganz schön
mies. Aber wir ließen uns nicht
runter kriegen, und gruben
noch bis Sonntag früh, bis uns
entlich der ausstieg gelang.
Wir standen etwa 6³⁰ früh auf
West-Berliner Boden. Wir
weinten vor freude, das
wir es entlich nach so langer
Zeit geschafft haben. Dann
schlichen wir unbemerkt zu
Kochstr. Dort stand ein Polizei-
melder. Wir drehten den
hebel herum und fingen an
zu erzählen. Wenige minuten

später kamm eine Funk-
streife, und wir fuhren zum
Revier. Dort nahm man unsere
Personalien auf und wir fin-
gen an zu erzählen. Und so
mit endet das Tagebuch
von Manfred Höer, Peter Klang
und Peter Schöpf.
P. Schöpf M. Höer
P. Zoer

← ↑

Das Tagebuch der Flucht.

Diary of the Tunnel Escape.

Journal du percement du tunnel.

Tagebuch der Tunnelflucht am Checkpoint Charlie

Freitag | 24.12.1971

20.00 Uhr Betreten die Firma, ziehen uns im Keller um. Wir schließen die erste verplombte Tür auf und zerreißen die Plombe. Dann dasselbe mit der zweiten Tür. Wir fangen gleich an, die Wand zu durchbohren. Wie wir nach zwei Stunden feststellen, ist es vergeblich. Da brechen wir die 3. + 4. Tür auch auf. Da sehen wir, dass die ganze Wand voller Kabel ist. Nur eine kleine Stelle ist nur mit Mauersteinen. Da fangen wir an, die Kelleraußenwand zu durchbrechen. Dann kommt einigermaßen weicher Sand. Wir haben jeder nur ein Glas mit Kartoffelsalat, den haben wir aber schon aufgegessen. Jetzt haben wir nichts mehr zu essen und zu trinken. Wir arbeiten bis Sonntag, den 26.12.1970, 22.00 Uhr durch, dann holen wir uns von der Pförtnerloge die Plombenzange und Plomben und machen alle Türen wieder zu. Dann legen wir alles wieder an seinen Platz. Dann gehen ich und mein Freund wieder in den Heizungskeller, um uns zu duschen, ziehen uns unsere sauberen Sachen an und fahren nach Baumschulenweg zu meinem Bruder. Dort essen und trinken wir uns erst einmal satt. Dann legen wir uns schlafen. Weil ich am nächsten Tag Frühschicht habe und mein Arbeitskumpel hat Nachtschicht, deshalb können wir, ich und mein Schulfreund, die Woche nachts nicht weiter buddeln.

Diese 3 Tage haben uns ganz schön fertig gemacht. Aufgrund großer Verschätzung dachten wir, wir kommen schon in diesen 3 Tagen durch. Jeder von uns arbeitete auf seiner Arbeitsstelle weiter, damit nichts auffiel. Da ich woanders arbeitete als mein Freund Manfred, habe ich mich krank geschrieben, damit ich nachts weiter mitbuddeln konnte. Denn allein war es unmöglich zu schaffen.

31.12.71

Wir betreten Freitag Abend so gegen 10 Uhr das Bewag-Gelände. Wir konnten immer erst gegen 10 Uhr das Haus betreten, da der Pförtner bis zu dieser Zeit immer da war. In dieser Woche stieß noch der Bruder von Manfred dazu, so dass wir schneller vorankommen können. Der Stollen war bis zu diesem Zeitpunkt etwa 4 Meter lang, und wir gingen sogleich an die Arbeit. Wir arbeiteten bis Sonntag Nacht so gegen 3.00 unter schweren Strapazen und großer Müdigkeit durch. Und der Stollen war bis zu diesem Zeitpunkt etwa 7 Meter. Um 4.00 kamen die ersten Putzfrauen und wir mussten da verschwunden sein, damit nichts auffiel. Der Durchmesser des Tunnels betrug ungefähr Meter mal Meter. Und wir arbeiten auf sehr primitive Weise, mit einem Messer, Schaufel, Meißel, Taschenlampe und einer Kiste, um den Sand in den Kellerraum zu schaffen. Wenn wir in den Tunnel rein oder raus wollten, mussten wir jedes Mal robben, und das machte einen ziemlich fertig. Im Stollen vorne konnte nur immer einer arbeiten, und zwar nur immer eine Stunde, dann wurde er abgelöst. Luftmangel hatten wir nicht. Und abstützen brauchten wir den Tunnel auch nicht. Denn wir gruben, wie wir feststellten, etwa 2 Meter unter der Fahrbahndecke, und diese war so fest, das uns nichts passieren konnte. Wir gruben Montag Nacht bis Samstag Nacht durchweg und stießen dabei auf Kabel, Wasserrohre und so weiter. Aber der Tunnel wuchs Meter um Meter. Und der Stollen war inzwischen 18 Meter lang. Plötzlich ging es nach oben und bald merkten wir, dass wir noch im Osten waren. Da war die Stimmung natürlich ganz schön mies. Aber wir ließen uns nicht unterkriegen und gruben noch bis Sonntag früh, bis uns endlich der Ausstieg gelang. Wir standen etwa 6.30 früh auf West-Berliner Boden. Wir weinten vor Freude, dass wir es endlich nach so langer Zeit geschafft haben. Dann schlichen wir unbemerkt zur Kochstraße. Dort stand ein Polizeimelder. Wir drehten den Hebel herum und fingen an zu erzählen. Wenige Minuten später kam eine Funkstreife, und wir fuhren zum Revier. Dort nahm man unsere Personalien auf und wir fingen an zu erzählen.

Und somit endet das Tagebuch von Manfred Höer, Peter Höer und Peter Schöpf.

3 Unterschriften:
P. Schöpf, M. Höer, P. Höer

Diary of the tunnel escape at Checkpoint Charlie

Friday | 24.12.1971

20:00 Entrance to the company; changed our clothes in the basement. We unlocked the first sealed door and broke the seal. Then the same thing with the second door. We started right away to bore through the wall. After two hours we realised that it is futile. Therefore we broke open the 3rd + 4th doors. We saw there that the entire wall was full of cables. Only a small area had only bricks. We started to break through the basement wall there. Then we hit more or less soft sand. We had only a jar of potato salad each, which we had already eaten. Now we had nothing more to eat or to drink. We worked until 22:00 on Sunday, 26.12.1970: then we got seals and the seal pliers from the porter's lodge and closed all the doors once more. We then put everything back in place. Then my friend and I went back to the heating cellar to shower, put on our clean clothes and drove back to Baumschulenweg to my brother. There we ate and drank until we were full. Then we hit the sack. Because I had morning shift the next day and my co-worker worked nights – me and my school friend – can't tunnel at night for the week.

These 3 days finished us off pretty good. Because we were way out in our estimation, we thought that we would come through in these three days. Each of us worked at his job as usual, so that nothing would attract attention. Because I worked somewhere else than my friend Manfred, I called in sick so that I could dig at nights too, for it was impossible to manage this alone.

31.12.71

We entered the Bewag premises Friday evening at around 10. We could only enter the building at around 10:00 as the porter was always there up until then. This week Manfred's brother came with us, so that we could get on faster. At this point the tunnel was around 4 meters long, and we started working right away. We worked until Sunday night around 3:00 under difficult conditions and extreme tiredness. And the shaft was around 7 meters long at this point. The first cleaners came at around 4:00 and we had to be gone by then, so that nothing would attract attention. The diameter of the tunnel was around a meter by a meter. And we worked very primitively, with only a knife, shovel, chisel, pocket lamp and a box to get the sand into the cellar. When we wanted to get in or out of the tunnel we had to crawl each time and that wore us out. Only one of us could work at the end of the tunnel and then only for an hour, then he was relieved. We had no shortage of air. And we didn't need to support the tunnel either. Then we were digging, as learned some 2 metres under the road surface, and it was so firm that nothing could happen to us. We dug from Monday night to Saturday night and came across cables, water pipes and so on. But the tunnel grew meter by meter. And the tunnel had grown meanwhile to 18 meters. Suddenly it went upwards and we soon realised that we were still in the East. That surely put a damper on our mood. But we didn't let ourselves get down and we dug until early on Sunday morning, until at last we managed the breakout. We stood on West Berlin soil at around 6:30 in the morning. We cried for joy, that we had made it after such a long time. Then we sneaked unnoticed to the Kochstraße. There was a Police call box. We turned the handle and started to explain. A patrol car came by a couple of minutes later and took us to the station. Our particulars were noted and we began to tell our story. And with this entry, the diary comes to an end.

By Manfred Höer, Peter Höer and Peter Schöpf.

3 signatures:
P. Schöpf, M. Höer, P. Höer

Vendredi | 24 décembre 1971

20 h 00. Arrivée à l'entreprise. Nous nous changeons à la cave. Nous ouvrons la première porte scellée et nous arrachons les plombs. Même chose pour la deuxième porte. Nous commençons à percer le mur et, comme nous pouvons le constater deux heures plus tard, c'est sans espoir. Nous fracturons la 3e et la 4e porte et nous voyons alors que tout le mur est un faisceau de câbles, à l'exception d'une petite partie en briques. C'est là que nous commençons à percer le mur. Nous arrivons à du sable assez mou. Nous n'avons qu'un bocal de salade de pommes de terre que nous avons déjà mangée. Nous n'avons plus rien à manger et à boire. Nous travaillons jusqu'au dimanche 26 décembre 1970 à 22 h 00, après quoi nous allons chercher la pince à plomber et les plombs dans la loge du concierge pour refermer toutes les portes. Ensuite, nous remettons tout en place. Nous retournons mon ami et moi dans la cave du chauffage pour prendre une douche, passer nos vêtements propres et aller à Baumschulenweg, chez mon frère. Là, nous nous sustentons d'abondance et ensuite, nous dormons. Comme je suis de l'équipe du matin le lendemain et que mon compagnon est de nuit, nous ne pouvons pas creuser pendant toute la semaine.

Les trois journées passées à travailler nous ont épuisés. Nous avions mal calculé et pensé que nous arriverions de l'autre côté au terme de ces trois jours. Chacun a donc repris son travail afin que rien ne donne l'alarme. Comme je travaillais à un autre endroit que mon ami Manfred, je me suis fait mettre à l'assurance afin de pouvoir creuser la nuit car ce n'était pas possible d'y arriver seul.

31 décembre 1971

Nous arrivons le vendredi soir, vers 10 h 00 sur le périmètre de la compagnie Bewag. Nous ne pouvions pas arriver avant 10 h 00 du fait que le concierge travaillait jusque-là. Pendant cette semaine, nous avons été rejoints par le frère de Manfred afin de pouvoir avancer plus vite. A ce moment là, le tunnel avait une longueur d'environ 4 mètres et nous nous sommes mis au travail immédiatement. Nous avons travaillé jusque dans la nuit de dimanche, vers 3 h 00 dans des conditions extrêmement pénibles et avec une grande fatigue. Le tunnel avait alors 7 mètres environ. Les premières femmes de ménage arrivaient à 4 h 00 du matin et nous devions avoir quitté les lieux afin que l'on ne remarque rien. Le tunnel avait un diamètre d'un mètre approximativement. Le travail s'effectuait dans des conditions extrêmement rudimentaires avec un couteau, une pelle, un burin, une torche et une caisse pour transporter le sable dans la cave. Pour entrer dans le tunnel et en sortir, il fallait ramper et s'agripper, ce qui était extrêmement pénible. Un seul pouvait creuser à la fois, pour une heure seulement, après quoi il était relevé. Nous n'avons pas souffert du manque d'oxygène. Nous n'avions pas besoin non plus d'étayer le tunnel car, comme nous avons pu le constater, nous étions à environ deux mètres en dessous de la sous-fondation de chaussée et elle était si solide que rien ne pouvait se passer. Nous avons creusé pendant toute la nuit, du lundi au samedi et nous avons rencontré pendant le percement des câbles, des conduites d'eau et d'autres obstacles. Malgré tout, le tunnel avançait, mètre par mètre, il avait déjà une longueur de 18 mètres. Nous avons dû incliner le tunnel vers le haut et nous avons constaté que nous étions toujours à l'Est, ce qui nous a considérablement découragés. Nous avons surmonté et creusé jusqu'au dimanche matin, où nous sommes enfin arrivés. Vers 6 h 30 environ, nous étions à Berlin-Ouest. Nous pleurions de joie d'y être enfin arrivés après si longtemps. Nous nous sommes alors faufilés jusqu'à la rue Kochstrasse où un brigadier de police était en faction. Nous lui avons raconté notre histoire. Quelques minutes plus tard, la voiture de police arrivait et nous sommes partis pour le commissariat où l'on enregistra nos identités.

Nous avons ensuite raconté notre aventure et c'est ainsi que se termine notre journal. Par Manfred Höer, Peter Höer et Peter Schöpf.

Trois signatures:
P. Schöpf, M. Höer, P. Höer

↑ →

„Wir gruben, bis uns die Hände blutig waren", schilderten sie die anstrengende Tag- und Nachtarbeit während der Weihnachts- und Neujahrsfeiertage der Jahreswende 1971/72. Mit primitiven Werkzeugen bauten sie ihren Tunnel, und mit einer Kiste wurde die Erde an einem Seil zurückgezogen und auf die „plombierten" Räume verteilt. Für zwei von ihnen – es waren Brüder – gab es ein beglückendes Wiedersehen mit ihren Eltern in West-Berlin.

"We dug until our hands bled." This was how they described their strenuous work day and night during the Christmas and New Year's holidays 1971/72. They built their tunnel with the primitive tools. The earth was pulled out in a crate by rope and then spread over the "lead-sealed" rooms. For two of them – they were brothers – there was a happy reunion with their parents living in West Berlin.

Les fugitifs racontent ainsi le travail pénible qu'ils ont effectué le jour et la nuit pendant les fêtes de Noël et du Nouvel An 1971-1972: «Nous avons creusé jusqu'à ce que nos mains saignent.» Ils ont creusé leur tunnel avec des moyens rudimentaires, il retiraient la terre évacuée dans une caisse tirée par une corde, qu'ils distribuaient ensuite dans tous les locaux «sous scellées». Les deux frères ont eu la joie de retrouver leurs parents à Berlin-Ouest.

↑ →

Der Gründer des Mauermuseums, Dr. Rainer Hildebrandt, zeigt die Kugel, die das Fenster des Mauermuseums traf. Von 1961 bis 1975 wurden in 459 Fällen ein oder mehrere Geschosseinschläge in West-Berlin registriert, wobei es in 20 Fällen zu leichteren Personenverletzungen, Nervenschocks u. ä. kam. Die Grenzposten hatten zwar den Befehl, nicht auf Flüchtende zu feuern, wenn Umherstehende getroffen werden könnten. Wenn jedoch die Geschosseinschläge auf West-Berliner Gebiet „ins Wasser, ins Erdreich oder über die Häuser hinweggehen", war es zulässig, auf Flüchtende zu feuern. Zwar waren es prozentual stets nur wenige Volksarmisten, die von dieser Befehlsauslegung Gebrauch machten, und so ist auch die Zahl der Geschosseinschläge in West-Berlin stark zurückgegangen. Aber noch am 6. Februar 1973 wurden unmittelbar am Checkpoint Charlie neun Einschläge registriert, als ein Volksarmist zu flüchten versuchte. Dabei wurde ein Fenster unseres Archivs in Kopfhöhe durchschossen und das Projektil ging in einen Leitz-Ordner. Weil das Fenster zwei Scheiben hatte, konnte so nachgewiesen werden, woher der Schuss kam.

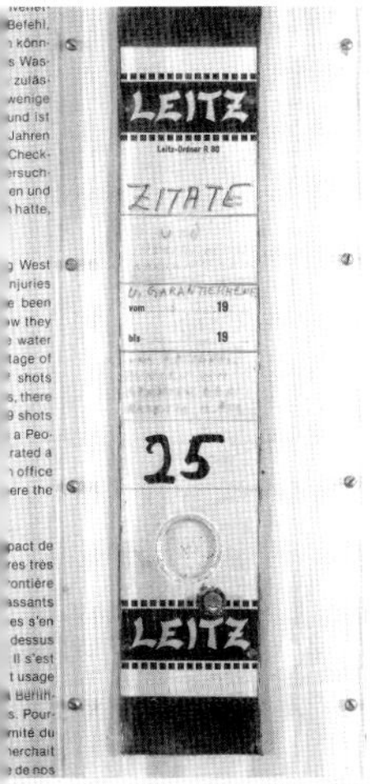

The founder of the Museum, Dr Rainer Hildebrandt, points the bullet that penetrated the window of the Wall Museum. From 1961 to 1975, 459 instances of one or more shots penetrating West Berlin territory were registered; in twenty instances people received light injuries and shock, among other things. Although the border guards had been ordered not to shoot at escapees if passers-by might be hit, up to now they had been permitted to fire at escapees if the bullets would "hit the water, earth or travel over the houses". Although it was only a small percentage of People's Soldiers who made use of this order and the number of shots penetrating West Berlin territory greatly decreased in the last few years, there was however as recently as the 6th of February 1973 an instance of nine shots penetrating West Berlin territory directly at Checkpoint Charlie, when a People's Soldier tried to escape. On this occasion one of the bullets penetrated a window at eye level in our archives and the projectile came to rest in an office file. Since the window had two panes it was possible to establish where the shot had come from.

Le Dr Rainer Hildebrandt, fondateur de Mauermuseum, montre le projectile qui a percé une fenêtre du Musée. Pendant la période de 1961 à 1975, on a enregistré 459 impacts de un ou plusieurs projectiles à Berlin-Ouest, qui ont provoqué 20 blessures légères, des crises de nerf et autres chocs. Les sentinelles avaient certes l'ordre de ne pas tirer sur les fugitifs si des personnes étaient menacées dans les parages mais lorsque les tirs étaient dirigés «vers l'eau, la terre et au dessus des immeubles» de Berlin Ouest, il était possible de le faire. Proportionnellement, il y eut peu de soldats de l'armée nationale populaire qui exécutèrent l'ordre et, avec le temps, le nombre des impacts à Berlin-Ouest a fortement diminué. Il n'empêche que le 6 février 1973, on dénombra encore deux impacts à Checkpoint Charlie, pendant la tentative de fuite d'un soldat. Une fenêtre de nos archives a été transpercée à hauteur de tête et la balle est venue se ficher dans un dossier. Comme il s'agissait d'un double vitrage, il a été possible de reconstituer la trajectoire du projectile.

←

Am 5. Januar 1974 versuchte in der Friedrichstraße „ein Angehöriger der Bereitschaftspolizei, Anwärter Burkhard Niering in Felddienstuniform, bewaffnet mit einer M[aschinen]pi[istole], die Staatsgrenze der DDR in Richtung Westberlin gewaltsam zu durchbrechen". Zwei Angehörige der Passkontrolleinheit schossen in den Rücken aus etwa 3,5 Meter Entfernung und töteten den Flüchtling vor den Augen zahlreicher Zeugen auf West-Berliner Seite. „Auf Grund des Vorkommnisses wurde der grenzüberschreitende Verkehr von 19.35 Uhr bis 19.45 Uhr zeitweilig unterbrochen" – meldete die DDR-Dienststelle.

On the 5th of January 1974, in the Friedrichstraße, "... a member of the riot police, Ensign Burkhard Niering, wearing his field duty uniform and armed with a M[achine] P[istol] attempted to forcibly break through the DDR (East German) state border in the direction of West Berlin". Two members of the passport control unit shot the escapee in the back from a distance of 3.5 metres and killed him in front of numerous witnesses on the West Berlin side. The DDR authorities reported, "Due to the incident, traffic crossing the border was temporarily interrupted from 19:35 to 19:45".

Le 5 janvier 1974, «un policier des compagnies de sécurité, l'aspirant Burkhard Niering, a tenté de forcer le passage à la frontière d'Etat de la RDA en direction de Berlin-Ouest, en uniforme de campagne et armé d'un pistolet mitrailleur». Deux sentinelles du contrôle des passeports lui ont tiré dans le dos, à environ 3,5 mètres de distance et ont tué le fugitif sous les yeux de nombreux témoins à Berlin-Ouest. Les services de RDA ont publié ensuite ce communiqué laconique: «Suite à un incident, la circulation à la frontière a été interrompue momentanément de 19 h 35 à 19 h 45».

→

Häufige Gründe für Ausschleusungen waren Liebesbeziehungen, und öfter waren es Männer, die eine Frau ausschleusten oder einem Fluchthelfer dafür Geld gaben. In der Mehrzahl der Fälle waren die Ehen nur von kurzer Dauer oder kamen gar nicht zustande. Anders bei dem Übersetzer Wolfgang Müller (auf dem Foto vor dem Vorderasiatischen Museum), der gerade sein Sprachstudium (Englisch, Spanisch) an der Ost-Berliner Humboldt-Universität abgeschlossen und – damals 26 – sich in die US-Bürgerin Jane Petersen – damals 25 – verliebt hatte, die an der Freien Universität in West-Berlin Geschichte studierte. Jane bereitete die Flucht vor und war dabei sehr erfindungsreich: Verschiedenen Soldaten kaufte sie Uniform, Rangabzeichen und Mütze ab, als wäre es für eine Theateraufführung.

Obwohl Angehörige der Schutzmächte unkontrolliert den Ostkontrollpunkt passieren konnten, fand doch eine indirekte Kontrolle statt, zum Beispiel durch den Gruß. Ein US-Soldat hatte laut Befehl die DDR-Posten „wie Luft“ zu behandeln und durfte deshalb nicht zurückgrüßen. Auch bestand die Möglichkeit, wenn an demselben Tag nur wenige US-Angehörige die Grenze passiert hatten, dass sich die Kontrolleure die Gesichter der Einreisenden einprägten. Aber auch dafür hatte Jane vorgesorgt und einen Doppelgänger besorgt. Kurz nachdem Wolfgang Müller die Grenze nach West-Berlin passiert hatte, kam der „Doppelgänger“ und wurde verhaftet. Es dauerte eine Stunde, bis seine unwiderlegbare Identität festgestellt war (1974). Jane und Wolfgang heirateten und siedelten später in die USA über. Ihre Ehe hielt und 19 Jahre später schickte uns Wolfgang das Foto von seiner Flucht.

Many people who were smuggled out had romantic attachments in the West and more frequently they were men who smuggled a woman out or paid escape helpers to smuggle her out. In the majority of cases, the marriages were only short-lived or did not even take place. It was altogether different with the translator Wolfgang Müller (26) (on the photo in front of the Near East Museum) who had just completed his linguistic studies (English, Spanish) at the Humboldt University in East Berlin and had fallen in love with the US-citizen Jane Petersen (25) who was studying history at the Free University of West Berlin. Jane was very inventive in arranging for his escape: She bought a uniform, badges of rank and a cap from different soldiers as if she wanted to use them for a stage production.

Even though members of the protective powers were able to cross the eastern control point without being checked, an indirect check, nevertheless, took place, for example by salutes. According to order, US-soldiers had to treat GDR border guards as though they did not exist and were therefore not allowed to return their salutes. If only a few Americans had crossed the border on the same day there was also the possibility that the border guards would remember the faces of those entering the country. But Jane had also arranged for such a case and provided for a double. Shortly after Wolfgang Müller had crossed the border to West Berlin, the “double” came and was arrested. It took an hour until his indisputable identity was determined (1974). Jane and Wolfgang married and later on moved to the United States of America. Their marriage lasted and 19 years later, Wolfgang sent us the photo of his escape.

Nombre de traversées clandestines avaient pour origine une relation amoureuse et, très souvent, c'était les hommes qui aidaient une femme à sortir, ou bien qui payaient un passeur pour le faire. Toutefois, dans la plupart des cas, les unions étaient de courte durée et il arrivait même que le mariage ne se fasse pas. Il en alla tout autrement pour le traducteur Wolfgang Müller (sur la photo devant le musée d'Asie mineure), qui venait de terminer ses études de langue (anglais, espagnol) à l'Université Humboldt de Berlin-Est et qui, à 26 ans, était tombé amoureux de la citoyenne américaine Jane Petersen, 25 ans, qui étudiait l'histoire à l'Université libre de Berlin. Jane prépara la fuite et fit preuve d'une très grande ingéniosité: elle acquit auprès de plusieurs soldats des uniformes, les insignes de grades et les casquettes, prétendant que c'était pour une représentation théâtrale.

Bien que les soldats des forces alliées aient pu passer les postes de contrôle de l'Est sans être contrôlés, il existait une sorte de contrôle indirect, par exemple la forme du salut. Les soldats américains avaient ordre de considérer les sentinelles de RDA «comme du vent» et n'avaient pas le droit de rendre le salut. Il se pouvait aussi que, lorsque peu de ressortissants américains passaient la frontière pendant la journée, les gardes se souviennent des visages des voyageurs. Jane avait prévu ce cas et s'était occupée de trouver un sosie. Peu de temps après que Wolfgang Müller eut passé la frontière en direction de Berlin-Ouest, son «double» arriva et fut arrêté. Il fallut une heure pour que son identité puisse être établie de manière irréfutable (1974). Jane et Wolfgang se sont mariés et se sont établis ensuite aux Etats-Unis. L'union supporta l'épreuve du temps et 19 ans plus tard, Wolfgang nous a envoyé cette photo de sa fuite.

↓ →

Die „Passkontrolleinheiten“ (PKE) der DDR-„Grenzübergangsstelle Friedrich-/Zimmerstraße“ unterstanden dem Ministerium für Staatssicherheit. Sie waren gehalten, sämtliche Ereignisse im Bereich des Grenzübergangs als „Dokumentation“ mit Text und Fotos festzuhalten. Die Stasi-Fotos zeigen das Scheitern einer Flucht mit Hilfe eines Diplomaten am 26. September 1981. Marita Ulbricht, Dr. Paul Wolfgang Stüber und der Fluchthelfer wurden verhaftet.

Mutmaßlich wurde die Flucht des Arztes und der Sekretärin des Ost-Berliner Krankenhauses Charité verraten. Marita Ulbricht wurde zu zwei Jahren und acht Monaten Haft verurteilt. Nach verbüßten 14 Monaten Haft konnte sie von Bonn für den Festpreis von 95.847,- DM freigekauft werden. Der Arzt und der Diplomat wurden nach einigen Monaten Untersuchungshaft entlassen.

The “passport control units” (PKE) at the DDR (East German) “border crossing point at Friedrichstraße/Zimmerstraße” were under the command of the Ministry for State Security (coll. Stasi). They were ordered to record all events in the area of the crossing in text and photographs, as “documentation”. The Stasi photos shown here show a failed escape attempt carried out with the help of a diplomat on the 26.09.1981. Marita Ulbricht, Dr P. Wolfgang Stüber and the escape helper were arrested.

Presumably, the doctor and secretary from the Charité hospital in East Berlin were betrayed. Marita Ulbricht was sentenced to 2 years and 8 months imprisonment. After serving 14 months, she could be bought free by the West German government for 95,847.- DM. The doctor and diplomat were released after a number of month’s imprisonment on remand.

Les «unités de contrôle des passeports» de RDA au poste-frontière Friedrichstrasse - Zimmerstrasse relevaient du ministère de la Sûreté de l’Etat (Stasi). Les fonctionnaires en poste étaient tenus de «documenter» tous les incidents à la hauteur de la frontière par le texte et des photos. Ces photos de la Stasi ont été prises après l’échec d’une tentative de fuite avec l’aide d’un diplomate, le 26 septembre 1981: Marita Ulbricht, le Dr Paul Wolfgang Stüber et le passeur ont été arrêtés à cette occasion.

Il est probable que les préparatifs de fuite du médecin et de la secrétaire médicale à l’hôpital Charité de Berlin-Est ont été dénoncés à la Stasi. Marita Ulbricht a été condamnée à 2 ans et 8 mois de prison. Après qu’elle eut purgé 14 mois de sa peine, Bonn a pu la «racheter» pour le prix ferme de 95.847 DM. Le médecin et le diplomate ont été élargis après plusieurs mois de détention préventive.

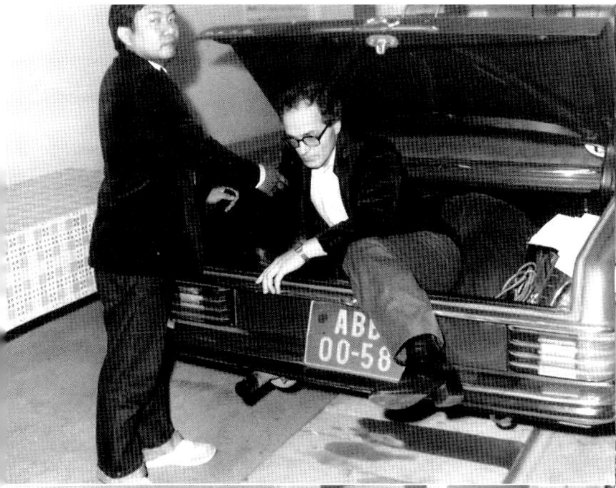

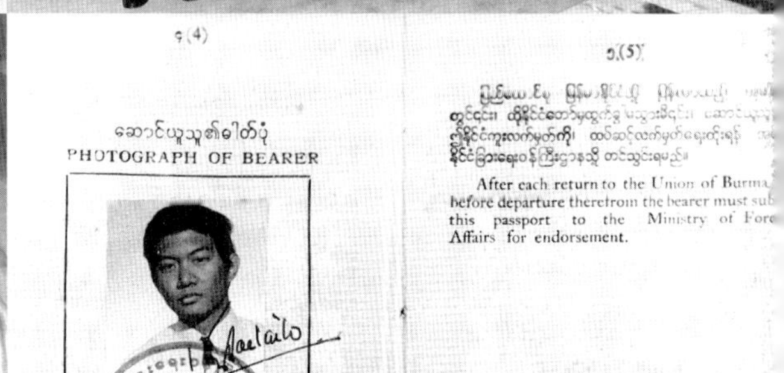

၄(4)

PHOTOGRAPH OF BEARER

MINISTRY OF FOREIGN AFFAIRS

၅(5)

After each return to the Union of Burma before departure therefrom the bearer must sub this passport to the Ministry of Fore Affairs for endorsement.

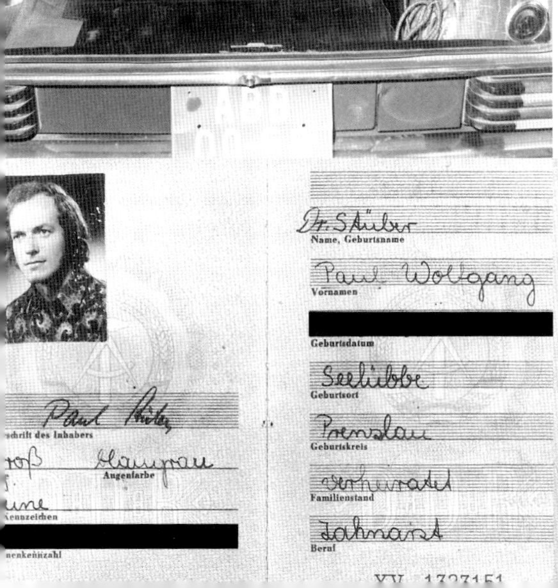

Paul Stüber
Unterschrift des Inhabers

groß blaugrau
Größe Augenfarbe

keine
Bez. Kennzeichen

[redacted]
Personenkennzahl

Dr. Stüber
Name, Geburtsname

Paul Wolfgang
Vornamen

[redacted]
Geburtsdatum

Seelübbe
Geburtsort

Prenzlau
Geburtskreis

verheiratet
Familienstand

Zahnarzt
Beruf

XV 1327151

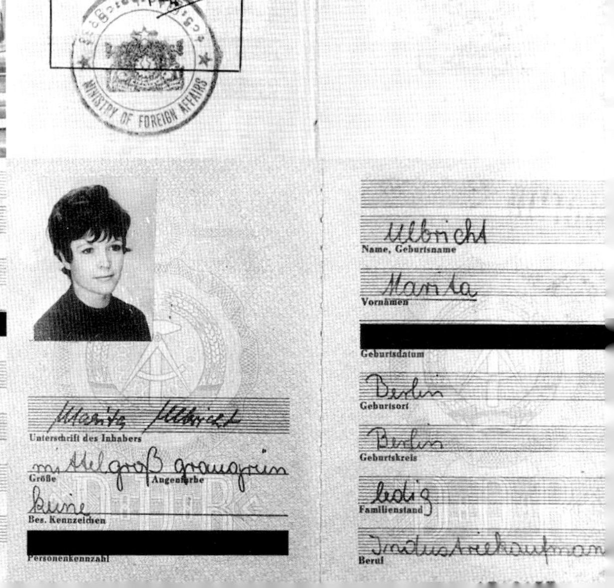

Marita Ulbricht
Unterschrift des Inhabers

m. Mittelgroß graugrün
Größe Augenfarbe

keine
Bez. Kennzeichen

[redacted]
Personenkennzahl

Ulbricht
Name, Geburtsname

Marita
Vornamen

[redacted]
Geburtsdatum

Berlin
Geburtsort

Berlin
Geburtskreis

ledig
Familienstand

Industriekaufman
Beruf

Der 9. November 1989 – die Mauer fiel. Vie

Brummi-Flucht vom Checkpoint Charlie. Mit Vollgas in ein neues Leben

BZ-Ausriß vor
nach der Flu

Gruppenbild nach der geglückten Mauer-Flucht August 1986: Brummi-Fahrer Hans-Joachim Pofahl mit Freundin Martina und ihrer sieben Monate alten Tochter Kirsten am Checkpoint Charlie

Foto: Friedel

VON MICHAEL SCHOEPPERL

Berlin – **Hans-Joachim Pofahls Devise in allen Lebenslagen: „Immer bis an die Grenzen gehen." Am 29. August 1986, kurz nach Mitternacht, beließ es der damals 32jährige Karlshorster Lastwagenfahrer nicht mehr nur dabei. Diesmal durchbrach er die Grenze zur Freiheit. Am Steuer eines 7,5 Tonnen Kieslasters, seine Freundin Martina und die sieben Monate alte Kirsten neben sich, donnerte er mit Vollgas durch die Sperranlagen am Checkpoint Charlie.**

Pofahl acht Jahre später: Er zeigt auf einer Schautafel am Checkpoint seinen Fluchtweg

Ost-Berliner Bauarbeiter bessern nach Pofahls Durchbruch die beschädigte Mauer aus

„Ein gelungenes Husarenstück", sagt Pofahl heute. Die *BZ* hat ihn wiedergefunden. Dem Baugewerbe ist der 41jährige treu geblieben. Nur sitzt er heute nicht mehr auf dem Bock, sondern ist leitender Angestellter im Baustoffhandel.

„Von nichts kommt nichts. Die Weinerlichkeit vieler Ost-Berliner regt mich auf, diese Sehnsucht nach der Mauer. Mein Wunsch zum fünften Jahrestag der Maueröffnung: Wacht endlich auf, nutzt eure Chance."

Pofahl nutzte seine kaltblütig. An der Leipziger Straße rollte er mit dem Kieslaster los. Sah, daß am Checkpoint nur ein Fahrzeug abgefertigt wurde. Bleifuß durch die erste Absperrung. „Ich riß das Steuer herum, als ich sah, daß das Panzertor auf meiner Spur verschlossen war. Auf der Gegenspur war noch eine Lücke frei. Blick zu Martina. Die hatte sich schützend über das Baby geworfen. Dann ein Riesenschlag. Auf der Fahrerseite rammte ich die Betonmauer. Die Scheibe splitterte. Aber: Ich war durch", erinnert sich Pofahl an die aufregendsten Minuten seines Lebens.

Ost-Berlin betrat Pofahl, in Abwesenheit zu 13 Ja Haft verurteilt wurde, erst der am 11. November zwei Tage nach dem sens nellen Mauerfall.

„Ich habe meine beiden T ter besucht, die damals bei ner geschiedenen Frau blie Von den Vopos habe ich an sem Tag gleich ein Falschp Ticket kassiert. Da hat's schon wieder gereicht."

Blick nach vorn: Pofahl ist über drei Jahren mit Jacque (29) verheiratet, lebt in S dau, die Ost-Kinder sieht er jedes Wochenende. Seine cherqualitäten ebneten auch die Karriere. „Ich bin r um glücklich", sagt er.

Und was wurde aus Fluchtgefährtin Martina und rer kleinen Kirsten? Po „Weiß nicht. Das war mal große Liebe, aber im We ging dann jeder seinen e nen Weg. Ich glaube, sie h einer Bar angefangen. Mir das alles zu kompliziert. sie fehlt mir auch nicht."

Ein West-Berliner Beamter untersucht den demolierten Flucht-ster: Totalschaden, die DDR wollte ihn später trotzdem zurü

← ↑

Trotz der scharfen Bewachung versuchten DDR-Bürger wiederholt, über den Ost-Kontrollpunkt zu flüchten. Einigen gelang es, andere scheiterten – manchmal vor den Augen der Weltöffentlichkeit. Am 29. August 1986 durchbrach ein Paar mit Baby nachts in einem Lkw den geschlossenen Schlagbaum, mehrere Schranken, Absperrgitter und ein massives Eisentor, ehe sie unversehrt West-Berlin erreichten. Der Wagen blieb erst am Mehringplatz stehen. Heraus kletterten ein Mann mit einer blonden Frau und einem Baby.

Despite the strict surveillance, citizens of the DDR (East Germany) continued to try to escape through the East checkpoint. Some were successful; others failed – sometimes before the eyes of the world. On August the 29th, 1986, a couple with a baby, driving a truck, broke through the closed barrier, a number of gates, fences and a solid iron gate before they arrived safe in West Berlin. The vehicle finally came to a stop at Mehringplatz and out climbed a man, a blond woman and a baby.

Malgré la vigilance des gardiens, plusieurs ressortissants de la RDA ont tenté de fuir par le poste de contrôle est-allemand. Certains réussirent, d'autres échouèrent, parfois littéralement sous les yeux du monde entier. Le 29 août 1986, un couple avec un enfant en bas âge a réussi à franchir dans un camion la barrière mobile, plusieurs chicanes, obstacles et une porte de fer massive avait de se retrouver indemnes à Berlin-Ouest. Le poids lourds ne s'est arrêté que Mehringplatz, un peu plus loin, et alors un homme, une jeune femme blonde avec un bébé sont sortis de la cabine.

↑

Kurz vor dem weißen Grenzstrich scheiterte die Flucht von Reiner Bäthge am 19. Juli 1988.

Die DDR-Grenzer überwältigten ihn kurz vor der letzten Sperre und führten ihn ab. Verzweifelt rief der Flüchtling um Hilfe, als er in ein Wachgebäude gedrängt wurde.

The escape of Reiner Bäthge on July 19, 1988 failed shortly before the white borderline.

The GDR border guards overpowered him a short distance from the last barrier and took him away. The would-be escapee called desperately for help as he was manhandled into a guard post.

Le 19 juillet 1988, la fuite de Reiner Bäthge échoua juste devant la ligne blanche marquant la frontière.

Les gardes-frontière de RDA ont pu le maîtriser rapidement, juste devant le dernier obstacle et l'ont emmené. Le fugitif au désespoir appelait vainement à l'aide lorsqu'il est entré dans le bâtiment de garde.

↑

Nachdem der Ausreiseantrag der Familie Mühlbach abgelehnt worden war, entschloss sich der 17jährige Falk Mühlbach zu flüchten: „Ich fuhr am 21. Juli nach Ost-Berlin und beobachtete vier Tage lang die Situation an den Grenzanlagen und den Kontrollpunkten", berichtete er auf einer Pressekonferenz im Mauermuseum – Museum Haus am Checkpoint Charlie. In der Nacht zum 25. Juli war er über mehrere Dächer bis in die Nähe der Mauer geklettert. „Ich bekam plötzlich Angst und glaubte so kurz vor der Mauer nicht mehr an Erfolg", schilderte der junge Mann seine Flucht. Über einen Blitzableiter kam er auf einen Hof neben dem Checkpoint Charlie. Als die DDR-Grenzer von einem Militärwagen abgelenkt wurden, sprang er über die Mauer, die an dieser Stelle nur eineinhalb Meter hoch war (1988).

After the Mühlbach family's application to leave had been refused, the 17-year-old Frank Mühlbach decided to escape. He said at a press conference held at the Wall Museum – Museum Haus at Checkpoint Charlie, "I travelled to East Berlin on the 21st of July and studied the situation at the border facilities and checkpoints for four days." On the night of the 24th of July, he climbed over several roofs until he got close to the wall. The young man described his escape, "I suddenly became afraid and so close to the wall, I no longer believed I could succeed." He climbed down a lightning conductor to a yard near to Checkpoint Charlie. As the DDR (East German) border guards were distracted by a military vehicle, he jumped over the wall, which at that point was only one and a half meters high (1988).

Après que la demande de visa de sortie de la famille Mühlbach ait été refusé, le jeune Falk Mühlbach, 17 ans, décida de fuir. A la conférence de presse organisée après sa fuite au Mauermuseum – Museum Haus am Checkpoint Charlie, il s'expliqua: «Le 21 juillet, je me suis rendu à Berlin-Est et, pendant quatre jours, j'ai observé les installations de protection et ce qui se passait aux postes de contrôle.» Dans la nuit du 25 juillet, il s'approcha du Mur en passant sur le toit des immeubles voisins. «Soudain, j'ai eu peur et je ne croyais plus au succès de mon entreprise, à quelques mètres du Mur» devait-il dire par la suite. Il descendit le long d'un paratonnerre pour arriver dans une cour non loin de Checkpoint Charlie. Alors que les gardes-frontière de RDA étaient distraits par le passage d'une voiture militaire, il saura le mur qui n'avait qu'un mètre cinquante de hauteur à cet endroit (1988).

USA
CHECKPOIN

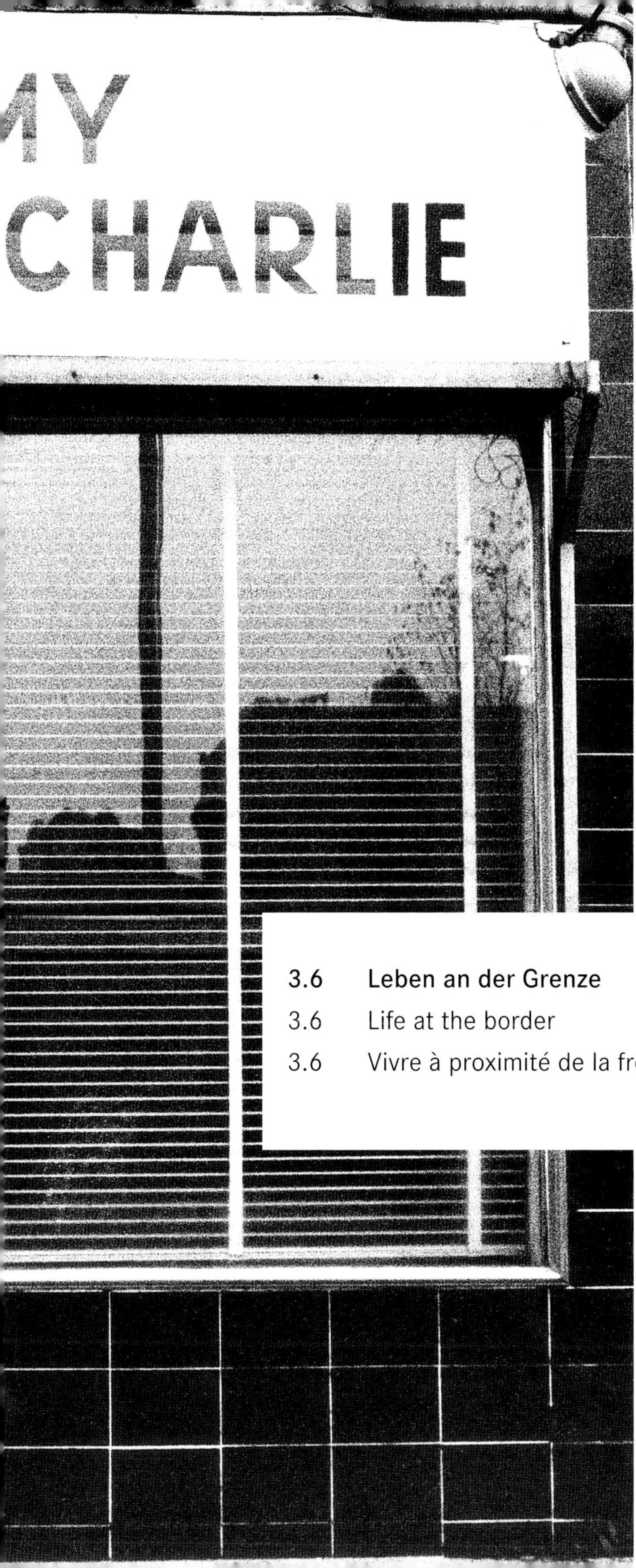

3.6 Leben an der Grenze

3.6 Life at the border

3.6 Vivre à proximité de la frontière

↑ →

Für die Mauerkinder war der „Spielplatz“ oft die Grenze und die „Spielkameraden“ oft die Westalliierten. Manfred Stein ist der Name des Jungen auf dem Foto.

Die bemerkenswerten Aufnahmen des Fotografen Arild Kristoffersen zeigen kein lachendes, freundliches Kind. Das Leben an der Grenze hat Manfred Stein von klein auf geprägt.

The border was often a “playground” for the wall children, and their “playmates” were often the Western Allies. The boy in the photo is named Manfred Stein.

These remarkable pictures by photographer Arild Kristoffersen do not show a laughing, friendly child. Life at the border had left its mark on him since his early years.

Pour les enfants grandissant à proximité du Mur, le «terrain de jeu» était souvent la frontière elle-même et il n'était pas rare que les alliés occidentaux soient les «camarades de jeu». Le jeune garçon que nous voyons ici s'appelle Manfred Stein.

Les remarquables photos d'Arild Kristoffersen ne montrent pas un enfant rieur et jovial. La vie à la frontière a profondément marqué Manfred Stein dès sa plus tendre enfance.

Only
stand
for the Press
1211-5655
FFA

↑ →

Die West-Berliner Polizisten versuchten das Kind zu beruhigen. Kinder bleiben immer Kinder – auch in schweren Zeiten.

The West Berlin police attempted to calm down the child. Children are children – even in difficult times.

Les policiers de Berlin-Ouest cherchent à consoler l'enfant, qui a ici les réactions de tous ses camarades du même âge, même lorsque les temps et les situations sont exceptionnels.

↑

Nur sehr wenige Bürger gingen hier einkaufen. Deshalb musste die Apotheke bald schließen.

Der Zugang zu diesem Haus von der Zimmerstraße aus wurde geschlossen, weil es zu nahe an der Mauer stand. Um den Bewohnern den Zugang zu ermöglichen, wurde ein Tunnel vom Nachbarhaus in der Friedrichstraße zum Treppenhaus gebaut.

Only a few people went shopping here and the pharmacy soon closed.

The entrance to this building on the Zimmerstraße was closed, because it was too close to the wall. A tunnel was built from the house next door in the Friedrichstraße to the stairway, to provide access for the residents.

Quelques rares habitants effectuaient encore leurs acquisitions ici et, assez tôt, la pharmacie a dû fermer.

L'accès à cette maison sur la Zimmerstrasse a dû être fermé parce qu'elle était trop proche du Mur. Pour y parvenir, il fallait passer par un tunnel creusé à partir de l'immeuble voisin, donnant Friedrichstrasse, et qui débouchait sur la cage d'escalier.

↑

Traurige Bilder der Deutsch-Deutschen Grenze.

Sad images from the German-German border.

Images de désolation à la frontière entre les deux parties de l'Allemagne.

Zimmerstr.

← ↓

Das junge West-Berliner Brautpaar Karin Hubert und Frank Bundke steht kurz davor, in ihre weiße Hochzeitskutsche am Checkpoint Charlie einzusteigen, um zu ihrer Trauung am 24. August 1962 zu fahren. Da sie in einem Haus nahe der Mauer lebten, bei dem der Bürgersteig vor dem Haus bereits Ost-Berliner Territorium war, musste das Paar zu Fuß zum amerikanischen Grenzübergang laufen, um ihre wartende Kutsche zu erreichen. Der Bräutigam, der der West-Berliner Bereitschaftspolizei angehörte, hatte seine Braut auf Wache vor ihrem Wohnhaus kennen gelernt.

Young West Berlin bridal couple Karin Hubert and Frank Bundke are about to enter their white wedding coach at Checkpoint Charlie to ride to church for their wedding 24th August, 1962. Living in a house close to the Communist wall, the pavement in front of which already is East Berlin territory, the young couple had to walk on foot to the American checkpoint to the waiting coach. The bridegroom, member of the West Berlin riot police, met his bride when on guard duty in front of her house.

Les futurs époux Karin Hubert et Frank Bundke s'apprêtent à prendre le fiacre blanc Checkpoint Charlie qui les conduira à l'église où se célèbre leur mariage en ce 24 août 1962. Comme les deux promis vivent dans un immeuble donnant directement sur le Mur, il sont obligés de se rendre à pied Checkpoint Charlie où les attend le fiacre. Le garçon d'honneur insolite que nous voyons ici est un policier des forces de sécurité de Berlin, qui rend hommage aux futurs mariés en montant la garde.

← ↑

Die frisch Vermählten kamen zum Checkpoint Charlie, um an der Mauer an ihre Angehörigen, die ihr Glück wegen der Trennung nicht teilen konnten, zu erinnern.

The newlywed couple came back to the wall at Checkpoint Charlie, to remember relatives who, because of the separation, could not be there to share their happiness.

Les jeunes mariés reviennent Checkpoint Charlie en signe d'hommage à tous les proches qui ne peuvent pas partager leur bonheur à cause du Mur.

↑
„Spielplatz“ Grenze.

Border “playground”.

La frontière «terrain de jeu».

←
West-Berliner Jugend.

West Berlin youth.

Jeunes de Berlin-Ouest.

↓

Hier endete die freie Welt. „Sackgasse, verursacht durch die Schandmauer“ steht auf den westlichen Hinweisschildern an der Grenze.

The free world ends here. “Dead end, caused by this shameful wall” is written on these signs at the western side of the border.

Ici finissait le monde libre. Le panneau indicateur partie occidentale de la frontière indique «Cul-de-sac provoqué par le Mur de la honte».

→

Verzweifelt schauen diese West-Berliner Bürger vom Podest aus nach Ost-Berlin.

Citizens of West Berlin looking in despair across towards East Berlin from this viewing platform.

Le désarroi se lit sur les visages de ces Berlinois de l'Ouest montés sur la plate-forme pour observer Berlin-Est.

Unbefugten ist das
Betreten verboten
DER POLIZEIPRASIDENT IN BERLIN

3.7 Aktivisten

3.7 Activists

3.7 Résistants

← →

Der libanesische Kaufmann Edmont Khayat versuchte am 5. Oktober 1961, mit einem 80 Pfund schweren Holzkreuz am Brandenburger Tor und in der Friedrichstraße den Sowjetsektor zu betreten. Jedoch misslang sein Versuch, da schwerbewaffnete Vopos den Demonstranten für den Weltfrieden zurückdrängten.

On the 5th of October 1961, Edmont Khayat, a Lebanese merchant, attempted to enter the Soviet sector at the Brandenburg Gate and in the Friedrichstraße, carrying a heavy, 80-pound cross made of wood. The attempts by the demonstrator for world peace were unsuccessful, as he was pushed back by heavily armed troops.

Le 5 octobre 1961, le commerçant libanais Edmont Khayat tenta de passer dans le secteur soviétique, portant une croix de bois de 40 kilos, Porte de Brandebourg et Friedrichstrasse. La tentative échoua devant la détermination des Vopos en armes qui refoulèrent ceux qui manifestaient pour la paix dans le monde.

Es gibt keine Einheit Europas
ohne Freiheit für Berlin -

Es gibt keine Einheit Europas
ohne Freiheit für Berlin -

← ↓

Zwei junge Italienerinnen unternahmen am Donnerstag (13. August 1964) am Berliner Ausländergrenzübergang „Checkpoint Charlie" auf Ost-Berliner Gebiet eine überraschende Demonstration gegen die Sperrmauer. Mit einem Plakat, das die Aufschrift „Es gibt keine Einheit Europas ohne Freiheit für Berlin" trug, waren sie von der West-Berliner Seite aus blitzschnell über den Grenzstrich gelaufen und brachten das Transparent auf der Stacheldrahtkrone der Sperrmauer an. Die Grenzsoldaten machten zunächst keine Anstalten, das Plakat zu entfernen. Erst eine herbeigerufene Gruppe von Grenzoffizieren ging rund 15 Minuten später zu der Mauer vor, nahm das Plakat vom Stacheldraht und zerriss es. Eine Gruppe von West-Berlinern, die die Demonstration der Italienerinnen beobachtet hatte, bedachte die Grenzposten mit Pfui-Rufen. Unter Beifall waren die Italienerinnen unbehelligt über den weißen Ölfarbenstrich der Grenzlinie nach West-Berlin zurückgeeilt.

Sie gehörten der „Gesellschaft für Italienisch-Deutsche Freundschaft" an. Deren Präsident Gino Ragno kam immer mit einer Gruppe nach Berlin, um am Tag des Mauerbaus gegen die deutsche Teilung zu protestieren und der Opfer zu gedenken.

On Thursday, August 13th, 1964, two young Italian women staged a surprise demonstration against the Super-Wall on East Berlin territory at the Checkpoint Charlie crossing point for foreigners. With a poster carrying the message, "There is no unity in Europe without freedom for Berlin", they ran, as quick as lightning, from the West Berlin side over the border line to East Berlin and hung their banner on the barbed wire crowning the wall. At first, the border soldiers made no attempt to remove the poster. It was 15 minutes later that a specially summoned group of border officers went to the wall, took the poster down from the barbed wire and tore it up. A group of young West Berliners, who had watched the Italian women, responded to the border police with boo-calls. The Italians were applauded as they hurried back to West Berlin across the white enamel line that marks the border.

They belonged to the "Society for Italian-German Friendship". The president of the organisation, Gino Ragno, came each year with a group to Berlin, in order to protest against the building of the wall and remember the victims on the anniversary of its building.

Le jeudi 13 août 1964, deux jeunes italiennes ont manifesté de manière insolite contre le Mur au poste-frontière pour les ressortissants non allemands «Checkpoint Charlie», en territoire est-berlinois. Venant de la partie Ouest, elles avaient franchi la ligne frontalière en arborant une affiche qui proclamait «Pas d'unité de l'Europe sans liberté pour Berlin», qu'elles ont plantée sur les barbelés au sommet du Mur. Dans un premier temps, les gardes-frontière n'ont rien entrepris pour retirer l'affiche. C'est seulement 15 minutes plus tard qu'un groupe d'officiers des gardes-frontière la prit et la lacéra. Un groupe de Berlinois de l'Ouest qui suivait les menées courageuses des Italiennes, accabla des gardes-frontières de ses cris et sarcasmes et les Italiennes purent franchir dans l'autre sens la ligne de la frontière avec Berlin-Ouest, sans être inquiétées.

Elles appartenaient à l' «Association d'amitié Italie - Allemagne», dont le président Gino Ragno effectuait régulièrement le déplacement à Berlin avec un groupe de militants pour protester, le jour anniversaire de la construction du Mur, contre la division allemande et les assassinats.

↑ →

Der US-Bürger Joseph Werner demonstrierte jährlich am Checkpoint Charlie gegen die Mauer. Er verteilte schwarze Fähnchen an die Besucher als Symbol der Trauer.

Hier mit dem Gründer und Leiter des Mauermuseums – Museum Haus am Checkpoint Charlie, Dr. Rainer Hildebrandt.

U.S. citizen Joseph Werner protested each year at Checkpoint Charlie against the wall. He handed out black flags to visitors as a symbol of mourning.

He is seen here with the founder and head of the Wall Museum – Museum Haus am Checkpoint Charlie, Dr. Rainer Hildebrandt.

Chaque année, le citoyen américain Joseph Werner venait protester contre le Mur, à Checkpoint Charlie. Il distribuait alors de petits drapeaux noirs aux visiteurs, en signe de deuil.

Nous le voyons ici en compagnie du Dr Rainer Hildebrandt, fondateur et directeur de Mauermuseum – Museum Haus am Checkpoint Charlie.

→

Der Kanadier John Runnings (68) wanderte am 7. August 1986 nahezu 500 Meter auf der Mauer entlang. Während der 70 Minuten schlug er ein Stück aus der Rohrauflage heraus; Zuschauer gaben es in unserem Museum ab. Runnings: „Ich bin auch Philosoph. Ich zeige Euch Berlinern, wie Ihr auf die Mauer politisch Einfluss nehmen könnt. Solange auf militärische Bedrohung nur militärisch geantwortet wird, nutzt das nichts." Das Publikum reagierte sehr unterschiedlich. Als John Runnings schließlich eine Leiter der DDR-Grenzposten nutzte, um zu ihnen herabzusteigen, wurde er verhaftet, verhört und nach 20 Stunden abgeschoben.

The 68-year-old Canadian John Runnings walked almost 500 meters along the wall on the 7th of August 1986. During the 70 minutes, he broke a piece out of the crown pipe, which spectators handed over to our museum. Runnings said, "I'm also a philosopher. I'll show you Berliners how you can exert political influence on the wall. It does not have any benefits as long as military threats are only answered in a military way." There was a very mixed reaction in the public and John Runnings eventually used a ladder from the DDR (East German) border guards to dismount on their side. He was arrested, questioned and then deported after 20 hours.

Le 7 août 1986, le Canadien John Runnings, 68 ans, a effectué une promenade de près de 500 mètres sur le Mur. Pendant les 70 minutes de sa marche insolite, il a détaché un morceau du renflement qui ne tenait plus et que ceux qui assistaient à la scène ont donné ensuite à notre Musée. Commentaire de John Runnings: «Je suis aussi philosophe. Je vous montre, à vous Berlinois, ce que vous pouvez faire, politiquement, contre le Mur. Rien n'avance tant que la seule réponse à la menace militaire est une démonstration de force militaire.» Les spectateurs ont eu des réactions contradictoires. John Runnings fut finalement arrêté alors qu'il descendait sur une échelle des gardes-frontières de RDA pour se rendre dans leur direction. Après interrogatoire et incarcération pendant 20 heures, il fut libéré.

↑

Die Fotografielehrerin Susan Kleckner aus New York am 25. Februar 1987 nach ihrer Abschiebung am Ausländerübergang Checkpoint Charlie. Sie war am Vortag auf die Berliner Mauer geklettert und von Grenzsoldaten der DDR festgenommen worden. Nach Verhören durch den Staatssicherheitsdienst der DDR wurde sie einen Tag später in den Westteil Berlins abgeschoben.

Susan Kleckner, a photography teacher from New York, after her deportation at the Checkpoint Charlie border crossing point for foreigners on the 25th of February, 1987. She had climbed on the Berlin Wall the day before and was arrested by DDR (East German) border guards. She was deported to the west part of Berlin a day later, after being interrogated by the Ministry for State Security (Stasi or Secret Police).

Susan Kleckner, professeur de photographie arts et journalisme, originaire de New York, le 25 février 1987, immédiatement après son expulsion au poste-frontière des ressortissants non allemands de Checkpoint Charlie. La veille, elle était grimpée sur le Mur et avait été arrêtée par les gardes-frontière de RDA. Après avoir été interrogée par la Stasi, elle fut libérée le lendemain, en direction de Berlin-Ouest.

3.8 Demonstrationen

3.8 Demonstrations

3.8 Manifestations

↑

Alarm am Ostkontrollpunkt Friedrichstraße, als junge Bürger aus westeuropäischen Staaten gegen Atomwaffen in aller Welt demonstrieren wollten. Es gelang ihnen, ihr Friedenssymbol als „Sitz-Demo“ für einige Sekunden auf dem Boden der DDR zu realisieren. Aber dann war auch sogleich eine „Hundertschaft“ im Einsatz, um alle „Demonstrativtäter“ über den weißen Grenzstrich zurückzuschieben (8. August 1979).

A state of alarm at the east Friedrichstraße checkpoint, as young citizens of West European countries demonstrate against atomic weapons throughout the world. They succeeded in holding a "sit-down" demonstration in the form of the peace symbol on DDR (East Germany) territory for a few seconds. But a special unit was immediately in operation, to push the demonstrators back across the border (August 8th, 1979).

Alarme au poste de contrôle Est de Friedrichstrasse: des jeunes, venus de plusieurs pays ouest-européens voulaient manifester contre les armes nucléaires dans le monde entier. Ils réussirent à dessiner l'emblème de la paix en prenant place assis, pendant quelques secondes, sur le territoire de la RDA, mais la réaction ne se fit pas attendre, une compagnie centenaire intervint pour repousser au-delà de la ligne de la frontière les «coupables du délit de manifestation» (8 août 1979).

← ↓

Greenpeace demonstriert vor dem Ostkontrollpunkt für den Stopp von Atomversuchen (1983).

Greenpeace demonstrating in front of the eastern checkpoint for a stop to atomic tests in 1983.

Devant le poste de contrôle Est, Greenpeace manifeste pour l'arrêt des essais nucléaires (1983).

↑

Demonstration gegen die Verhaftung von Bärbel Bohley, Ulrike Poppe und Vera Lengsfeld von der Ost-Berliner Frauenbewegung „Frauen für den Frieden“. Dank der Proteste wurden die am 12. Dezember 1983 festgenommenen Frauen am 24. Januar 1984 wieder freigelassen.

Demonstration against the imprisonment of Bärbel Bohley, Ulrike Poppe and Vera Lengsfeld from the East Berlin “Women for Peace” movement. Thanks to the protests, the women, who were arrested on the 12th of December 1983, were released on the 24th of January 1984.

Manifestation contre l’arrestation de Bärbel Bohley, Ulrike Poppe et Vera Lengsfeld du mouvement des femmes à Berlin-Est «Les Femmes pour la paix». Grâce à cette vague de protestation, les femmes incarcérées le 12 décembre 1983 ont été libérées le 24 janvier 1984.

↑

Demonstration am 30. November 1984 am Checkpoint Charlie für die Ausreise der Kinder aus der DDR: Jutta Gallus (r) und Sieglinde Bannischka; in ihrer Begleitung Robert Riewendt, der seit 250 Tagen für die Ausreise seiner Verlobten demonstriert.

Large banner in upper section of photo: “Honecker regime! We demand an end to violence, blackmail and children’s institutions for Beate and Claudia Gallus and Silvio Schmidt. Reunite them with their mother and father!”

A demonstration on the 30th November 1984, for permission for their children to leave the DDR (East Germany): Jutta Gallus (right) and Sieglinde Bannischka, together with Robert Riewendt, who demonstrated for 250 days for an exit visa for his fiancé.

Grande banderole en haut sur la photo: «Régime Honecker! Nous exigeons que nos enfants Beate et Claudia Gallus et Silvio Schmidt soient arrachés des griffes de la violence, du chantage et qu’ils reviennent auprès de leurs père et mère!»

Manifestation, le 30 novembre 1984, Checkpoint Charlie, pour la récupération des enfants retenus en RDA: Jutta Gallus (à droite) et Sieglinde Bannischka, en compagnie de Robert Riewendt qui manifestait alors depuis 250 jours pour faire venir sa fiancée.

↑

Demonstration anlässlich des 25. Jahrestages des Mauerbaus am Checkpoint Charlie am 13. August 1986. Auf dem Plakat steht: „Macht Schluss mit Honecker.“

Demonstration marking the 25th anniversary of the building of the wall on the 13th of August 1986. Written on the poster is, “Put an end to Honecker.”

Manifestation pour le 25e anniversaire de la construction du Mur, Checkpoint Charlie, le 13 août 1986. L’affiche porte cette inscription «Renversez le gouvernement Honecker».

↑

"I am demonstrating for the release of my parents, Alfred and Helga Kulhanek, Pestalozzistr 96, DDR 9630 Crimmitschau, from DDR (East German) citizenship."

«Je manifeste pour la libération de mes parents; Alfred et Helga Kulhanek, Pestalozzistrasse 96, RDA 9630 Crimmitschau. Retirez-leur la citoyenneté de la RDA.»

↑

Am 13. August 1988, dem Jahrestag des Mauerbaus, forderten ehemalige Bürger der DDR am Checkpoint Charlie die Ausreisegenehmigung für ihre Familien.

Bereits im Dezember 1975 wurde durch das Büro des Ost-Berliner Anwalts Wolfgang Vogel zum ersten Mal zugegeben, dass „in einer größeren Anzahl von Fällen Kinder von Flüchtlingen in der DDR zur Adoption freigegeben wurden ... (und) dass nach einer Adoption de Eltern, die entweder im Westen leben oder in Zuchthäusern der DD sitzen, der neue Aufenthaltsort ihrer Kinder verschwiegen wurde. .. In der DDR leben zumindest 1.000 Kinder, deren Eltern entweder in die Bundesrepublik geflüchtet sind, nach verbüßter Haft wegen ‚Republikflucht' ohne ihre Kinder in die Bundesrepublik abgeschob wurden oder noch in Zuchthäusern der DDR nach misslungener Flucht sitzen", schrieb die Tageszeitung „Die Welt".

At Checkpoint Charlie, former citizens of the DDR (East Germany) demonstrate on the 13th August 1988 – the anniversary of the building of the wall, for exit visas for their families.

As early as 1975, it was acknowledged for the first time, by the off of the East Berlin lawyer Wolfgang Vogel that, as it was reported in the "Die Welt" newspaper, "in a larger number of cases, children of fugitives were made available for adoption in the DDR ... (and) that after the adoption, the new whereabouts of their children would be kept secret from the parents, who were either living in the West or imprisoned in the DDR. .... In the DDR there were at least 1000 chi

n, whose parents had either fled to the Federal public (West Germany), been deported to the Federal Republic without their children after having ved a prison sentence for 'Flight from the Repub-, or were still in DDR prisons after a failed escape empt."

13 août 1988, jour anniversaire de la construction Mur, d'anciens citoyens de la RDA ont manifesté eckpoint Charlie pour que leurs proches puissent rejoindre.

s décembre 1975, le cabinet d'avocat Wolfgang gel, de Berlin-Est, avait reconnu pour la première s que «dans un grand nombre de cas, des enfants fugitifs ayant quitté la RDA, avaient été proposés ur une adoption ... et qu'après l'adoption, la nouvle résidence des enfants est tenue secrète aux ents qui vivent à l'Ouest ou qui sont en détention RDA ... Il y a en RDA au moins 1.000 enfants dont parents sont partis en République Fédérale après oir purgé une peine d'emprisonnement pour «fuite territoire national» et expulsion en direction de la publique Fédérale sans leurs enfants ou qui sont ıjours en détention en RDA après l'échec de leur tative de fuite» écrivait le quotidien Die Welt.

↑

Immer öfter demonstrierten am Checkpoint Charlie verzweifelte ehemalige DDR-Bürger für die Ausreise ihrer Familienangehörigen.

Desperate former DDR (East German) citizens demonstrated ever more frequently for permission for their relatives to leave the country.

De plus en plus souvent, d'anciens ressortissants de la RDA ont pour seul recours de manifester Checkpoint Charlie pour faire sortir leurs proches.

↑

Demonstration für Familienzusammenführung.

Demonstration for family reunification.

"I have been waiting 3 years for my wife and children! How much longer, Herr Honecker? Birgit, Stephan & Philipp Wolf, 8900 Görlitz, Thälmannstr. 18."

Manifestation pour la réunion d'une famille.

«J'attends depuis 3 ans ma femme et mes enfants! Combien de temps encore, Monsieur Honecker? Birgit, Stephan et Philip Wolf, 8900 Görlitz, Thaelmannstrasse 18.»

↑

„Sehr geehrter Herr Honecker! (Abteilung Inneres beim Rat des Stadtbezirkes Lichtenberg). Meine Tochter Jana Busch, wohnhaft Ribbecker Str. 5, 1136 Berlin, wartet seit dem 2. Nov. 84 auf ihre Ausreise. Lassen Sie sie frei! Seit April 85 arbeitet sie nicht mehr für Ihren Staat!“

“Dear Herr Honecker! (Lichtenberg Borough Council, Interior Department). My daughter Jana Busch living in the Ribbecker Street 5, 1136 Berlin has been waiting since the 2nd Nov 84 for her exit. Let her free! She has not worked for your state since April 85!”

«Cher Monsieur Honecker! (Service de l'intérieur, municipalité de Lichtenberg). Ma fille Jana Busch domiciliée Ribbecker Strasse 5, 1136 Berlin, attend depuis le 2 novembre 1984 de pouvoir quitter le pays. Laissez-la libre! Elle ne travaille plus pour votre Etat depuis avril 1985!»

↑ →

Am 13. August 1984 demonstrierte Doris Wels zusammen mit ihrem Bruder für Familienzusammenführung, was von der Ost-Berliner Seite durch den Staatssicherheitsdienst der DDR fotografiert und dokumentiert wurde. Aus dieser Dokumentation stammen die hier gezeigten Fotos.

On the 13th of August 1984, Doris Wels, together with her brother, demonstrated for the reunification of her family. This was photographed and documented from the eastern side by members of the DDR (East Germany) Ministry of State Security. The photos shown here come from this documentation.

Le 13 août 1984, Doris Wels et son frère manifestent pour la réunion de leur famille et sont photographiés par la Stasi de RDA depuis la partie Est. Les photos prises par la Stasi, avec toute la documentation d'accompagnement, ont servi à réaliser le montage de ces pages.

freie AUSREISE für WALTER OSTWALD aus der DDR
Warum verweigert man der Rentnerin JRENE OSTWALD eine Besuchsreise nach Westberlin ?

AUSREISE
OSTWALD
DDR

← ↓

Demonstrationen gegen Menschenrechtsverletzungen im Ostblock (1985).

Demonstrations against violations of human rights in the Eastern Block in 1985.

Manifestation contre les violations des droits de l'homme dans le Bloc de l'Est (1985).

↑

Nicht nur Teilnehmer der jährlich von der DDR-Staats- und Parteiführung veranstalteten Liebknecht-Luxemburg-Demonstration wurden am 17. Januar 1988 inhaftiert, sondern auch DDR Bürgerrechtler wie Bärbel Bohley, die zu Hause am Kontakttelefon blieb. Eine Woche später, am 25. Januar 1988, wurde sie festgenommen. Die West-Berliner „Initiative Freiheit für Andersdenkende" demonstrierte am 31. Januar 1988 am Checkpoint Charlie für die Freilassung von Bärbel Bohley, Freya Klier, Ralf Hirsch, Vera Wollenberger, Stephan Krawczyk und anderen.

Large banner in upper section of photo: "Freedom for those who think differently."

On January 17th 1988, not only were the participants of the annual Liebknecht-Luxemburg demonstration imprisoned, organised by the DDR (East Germany) state and party leadership, but also DDR civil rights activists such as Bärbel Bohley, who remained at home to man the contact telephone. She was arrested a week later, on January 25th 1988. The West Berlin "Freedom for the Different-Minded Initiative" demonstrated on the 31st of January 1988 at Checkpoint Charlie for the release of Bärbel Bohley, Freya Klier, Ralf Hirsch, Vera Wollenberger, Stephan Krawczyk and others.

Grande banderole en haut sur la photo: «Liberté pour les dissidents.»

Les participants à la contre-manifestation en souvenir de Karl Liecknecht et de Rosa Luxemburg noyée dans le cortège officiel précédé par les dirigeants de l'Etat et du parti de la RDA, le 17 janvier 1988, ont été arrêtés, de même que les militants des droits civiques de la RDA comme Bärbel Bohley, qui assurait chez elle la permanence téléphonique. La militante fut arrêtée une semaine plus tard, le 25 janvier 1988. Le 31 janvier 1988, le groupe d'initiative de Berlin-Ouest «Liberté pour les dissidents» manifeste Checkpoint Charlie pour la libération de Bärbel Bohley, Freya Klier, Ralf Hirsch, Vera Wollenberger, Stephan Krawczyk et d'autres.

3.9 Künstler

3.9 Artists

3.9 Artistes

↑

Im August 1982 kam der Schauspieler Roger Moore für Dreharbeiten nach West-Berlin. Vier Tage lang, vom 10. bis 13. August, wurde am Checkpoint Charlie für den James-Bond-Film „Octopussy" gedreht.

Dieses Bild enstand bei einem späteren Besuch im Jahr 1985.

Actor Roger Moore, arrived in August 1982 to film in West Berlin. Filming at Checkpoint Charlie for the James Bond movie, Octopussy, lasted four days, from the 10th to the 13th of August.

This photo was made at a later visit in 1985.

En août 1982, l'acteur britannique Roger Moore est venu à Berlin-Ouest pour le tournage d'un film. Pendant quatre jours, du 10 au 13 août, les extérieurs du James Bond «Octopussy» ont été tournés Checkpoint Charlie.

La photo a été prise pendant une autre visite de l'acteur, en 1985.

↑

Der Schauspieler Sylvester Stallone (im Vordergrund mit Lederjacke) besuchte am 9. Juni 1988 das Mauermuseum – Museum Haus am Checkpoint Charlie. Liane Sündermann zeigte ihm den Wagen, in dem sie am 28. Mai 1988 flüchten konnte. Der Wagen ist im Museum ausgestellt.

Stallone wollte auch Ost-Berlin besuchen, durfte aber nicht einreisen. Bemühungen der US-Mission in Berlin, den Fall mit einem Hinweis auf das Vier-Mächte-Abkommen zu klären, das allen alliierten Staatsbürgern freien Zugang in Berlin garantierte, blieben erfolglos.

The actor Sylvester Stallone (in the foreground with the leather jacket) visited the Wall Museum – Museum Haus am Checkpoint Charlie on the 9th of June 1988. Liane Sündermann showed him the vehicle in which she managed to escape on the 28th of May 1988. The vehicle is on display in the museum.

Stallone also wanted to visit East Berlin, but was not allowed to enter. Efforts of the U.S. Mission in Berlin to clear up the matter by referring to the Four Powers Agreement, in which all allied citizens are guaranteed access to Berlin, remained unsuccessful.

Le 9 juin 1988, l'acteur américain Sylvester Stallone (au premier plan, en blouson de cuir) a visité le Mauermuseum – Museum Haus am Checkpoint Charlie. Liane Sündermann lui a montré la voiture avec laquelle elle a pu prendre la fuite le 28 mai 1988. La voiture est exposée au Mauermusum.

Sylvester Stallone voulait aussi se rendre à Berlin-Est mais l'entrée lui a été refusée. Les représentations de la mission américaine à Berlin, invoquant que l'Accord quadripartite garantissait la liberté d'accès de tous les ressortissants des pays alliés, sont restées vaines.

↑ →

Der New Yorker Maler Richard Hambleton bemalte 1985 30 Meter Mauer am Checkpoint Charlie.

The New York painter Richard Hambleton painted 30 meters of the wall at Checkpoint Charlie in 1985.

Le peintre new-yorkais Richard Hambleton a peint le Mur sur 30 mètres, en 1985, à la hauteur de Checkpoint Charlie.

← ↑

Die fugenlose Mauer der vierten Generation wurde zur größten Betonleinwand der Welt.

Auf Einladung des Hauses am Checkpoint Charlie kam der berühmte Graffiti-Maler Keith Haring 1986 nach Berlin. Er bemalte am Checkpoint Charlie einen 100 m langen Abschnitt der Mauer. Seine Arbeit wurde von den DDR-Grenzposten argwöhnisch verfolgt.

The seamless fourth generation wall became the largest concrete screen in the world.

Keith Haring, the famous graffiti painter came to Berlin in 1986 as a result of an invitation from the Haus am Checkpoint Charlie. He painted a 100m long section of the wall at Checkpoint Charlie. His work was followed by the DDR (East German) border guards with suspicion.

Le Mur sans joint de la quatrième génération est devenu le plus grand support béton au monde pour la peinture.

Invité par Haus am Checkpoint Charlie, le célèbre peintre de graffitis Keith Haring, est venu en 1986 à Berlin. Il a décoré le Mur à la hauteur de Checkpoint Charlie, sur une longueur de 100 m. Les gardes-frontière de la RDA suivent son travail avec beaucoup d'acrimonie.

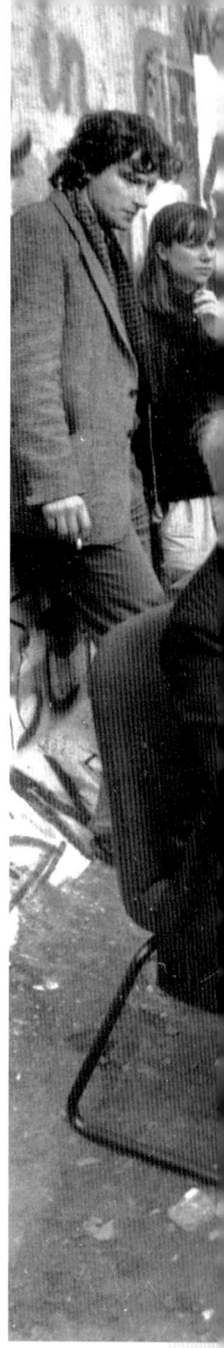

↑

„Sogar Vopos lachten", berichtete die West-Berliner Presse, als Peter Lenk seine „Mauerkieker – Lenin, Kaiser Wilhelm und den Herrn Jedermann", auf dem Kennedy-Podest am Checkpoint Charlie 1986 installierte.

The West Berlin press wrote that "Even the Vopos (DDR People's Police) laughed", as Peter Lenk installed his "Wall Watchers (Mauerkieker) – Lenin, Kaiser Wilhelm and Herr Anybody" on the Kennedy platform at Checkpoint Charlie in 1986.

Les journaux de Berlin-Ouest écrivaient, après que Peter Lenk ait installé ses «Curieux du Mur»: Lénine, l'empereur Guillaume et Monsieur Tout-le-Monde» sur la plate-forme Kennedy de Checkpoint Charlie, en 1986: «Même les Vopos riaient».

↑

40 Stunden nach der Öffnung der Mauer kam der 1978 aus der UdSSR ausgebürgerte Cellist Mstislaw Rostropowitsch nach Berlin. Am Checkpoint Charlie spielte der weltbekannte Musiker Werke von Johann Sebastian Bach.

40 hours after the opening of the wall, the cellist Mstislav Rostropovich, who was exiled from the U.S.S.R. in 1978, came to Berlin. Rostropovich, who is an internationally renowned musician, played works of Johann Sebastian Bach at Checkpoint Charlie.

Quarante heures après la chute du Mur, le violoncelliste Mstislav Rostropovitch, privé de sa nationalité soviétique en 1978, est venu à Berlin, Checkpoint Charlie. Le grand virtuose y a interprété des compositions de Jean-Sébastien Bach.

↑ →

Checkpoint Liberty Art Event von John Powers. Nachbildung der amerikanischen Freiheitsstatue.

Checkpoint Liberty Art Event by John Powers. A reproduction of the American Statue of Liberty.

Checkpoint Liberty Art Event de John Powers. Reproduction de la statue de la liberté de Bartholdi.

NEUE ZEIT
CHRISTLICH DEMOKRATISCHEN UNION DEUTSCHLANDS

4 Politiker und Persönlichkeiten am Checkpoint Charlie

4 Politicians and personalities at Checkpoint Charlie

4 Personnalités politiques et de la vie publique à Checkpoint Charlie

Konrad Adenauer	Federal Chancellor of Germany
Marcel Aeschbacher	Founder of Swiss Relief Organisation for Berlin Children
Heinrich Albertz	Governing Mayor of Berlin
Øjvind Feldsted Andresen	President of the International Sakharov Hearing
Óscar Arias Sánchez	President of Costa Rica, Nobel Peace Prize winner
Egon Bahr	Federal Minister of Germany for Special Remitter
James A. Baker	American Secretary of State
Angelika Barbe	GDR civil rights activist
Rainer Barzel	Federal Minister for All-German Affairs
Gert Bastian	German general and politician
Jack O. Bennett	US pilot, Berlin Airlift
Silvio Berlusconi	Prime Minister of Italy
Kurt Biedenkopf	Minister-President of Saxony
Wolf Biermann	GDR civil rights activist and singer-songwriter
Tara Gandhi Bhattacharjee	Granddaughter of Mahatma Gandhi
Friedrich Bohl	Head of Federal Chancellery, Germany
Bärbel Bohley	GDR civil rights activist
Elena Bonner	Soviet civil rights activist
Dieter Borkowski	GDR civil rights activist and author
Christophe Bouchet	French painter of the Wall
Willy Brandt	Federal Chancellor of Germany
Kristina Brazauskiene	Wife of Prime Minister of Lithuania
Hans Christoph Buch	German author
Aline Chrétien	Wife of Prime Minister of Canada
Lucius D. Clay	US General, Organizer of Berlin Airlift
Chelsea Clinton	Daughter of Bill Clinton, President of the United States of America

Kevin Costner	American actor
György Dalos	Hungarian civil rights activist
Farah Diba	Empress of Persia
Eberhard Diepgen	Governing Mayor of Berlin
Roland Dumas	Foreign Minister of France
Peter Eisenman	Architect
Rainer Eppelmann	GDR civil rights activist and politician
Siegmar Faust	GDR civil rights activist and author
Felipe	Prince of Spain
Sarah Ferguson	Duchess of York
Radu Filipescu	Rumanian civil rights activist
Calista Flockhart	American actress
Sir Norman Foster	Architect
Frederick	Prince of Denmark
Jürgen Fuchs	GDR civil rights activist and author
Reinhard Furrer	Escape helper, scientist, astronaut
Ela Gandhi	Granddaughter of Mahatma Gandhi
Joachim Gauck	Federal Commissioner for the Stasi files of the former GDR
Heiner Geißler	Federal Minister for Youth, Family and Health
Hans-Dietrich Genscher	Foreign Minister of Germany
Mikhail Gorbachev	Soviet Head of State
Günter Grass	German author
Johannes Grützke	German artist
Martin Gutzeit	GDR civil rights activist
Richard Hambleton	American artist
Keith Haring	American artist
Katja Havemann	GDR civil rights activist
Andras Hegedüs	Hungarian civil rights activist
Christiane Herzog	Wife of Roman Herzog, Federal President
Stephan Hilsberg	GDR civil rights activist
Ralf Hirsch	GDR civil rights activist
Jerzy Holzer	Polish historian
Douglas R. Hurd	Foreign Minister of Great Britain
Eugène Ionesco	French dramatist of Romanian descent
Michael Jackson	American musician
Philip Johnson	Architect

Kateryna Juschtschenko	Wife of Viktor Yushchenko, President of Ukraine
Karl XVI Gustav and Silvia	King and Queen of Sweden
Tunne Kelam	Vice President of Estonian Parliament
Petra Kelly	German politician
John F. Kennedy	President of the United States of America
Robert F. Kennedy	US Minister of Justice
Martin Luther King	American civil rights activist
Henry Kissinger	American Secretary of State
Josef Paul Kleihues	Architect
Freya Klier	GDR civil rights activist
Matthias Koeppel	German artist
Hannelore Kohl	Wife of Helmut Kohl, Chancellor of Germany
Junichiro Koizumi	Prime Minister of Japan
Jiri Kolár	Czech artist
Lew Kopelew	Soviet civil rights activist
John C. Kornblum	US ambassador
Sergej Kowaljow	Soviet civil rights activist
Stephan Krawczyk	GDR civil rights activist
Nikita Khrushchev	Soviet Head of State
Melvin Lasky	American journalist
Katharina Leber	Daughter of Julius Leber, member of wartime resistance
Wolfgang Leonhard	German historian
Allan Lightner	US envoy
Barbe and Dietmar Linke	GDR civil rights activist
Åase Lionaes	Chairwoman of the Nobel Committee
Robert Littell	American bestseller author
Robert Lochner	Director of RIAS (Radio in the American Sector)
Heinrich Lübke	President of Germany
Judith Maleter	Wife of Pal Maleter, hero of the Hungarian Revolution
André Masson	French artist
Ludwig Mehlhorn	GDR civil rights activist
Angela Merkel	Chancellor of Germany
Adam Michnik	Polish civil rights activist
Walter Momper	Governing Mayor of Berlin

Roger Moore	British actor
Pervez Musharraf	President of Pakistan
Ehrhart Neubert	GDR civil rights activist
Richard M. Nixon	President of the United States of America
Thierry Noir	French painter of the Wall
Lew Nussberg	Russian artist
Sebastian Pflugbeil	GDR civil rights activist
Rainier	Prince of Monaco
Christina Rau	Wife of Johannes Rau, President of Germany
Ronald W. Reagan	President of the United States of America
Jens Reich	GDR civil rights activist
Aldo Rossi	Italian architect
Mstislav Rostropovich	Soviet civil rights activist and musician
Jan Rulevski	Polish civil rights activist, Vice President of the Solidarity movement
Eduard Shevardnadze	Soviet Foreign Minister
Helmut Schmidt	Chancellor of Germany
Friedrich Schorlemmer	GDR civil rights activist
Klaus Schütz	Governing Mayor of Berlin
HA Schult	German artist
Victor Sparre	Norwegian artist
Axel Springer	German publisher
Ingrid Stahmer	Mayor of Berlin
Sylvester Stallone	American actor
John Steinbeck	American author
Dietrich Stobbe	Governing Mayor of Berlin
Simone Veil	President of the European Parliament
Hans-Jochen Vogel	Governing Mayor of Berlin
Wolf Vostell	German artist
Andrzej Wajda	Polish director
Lech Walesa	President of Poland
Richard von Weizsäcker	President of Germany

... and countless other well-known visitors.

↑

Der Regierende Bürgermeister von Berlin, Willy Brandt (Kreis), während der Panzerkonfrontation am Checkpoint Charlie (Oktober 1961).

The governing Mayor of Berlin, Willy Brandt (circle), during the confrontation of tanks at Checkpoint Charlie (October 1961).

Willy Brandt (marqué par un cercle), bourgmestre régnant de Berlin, à Checkpoint Charlie pendant le face à face des blindés (octobre 1961).

↑

Zu einer der merkwürdigsten Begebenheiten auf dem „heißen Pflaster“ des Grenzübergangs Friedrichstraße kam es, als der Bundesminister für Gesamtdeutsche Fragen, Ernst Lemmer, zu einem Besuch des Kontrollpunktes eintraf. Lemmer ging, umringt von in- und ausländischen Pressevertretern, direkt bis zum weißen Strich, der die Grenze zwischen Ost- und West-Berlin markierte. Sofort kamen Ost-Berliner Volkspolizisten und Posten heran, so dass der Bundesminister und die Vopos nur etwa fünf Meter voneinander getrennt waren. Beinahe beschwörend sprach Lemmer die Volkspolizisten mit den Worten an: „Schauen Sie uns doch nicht so böse an, wir sind doch alle Deutsche. Ich wünsche und hoffe, dass wir mit friedlichen Mitteln aus diesem Dilemma herauskommen.“ Die Volkspolizisten reagierten entweder überhaupt nicht oder machten nur kurze Einwände.

One of the most remarkable incidents at the 'hot spot' that was the Friedrichstrasse crossing point occurred when the Federal Minister for All-German Affairs, Ernst Lemmer, arrived at the control post for a visit. Surrounded by representatives of the German and international press, Lemmer walked straight up to the white line marking the border between East and West Berlin. East Berlin policemen and guards moved up at once. Only five metres separated the Minister and the 'Vopos'. In an almost pleading tone Lemmer addressed the policemen with the words: “Why the angry, threatening expressions? We're all Germans here, for pity's sake. I sincerely hope we will resolve this dilemma in a peaceful way.” The policemen either blanked him or voiced brief objections.

Rencontre inattendue au poste-frontière de Friedrichstrasse: Ernst Lemmer, ministre fédéral des Questions pan-allemandes, en visite au poste de contrôle, s'est avancé, entouré par les journalistes, jusqu'à la bande blanche marquant la frontière entre Berlin-Est et Berlin-Est. Les Vopos et les gardes-frontière de Berlin-Est se sont rapprochés eux aussi immédiatement, si bien que le ministre fédéral et les Vopos n'étaient plus qu'à environ cinq mètres les uns des autres. Ernst Lemmer s'adressa en ces termes aux Vopos pour les calmer quelque peu: «Ne nous regardez pas avec une telle animosité, nous sommes tous des Allemands. J'espère et je souhaite que nous trouverons des moyens pacifiques pour sortir de ce dilemme.» La plupart des Vopos n'ont pas réagi, seuls quelques-uns ont répondu par des objections.

↑

Mit Händedruck verabschiedete sich Bundesminister Ernst Lemmer von den amerikanischen Soldaten (1961).

Federal Minister Ernst Lemmer takes his leave of US soldiers (1961).

Poignée de main du ministre fédéral Ernst Lemmer prenant congé des soldats américains (1961).

↑

Der Verleger und Visionär Axel Springer (rechts), der 1959 den Grundstein für seinen Verlag an der Zimmerstraße legte, mit dem Bundespräsidenten Heinrich Lübke und dem Regierenden Bürgermeister Willy Brandt.

Publisher and visionary Axel Springer (right), who laid the foundation of his company in 1959 on Zimmerstrasse, with Federal President Heinrich Lübke and Governing Mayor of Berlin Willy Brandt.

Axel Springer (à droite), éditeur patriote, pendant la pose de la première pierre des nouveaux bâtiments d'édition, Zimmerstrasse, en 1959, en compagnie du Président fédéral Heinrich Lübke et du bourgmestre régnant Willy Brandt.

←

Axel Springer legt einen Kranz an der Peter-Fechter-Gedenkstätte nieder.

Axel Springer places a wreath at the Peter Fechter Memorial.

Axel Springer dépose une couronne au Mémorial Peter Fechter.

← ↓

Viele haben ihre Geschäfte an der Grenze zugemacht und Berlin verlassen.

Axel Springer kam nach Berlin und baute direkt an der Mauer das Verlagshaus als Symbol des festen Glaubens an die Zukunft des wiedervereinigten Deutschlands und Berlins.

Many West Berliners closed their shops and businesses along the border and left Berlin.

Axel Springer came to Berlin and built his publishing house right alongside the Wall to symbolise the firm belief that Berlin and Germany would one day be reunified.

Nombreux sont ceux qui ont fermé leurs magasins à la frontière et quitté Berlin.

Axel Springer est venu à Berlin et a fait édifier la maison d'édition à proximité immédiate du Mur pour concrétiser sa foi dans l'avenir d'une Allemagne réunifiée et de Berlin.

↑
US-Justizminister Robert Kennedy (Mitte) bei einem Besuch an der Mauer am Checkpoint Charlie am 24. Februar 1962.

US Justice Minister Robert Kennedy (centre) during a visit to the Wall at Checkpoint Charlie, February 24th, 1962.

Le ministre de la Justice des États-Unis, Robert Kennedy (au centre), pendant une visite du Mur, Checkpoint Charlie, le 24 février 1962.

→

Am 17. Januar 1963 besuchte der sowjetische Ministerpräsident Nikita Chruschtschow (Mitte) den Ost-Berliner Grenzübergang Friedrich-/Zimmerstraße. Der DDR-Staats- und Parteichef Walter Ulbricht begleitete ihn.

On January 17th 1963 the Soviet prime minister, Nikita Khrushchev (centre), visited the East Berlin border crossing at the intersection of Friedrichstraße/Zimmerstraße. GDR State and Party leader, Walter Ulbricht, accompanied him.

Le 17 janvier 1963, Nikita Khrouchtchev (au centre), Président du Conseil des ministres soviétique, s'est rendu au poste-frontière de Berlin-Est Friedrichstrasse – Zimmerstrasse, accompagné de Walter Ulbricht, chef du part et de l'Etat en RDA.

←

Anlässlich seines Berlin-Besuches besichtigte General Taylor auch den Checkpoint Charlie (1962).

During his Berlin visit General Taylor also visited Checkpoint Charlie (1962).

A l'occasion de sa visite à Berlin, le général Taylor a tenu à se rendre Checkpoint Charlie (1962).

↑ →

26. Juni 1963. Der amerikanische Präsident John F. Kennedy (vorne, 4. von links) mit dem Regierenden Bürgermeister Willy Brandt (2. von links) am Checkpoint Charlie, links Egon Bahr.

26th June 1963. US President John F. Kennedy (front row, 4th from left) with Governing Mayor of Berlin Willy Brandt (2nd from left) at Checkpoint Charlie.
Far left: Egon Bahr.

26 juin 1963: John F. Kennedy (au premier plan, 4e à partir de la gauche), Président des Etats-Unis, en visite Checkpoint Charlie, accompagné de Willy Brandt (2e à partir de la gauche), bourgmestre régnant.
A gauche, Egon Bahr.

ALLIED
CHECK POINT
U S ARMY
CHECKPOINT CHARLIE
US

RADIOGERÄTE
TRANSFORMATOREN
KLEINMOTOR
YOU ARE ENTERING THE AMERICAN SECTOR
CARRYING WEAPONS OFF DUTY FORBIDDEN
OBEY TRAFFIC RULES
VOUS ENTREZ DANS LE SECTEUR AMERICAIN
DÉFENSE DE PORTER DES ARMES EN DEHORS DU SERVICE
OBÉISSEZ AUX RÈGLES DE CIRCULATION
SIE BETRETEN DEN AMERIKANISCHEN SEKTOR
Friedrichstraße

↑

Richard M. Nixon, von 1959 bis 1961 US-Vizepräsident und von 1968 bis 1974 Präsident der USA, am Checkpoint Charlie (1963).

Richard M. Nixon, US Vice President 1959-61 and US President 1968-74, at Checkpoint Charlie (1963).

Richard Nixon, Vice-président des Etats-Unis de 1959 à 1961, Président des Etats-Unis de 1968 à 1974, en visite Checkpoint Charlie (1963).

←

Sargent Shriver am 26. April 1964 in der Friedrichstraße. Er ging bis an den weißen Grenzstrich vor, an welchem vor genau zehn Monaten sein Schwager John F. Kennedy stand.

Sargent Shriver on Friedrichstrasse, April 26th 1964. He approached as far as the white line, where his brother-in-law John F. Kennedy had stood exactly ten months before.

Sargent Shriver en visite Friedrichstrasse le 26 avril 1964. Il a tenu à se rendre jusqu'à la marque blanche matérialisant la frontière, là où était venu son beau-frère John F. Kennedy, dix mois plus tôt, jour pour jour.

↑

Der CBS-Korrespondent Daniel Schorr interviewt den Regierenden Bürgermeister von Berlin, Willy Brandt, am Checkpoint Charlie (3. Mai 1965). Im Hintergrund der DDR-Grenzübergang Friedrich-/Zimmerstraße.

CBS correspondent Daniel Schorr interviews the Governing Mayor of Berlin, Willy Brandt, at Checkpoint Charlie (3rd May 1965). In the background: the Friedrichstraße/Zimmerstraße border crossing point into the GDR.

Daniel Schorr, correspondant de CBS, interviewe Willy Brandt, bourgmestre régnant de Berlin, à la barrière de Checkpoint Charlie (3 mai 1965). A l'arrière-plan, le poste-frontière de la RDA Friedrichstrasse - Zimmerstrasse.

←

Anlässlich der 10-jährigen Wiederkehr der Ungarischen Revolution (Beginn am 23. Oktober 1956) fand 1966 im Haus am Checkpoint Charlie eine Pressekonferenz mit vier aktiven Teilnehmern der Erhebung statt. Ganz links: Tibor Tolasz.

In 1966, to mark the 10th anniversary of the Hungarian Revolution (which started on 23rd October 1956), the Wall Museum held a press conference featuring four people who had played an active part in the uprising. Far left: Tibor Tolasz.

A l'occasion du 10e anniversaire du début de la Révolution hongroise (23 octobre 1956), une conférence de presse eut lieu Haus am Checkpoint Charlie, avec la participation de quatre participants au soulèvement (1966). A l'extrême gauche: Tibor Tolasz.

←

Die Arbeitsgemeinschaft 13. August e. V. erhielt am 28. Januar 1974 von dem Präsidenten des Verbandes der Spätheimkehrer, Werner Kießling, eine Spende für den Unterhalt des Hauses am Checkpoint Charlie. Dr. Rainer Hildebrandt (links) nahm den Scheck in Höhe von 30.000,- DM entgegen.

On 28th January 1974 the Arbeitsgemeinschaft 13th August e.V. Association received a donation from Werner Kiessling, President of the Association of Late-Returnee POWs. Dr Rainer Hildebrandt (left) accepts the DM 30,000 cheque for the upkeep of the Museum at Checkpoint Charlie.

Le 28 janvier 1974, Werner Kiessling, Président du Comité des prisonniers de guerre allemands en URSS rentrés tard, remet à l'organisation Groupe de travail 13 août un don pour l'entretien de l'immeuble Haus am Checkpoint Charlie. Le Dr Rainer Hildebrandt (à gauche) reçoit le chèque de 30.000 DM.

→ ↑

Rosalynn Carter 1978 anlässlich ihres Besuches am Grenzübergang und im Mauermuseum – Museum Haus am Checkpoint Charlie.

Rosalynn Carter during her 1978 visit to the border crossing point and the Museum.

Rosalynn Carter pendant sa visite au poste-frontière et à Mauermuseum – Museum Haus am Checkpoint Charlie, en 1978.

↑ →

Peter Strelzyk und Günter Wetzel, die 1979 mit ihren Familien mit Hilfe eines Ballons in den Westen geflohen waren, im Mauermuseum – Museum Haus am Checkpoint Charlie.

Peter Strelzyk and Günter Wetzel in the Museum. In 1979 the pair escaped to the West with their families in a hot-air balloon.

Peter Strelzyk et Günter Wetzel, qui ont réussi à fuir vers l'Ouest en 1979 dans un ballon aérostatique avec leurs familles, en visite au Mauermuseum – Museum am Checkpoint Charlie.

→

US-Präsident Ronald Reagan wusste sich provozierend und politisch wirksam an dem weißen Grenzstrich zwischen Ost- und West-Berlin am Checkpoint Charlie zu postieren.

Der Besuch fand am 11. Juni 1982, in Begleitung von Bundeskanzler Helmut Schmidt und West-Berlins Regierendem Bürgermeister Dr. Richard von Weizsäcker, statt.

US President Ronald Reagan strikes a provocative and politically effective stance at the white line demarcating East and West Berlin at Checkpoint Charlie.

His visit took place on 11th June 1982 in the company of Federal Chancellor Helmut Schmidt and the Governing Mayor of West Berlin, Dr Richard von Weizsäcker.

Le Président américain Ronald Reagan pose de manière ostentatoire devant la ligne blanche matérialisant la frontière entre Berlin-Est et Berlin-Ouest à la hauteur de Checkpoint Charlie.

La visite de Ronald Reagan, accompagné du Chancelier fédéral Helmut Schmidt, et du bourgmestre régnant de Berlin, Dr Richard von Weizsäcker, eut lieu le 11 juin 1982.

ALLIED
CHECKPOINT
CHARLIE
ACHTUNG!
YOU ARE LEAVING
THE
AMERICAN SECTOR
SIE VERLASSEN DE
AMERIKANISCHEN
SEKTOR

↓

Pressekonferenz am 11. August 1986 anlässlich des 25. Jahrestages des Mauerbaus im Mauermuseum – Museum Haus am Checkpoint Charlie mit dem ersten, am 15. August 1961 geflüchteten Grenzsoldaten der DDR, Conrad Schumann (rechts).

Press conference in the Wall Museum on 11th August 1986 to mark the 25th anniversary of the building of the Wall. Right: Conrad Schumann, the first GDR border guard to defect. He escaped on 15th August 1961.

Conférence de presse au Mauermuseum – Museum Haus am Checkpoint Charlie, le 11 août 1986, pour le 25e anniversaire de la construction du Mur, en présence de Conrad Schumann (à droite), premier garde-frontière de la RDA à avoir pris la fuite, le 15 août 1961.

→

Rainer Hildebrandt (links) und der Moskauer Bildhauer Daniel Mitljanskij präsentieren die Totenmaske von Andrej Sacharow im Mauermuseum – Museum Haus am Checkpoint Charlie (1990).

Rainer Hildebrandt (left) and the Muscovite sculptor Daniel Mitlyanski unveil the death mask of Andrei Sakharov in the Wall Museum (1990).

Rainer Hildebrandt (à gauche) et le sculpteur moscovite Daniel Mitlyanskiï présentent le masque mortuaire de Andreï Zakharov au Mauermuseum – Museum Haus am Checkpoint Charlie (1990).

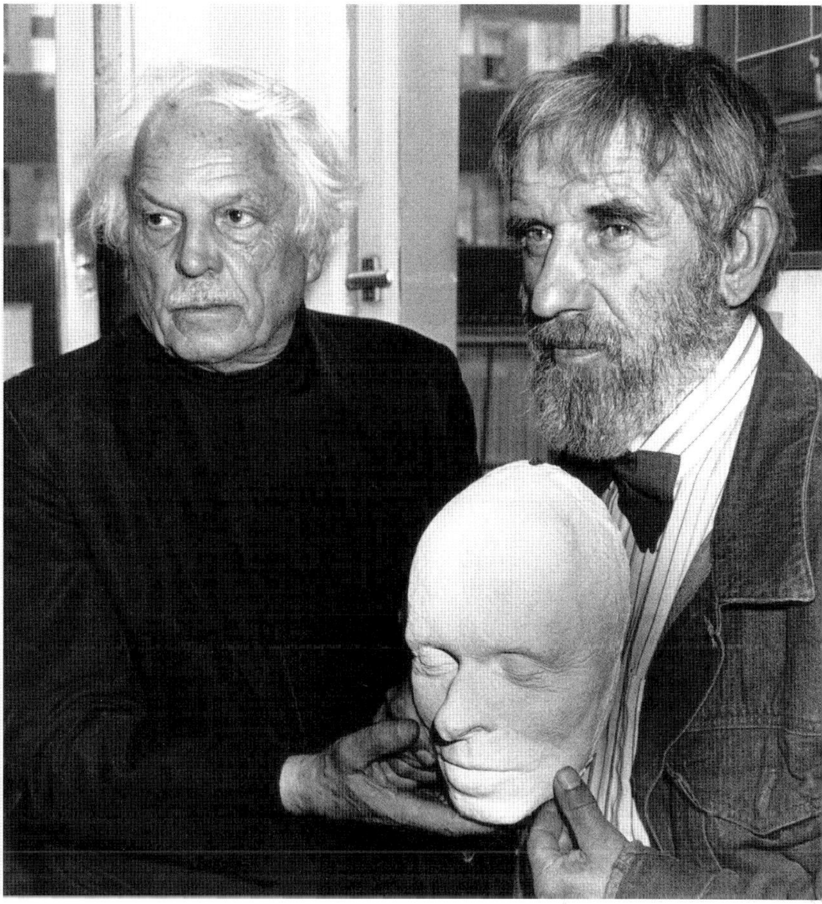

→

Das schwedische Königspaar besichtigt die „Topographie der deutsch-deutschen Grenze“, die Freiluftausstellung des Museums (1991).

The King and Queen of Sweden visit the Museum's open-air exhibition, “Topography of the German-German Border” (1991).

Le couple royal suédois visite l'exposition en plein air du Musée, «Topographie de la frontière à travers l'Allemagne» (1991).

→

Petra Kelly und Rainer Hildebrandt auf der vom Museum aufgebauten Freiluftausstellung „Topographie der deutsch-deutschen Grenze“ (1992).

Petra Kelly and Rainer Hildebrandt at the Museum's open-air exhibition, “Topography of the German-German border” (1992).

Petra Kelly et Rainer Hildebrandt à l'exposition en plein air créée par le Musée «Topographie de la frontière à travers l'Allemagne» (1992).

←

Rainer Hildebrandt (links) mit Oberst Alfred Baker, Chief of the Staff der US-Truppen in Berlin, dem das Museum das legendäre Schild „Sie verlassen den amerikanischen Sektor" verdankt (um 1993).

Rainer Hildebrandt (left) with Colonel Alfred Baker, Chief of Staff of the US forces in Berlin, who presented the Museum with the legendary sign "You are leaving the American Sector" (ca. 1993).

Rainer Hildebrandt (à gauche) en compagnie du colonel Alfred Baker, chef d'état-major des troupes américaines à Berlin, à qui le Musée doit la célèbre pancarte «Vous quittez le secteur américain» (1993 approximativement).

↑

Der russische Cellist Mstislaw Rostropowitsch im Mauermuseum – Museum Haus am Checkpoint Charlie: rechts in persona, in der Mitte auf einem Foto, als er kurz nach dem Fall der Mauer am Checkpoint Charlie Werke von Bach spielte, links als in Blei gegossene Skulptur, geschaffen von der französischen Künstlerin Roseline Granet (1993).

Left to right: A lead sculpture of the Russian cellist Mstislav Rostropovich by French sculptor Roseline Granet; a photograph of Rostropovich giving an impromptu performance of Bach at Checkpoint Charlie shortly after the fall of the Wall; Rostropovich in person in the Wall Museum (1993).

Le violoncelliste Mstislav Rostropovitch en visite au Mauermuseum – Museum Haus am Checkpoint Charlie. A droite le musicien en personne, au centre sur une photo pendant le concert qu'il a donné peu de temps après la chute du Mur, Checkpoint Charlie en exécutant plusieurs partitions de Bach, à gauche la sculpture de plomb le représentant, due à la Française Roseline Granet (1993).

↑

Rainer und Alexandra Hildebrandt mit Chelsea Clinton (Mitte), der Tochter des US-Präsidenten William Clinton, im Mauermuseum – Museum Haus am Checkpoint Charlie (1994).

Rainer and Alexandra Hildebrandt with Chelsea Clinton (centre), daughter of US President William Clinton, in the Wall Museum (1994).

Rainer et Alexandra Hildebrandt en compagnie de Chelsea Clinton (au centre), fille du Président américain William Clinton, au Mauermuseum – Museum Haus am Checkpoint Charlie (1994).

↑

Rainer Hildebrandt (rechts) mit dem Friedensnobelpreisträger Óscar Arias Sánchez im Mauermuseum – Museum Haus am Checkpoint Charlie (1995).

Rainer Hildebrandt (right) with Nobel Peace Prize Laureate Óscar Arias Sánchez in the Wall Museum (1995).

Rainer Hildebrandt (à droite) en compagnie d'Óscar Arias Sánchez, lauréat du Prix Nobel de la paix, au Mauermuseum – Museum am Chackpoint Charlie (1995).

↑

Alexandra und Rainer Hildebrandt mit dem russischen Bürgerrechtler Sergej Kowaljow (Mitte) im Mauermuseum – Haus am Checkpoint Charlie (1995).

Alexandra and Rainer Hildebrandt with Russian civil rights activist Sergei Kovalyov (centre) in the Wall Museum (1995).

Alexandra et Rainer Hildebrandt avec Sergueï Kovalev (au centre) au Mauermuseum – Haus am Checkpoint Charlie (1995).

↑

Otto John (links), von 1950 bis 1954 Leiter des Bundesamtes für Verfassungsschutz, 1954 unter mysteriösen Umständen in Ost-Berlin aufgetaucht, 1955 in den Westen zurückgekehrt und zu einer Haftstrafe verurteilt, hat sich bis zu seinem Lebensende bemüht, seine Unschuld zu beweisen. Neben ihm Katharina Leber-Christiansen, Tochter von Julius Leber, der 1945 als Widerständler gegen Hitler hingerichtet wurde, und Rainer Hildebrandt im Mauermuseum – Museum Haus am Checkpoint Charlie (1997).

Otto John (left), head of the Federal Office for the Protection of the Constitution from 1950 to 1954, surfaced in East Berlin in 1954 in mysterious circumstances. On his return to the West in 1955 he was given a custodial sentence but spent the rest of his life attempting to clear his name. Beside him in the Wall Museum: Katharina Leber-Christiansen, daughter of Julius Leber, executed in 1945 for his resistance to the Hitler regime. Right: Rainer Hildebrandt (1997).

Otto John (à gauche) de 1950 à 1954 chef de l'Office fédéral de protection de la Constitution (sûreté du territoire), fit mystérieusement son apparition à Berlin-Est en 1954. Revenu à l'Ouest en 1955, il fut condamné à une peine de prison. Jusqu'à la fin de sa vie, il a cherché à prouver son innocence. Nous le voyons ici à côté de Katharina Leber-Christiansen, fille de Julius Leber, qui fut exécuté en 1945 pour fait de résistance à Hitler, et Rainer Hildebrandt au Mauermuseum – Museum am Checkpoint Charlie (1997).

←

Hannelore Kohl, die Ehefrau von Bundeskanzler Dr. Helmut Kohl, beim Rundgang durch das Museum mit Dr. Rainer Hildebrandt (1997).

Hannelore Kohl, wife of Federal Chancellor Dr Helmut Kohl, viewing exhibits with Rainer Hildebrandt (1997).

Hannelore Kohl, épouse du Dr Helmut Kohl, Chancelier fédéral, visite le Musée en compagnie du Dr Rainer Hildebrandt (1997).

↑

Rainer Hildebrandt führt Christiane Herzog, die Gattin des Bundespräsidenten Prof. Dr. Roman Herzog, durch das Museum (1997).

Rainer Hildebrandt escorts Christiane Herzog, wife of Federal President Prof Dr Roman Herzog, through the Museum (1997).

Rainer Hildebrandt fait visiter le Musée à Madame Christiane Herzog, épouse du Pr Dr Roman Herzog, Président fédéral (1997).

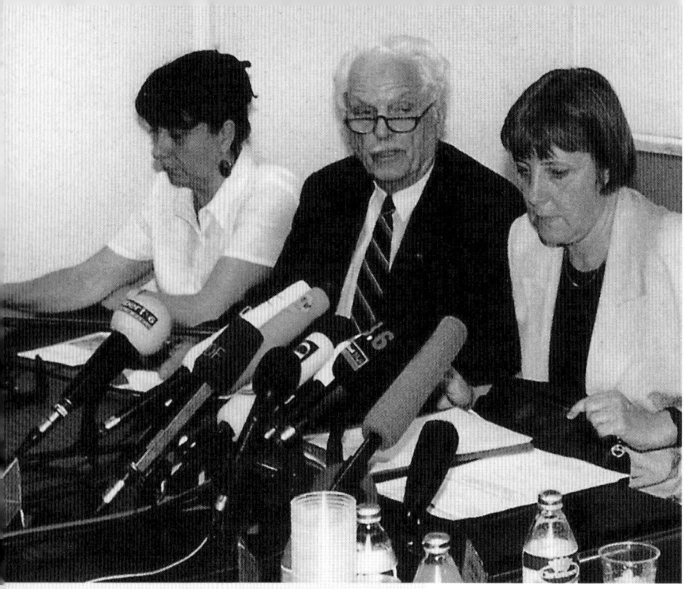

←

Pressekonferenz anlässlich des 37. Jahrestages de
Mauerbaus mit Bundesministerin Angela Merkel (von links: Alexandra und Rainer Hildebrandt, Angela Merkel, 11. August 1998).

Press conference to mark the 37th anniversary of the building of the Wall, with Minister Angela Merkel (right), Mrs. and Mr. Hildebrandt, 11th August 1998

Conférence de presse à l'occasion du 37e anniversaire de la construction du Mur, en présence d'Angela Merkel, ministre fédérale (de gauche à droite: Alexandra et Rainer Hildebrandt, Angela Merkel, 11 août 1998).

←

Stephen Kinzer, Korrespondent der New York Times mit Rainer Hildebrandt im Museum (Oktober 1999

Stephen Kinzer, New York Times correspondent, with Rainer Hildebrandt in the Wall Museum (October 1999).

Stephen Kinzer, correspondant du New York Times avec Rainer Hildebrandt au Musée (octobre 1999).

←

Bundesaußenminister a. D. Hans-Dietrich Gensche
mit Dr. Rainer Hildebrandt (2000).

Former Foreign Minister of Germany Hans-Dietrich Genscher with Dr Rainer Hildebrand (2000).

Hans-Dietrich Genscher, ancien ministre allemand des Affaires étrangères, avec Dr Rainer Hildebranc (2000).

→
Der Enkel des Luftbrücken-Generals Lucius D. Clay, Charles C. Clay (links), mit Rainer Hildebrandt anlässlich des 40. Jahrestages des Mauerbaus am Checkpoint Charlie vor dem Museum (13. August 2001).

Charles C. Clay, grandson of Air Lift General Lucius D. Clay, with Rainer Hildebrandt in front of the Museum on 13th August 2001, the 40th anniversary of the building of the Wall.

Charles C. Clay, petit-fils du général Lucius D. Clay qui a commandé et organisé le pont aérien, avec Rainer Hildebrandt Checkpoint Charlie, devant le Musée, à l'occasion du 40ᵉ anniversaire de la construction du Mur (13 août 2001).

→
Der israelische Botschafter in Deutschland, Shimon Stein, mit Alexandra Hildebrandt im Mauermuseum – Museum Haus am Checkpoint Charlie (2003).

The Israeli ambassador to Germany, Shimon Stein, with Alexandra Hildebrandt in the Wall Museum (2003).

Shimon Stein, ambassadeur israélien en Allemagne, avec Alexandra Hildebrandt au Mauermuseum – Museum am Checkpoint Charlie (2003).

40 JAHRE
MAUERMUSEUM -
MUSEUM HAUS
AM CHECKPOINT
CHARLIE
YOU ARE LEAVING
THE AMERICAN SECTOR
ВЫ ВЫЕЗЖАЕТЕ ИЗ
АМЕРИКАНСКОГО СЕКТОРА
VOUS SORTEZ
DU SECTEUR AMERICAIN

ECKPOINT
40 JAHRE
MAUERMUSEUM -
MUSEUM HAUS
AM CHECKPOINT
YOU ARE LEAVING
THE AMERICAN SECTOR
ВЫ ВЫЕЗЖАЕТЕ ИЗ
АМЕРИКАНСКОГО СЕКТОРА
VOUS SORTEZ
DU SECTEUR AMÉRICAIN
50 JAHRE
VOLKSAUFSTAND
17. JUNI 1953

YOU AR
THE AMER
ВЫ ВЫЕ
АМЕРИКАН
VOUS
DU SECTE

← ↓

Feierlichkeiten zum 40. Jahrestag des Bestehens des Mauermuseums – Museum Haus am Checkpoint Charlie am 14. Juni 2003. Unter den Gästen das Künstlerpaar Matthias Koeppel und Sooki, Tagesspiegel-Herausgeber Hermann Rudolph, die Militärattachés der USA, Großbritanniens und Frankreichs sowie Diplomaten aus zahlreichen Ländern. Prof. Sergej Chruschtschow, Sohn des ehemaligen sowjetischen Partei- und Regierungschefs Nikita Chruschtschow, war ebenfalls unter den geladenen Gästen.

Celebrations on 14th June 2003 to mark the 40th anniversary of the creation of the Wall Museum at Checkpoint Charlie. Guests include the artists Matthias Koeppel and Sooki, Tagesspiegel publisher Hermann Rudolph, the military attachés of the US, Great Britain and France and diplomats from many countries. Prof Sergei Khrushchev, son of former Soviet Head of the Government Nikita Khrushchev, was among the invited guests.

Commémoration du 40e anniversaire de la fondation de Mauermuseum – Charlie, le 14 juin 2003. Parmi les invités, le couple d'artistes Matthias Koeppel et Sooki, Hermann Rudolf, éditeur du quotidien Tagesspiegel, les attachés militaires des Etats-Unis, de Grande-Bretagne et de France et les représentants diplomatiques de nombreux pays. Le Pr Sergueï Khrouchtchev, fils de Nikita Khrouchtchev, ancien chef du parti et du gouvernement soviétiques, figurait lui aussi parmi les invités.

↑

Bundespräsident a. D. Dr. Richard von Weizsäcker (links) mit Alexandra und Rainer Hildebrandt im Mauermuseum – Museum Haus am Checkpoint Charlie (26. Juni 2003).

Former Federal President Dr Richard von Weizsäcker (left) with Alexandra and Rainer Hildebrandt in the Wall Museum, 26th June 2003.

L'ancien Président fédéral Dr Richard von Weizsäcker (à gauche) avec Alexandra et Rainer Hildebrandt au Mauermuseum – Museum Haus an Checkpoint Charlie (26 juin 2003).

→

Alexandra Hildebrandt mit dem pakistanischen Staatspräsidenten Pervez Musharraf vor der alliierten Kontrollbaracke (1. Juli 2003).

Alexandra Hildebrandt with the Pakistani President Pervez Musharraf outside the Allied control post, 1st July 2003.

Alexandra Hildebrandt avec le Président pakistanais Pervez Musharraf devant le baraquement du poste de contrôle allié (1er juillet 2003).

↓

Der japanische Premierminister Junichiro Koizumi im Mauermuseum – Museum Haus am Checkpont Charlie mit Alexandra Hildebrandt (17. August 2003).

The Japanese Prime Minister Junichiro Koizumi in and outside the Wall Museum with Alexandra Hildebrandt (17th August 2003).

Junichiro Koizumi, Premier Ministre japonais au Mauermuseum – Museum Haus am Checkpoint Charlie avec Alexandra Hildebrandt (17 août 2003).

←
Der 44. amerikanische Vizepräsident Dan Quayle mit Alexandra Hildebrandt im Mauermuseum – Museum Haus am Checkpoint Charlie und beim Eintragen in das Kondolenzbuch für Dr. Rainer Hildebrandt (April 2004).

The 44th American Vice President Dan Quayle with Alexandra Hildebrandt in the Wall Museum and signing the book of condolences for Dr Rainer Hildebrandt, April 2004.

Le 44e Vice-Président des Etats-Unis, Dan Quayle, avec Alexandra Hildebrandt au Mauermuseum – Museum Haus am Checkpoint Charlie, et s'inscrivant au registre des condoléances pour le Dr Rainer Hildebrandt (avril 2004).

→
Eröffnung der Ausstellung „Weltreligionen – Weltfrieden – Weltethos" durch Karl Konrad Graf von Groeben (10. September 2004).

Karl Konrad Graf von Groeben opens the "World Religions – World Peace – World Ethos" Exhibition, 10th September 2004.

Inauguration de l'exposition «Religions du monde – Paix dans le monde – Ethique du monde» par le comte Karl Konrad von Groeben (10 septembre 2004).

←

Alexandra Hildebrandt und die ehemalige DDR-Bürgerrechtlerin Bärbel Bohley (rechts) auf der Gedenkstätte „Sie wollten nur die Freiheit“ (November 2004).

Alexandra Hildebrandt and (right) former GDR civil rights activist Bärbel Bohley on the site of the “All They Wanted Was Freedom” Memorial, November 2004.

Alexandra Hildebrandt et Bärbel Bohley (à droite), militante des droits civiques en RDA, au Mémorial «Ils ne voulaient que la liberté» (novembre 2004).

↓

Alexandra Hildebrandt mit dem Schauspieler und Sänger David Hasselhoff am legendären Grenzschild „You Are Leaving The American Sector ...“ (6. Dezember 2004).

Alexandra Hildebrandt with actor and singer David Hasselhoff in front of the legendary sign “You Are Leaving The American Sector”, 6th December 2004.

Alexandra Hildebrandt avec l’acteur et chanteur David Hasselhoff devant la célèbre pancarte «Vous sortez du secteur américain» (6 décembre 2004).

↑
US-Botschafter Daniel Coats und Alexandra Hildebrandt entzünden die Lichter des Weihnachtsbaumes am Checkpoint Charlie (16. Dezember 2004).

US ambassador Daniel Coats and Alexandra Hildebrandt switch on the Christmas Tree lights at Checkpoint Charlie, 16th December 2004.

Daniel Coats, ambassadeur des Etats-Unis, et Alexandra Hildebrandt allument les illuminations de l'arbre de Noël Checkpoint Charlie (16 décembre 2004).

↑
Edwina Sandys, die Enkelin von Winston Churchill (Mitte), mit ihrem Gatten und Alexandra Hildebrandt auf der Gedenkstätte „Sie wollten nur die Freiheit" (Februar 2005).

Edwina Sandys, granddaughter of Winston Churchill, flanked by her husband and Alexandra Hildebrandt at the location of the "All They Wanted Was Freedom" Memorial, February 2005.

Edwina Sandys (au centre), petite-fille de Winston Churchill, avec son époux et Alexandra Hildebrandt au Mémorial «Ils ne voulaient que la liberté» (février 2005).

↑

Francis G. Powers, Jr., Sohn des 1960 über der Sowjetunion abgeschossenen US-Piloten Francis G. Powers, vor dem Nachbau der alliierten Kontrollbaracke (13. April 2005).

Francis G. Powers, Jr., son of US pilot Francis G. Powers, shot down over the Soviet Union in 1960. In background: the replica of the original Allied control post (13th April 2005).

Francis G. Powers junior, fils de Francis G. Powers, pilote américain de U 2 abattu en 1960 au-dessus de l'Union soviétique, devant la reconstitution du baraquement du poste de contrôle allié (13 avril 2005).

←

Alexandra Hildebrandt, der Schauspieler Klausjürgen Wussow (Mitte) und Hubert Haushofer, Neffe und Patenkind von Albrecht Haushofer, anlässlich des 60. Todestages von Prof. Albrecht Haushofer, Lehrer und Freund von Rainer Hildebrandt (23. April 2005). Albrecht Haushofer wurde am 23. April 1945 von einem SS-Kommando hingerichtet.

Alexandra Hildebrandt, actor Klausjürgen Wussow (centre) and Hubert Haushofer, nephew and godson of Albrecht Haushofer, on the 60th anniversary of the death of Prof. Albrecht Haushofer, teacher and friend of Rainer Hildebrandt (23rd April 2005). Albrecht Haushofer was executed by the SS on 23rd April 1945.

Alexandra Hildebrandt, l'acteur Klausjürgen Wussow (au centre) et Hubert Haushofer, neveu et fils filleul d'Albrecht Haushofer, pour le 60e anniversaire de la mort du Pr Albrecht Haushofer, enseignant et ami de Rainer Hildebrandt (23 avril 2005). Albrecht Haushofer fut exécuté le 23 avril 1945 par un commando SS.

→

US-Botschafter William R. Timken, Jr. und Alexandra Hildebrandt am Checkpoint Charlie und im Museum (2. Dezember 2005).

US ambassador William R. Timken, Jr. and Alexandra Hildebrandt at Checkpoint Charlie and in the Wall Museum, 2nd December 2005.

William R. Timken junior, ambassadeur des Etats-Unis, et Alexandra Hildebrandt Checkpoint Charlie et au Musée (2 décembre 2005).

←

Der CDU-Kandidat für das Amt des Regierenden Bürgermeisters, Dr. Friedbert Pflüger (rechts), auf einer Veranstaltung des Museums zum 45. Jahrestag des Mauerbaus (12. August 2006).

Dr Friedbert Pflüger (right), CDU candidate for the office of Governing Mayor of Berlin, attending an event at the Museum on the 45th anniversary of the building of the Wall (12th August 2006).

Le Dr Friedbert Pflüger (à droite), candidat de la CDU au poste de maire de Berlin, pendant la commémoration du Musée pour le 45e anniversaire de la construction du Mur (12 août 2006).

←

FDP-Generalsekretär Dirk Niebel (zweiter von links) bei einem Besuch im Mauermuseum – Museum Haus am Checkpoint Charlie (13. August 2006).

FDP General Secretary Dirk Niebel (2nd from left) visiting the Wall Museum, 13th August 2006.

Dirk Niebel (2e à partir de la gauche), secrétaire général du Parti libéral-démocrate d'Allemagne FDP, en visite au Mauermuseum – Museum Haus am Checkpoint Charlie (13 août 2006).

→

Frau Gallus, die zwei Jahre im DDR-Frauengefängnis Hoheneck verbüßte, Frau Dolgova, Gattin des ukrainischen Botschafters in Deutschland, Frau Kateryna Juschtschenko, Gattin des ukrainischen Staatspräsidenten Viktor Juschtschenko, Frau HIldebrandt (von rechts nach links; Oktober 2006).

Right to left: Jutta Gallus, who served two years in the GDR's women's penitentiary at Hoheneck; Oleksandra Dolgova, wife of the Ukrainian ambassador to Germany; Kateryna Yushchenko, wife of the Ukrainian President Viktor Yushchenko; Alexandra Hildebrandt. October 2006.

Madame Gallus, qui a passé deux ans à la prison pour femmes de Hoheneck en RDA, Madame Dolgova, épouse de l'ambassadeur d'Ukraine en Allemagne, Madame Kateryna Youchtchenko, épouse du Président ukrainien Viktor Youchtchenko, Madame Hildebrandt (de droite à gauche; octobre 2006).

GRÜNDER DES MAUERMUSEUMS-MUSEUM HAUS AM CHECKPOINT CHARLIE
·DR. RAINER HILDEBRANDT·
14.12.1914 – 9.01.2004

5 Internationaler Menschenrechtspreis „Dr. Rainer-Hildebrandt-Medaille“

Der internationale Menschenrechtspreis „Dr. Rainer-Hildebrandt-Medaille“ wurde am 14. Dezember 2004, dem 90. Geburtstag des Museumsgründers Dr. Rainer Hildebrandt, vom Mauermuseum – Museum Haus am Checkpoint Charlie und der Internationalen Gesellschaft für Menschenrechte (IGfM) ins Leben gerufen.

Preisträger 2005 waren der ermordete israelische Premierminister, Friedensnobelpreisträger Yitzhak Rabin, und der inhaftierte chinesische Dissident, der Journalist Zheng Yichun. Im Jahr 2006 wurde Suzanne Mubarak, First Lady der Arabischen Republik Ägypten, Gründerin und Präsidentin der „Suzanne Mubarak Internationalen Frauenbewegung für den Frieden“, mit der Medaille ausgezeichnet.

Dr. Rainer-Hildebrandt-Medaille

Die Internationale Gesellschaft für Menschenrechte und das Mauermuseum – Museum Haus am Checkpoint Charlie der Arbeitsgemeinschaft 13. August e.V. haben aus Anlass des 90. Geburtstages von Dr. Rainer Hildebrandt am 14. Dezember 2004 den Internationalen Menschenrechtspreis ausgelobt.

Statut

I. Präambel

Im Jahr 2004 am 14. Dezember zum 90. Geburtstag des Gründers des Mauermuseums – Museum Haus am Checkpoint Charlie, Dr. Rainer Hildebrandt, haben die Internationale Gesellschaft für Menschenrechte und das Mauermuseum – Museum Haus am Checkpoint Charlie den internationalen Menschenrechtspreis Dr. Rainer-Hildebrandt-Medaille ins Leben gerufen.

Die „Arbeitsgemeinschaft 13. August e.V." und das „Mauermuseum – Museum Haus am Checkpoint Charlie" wurden im Jahr 1963 von Dr. Rainer Hildebrandt gegründet und bis zu seinem Tod am 9. Januar 2004 geleitet.

Dr. Rainer Hildebrandt: *„Am 14. Juni 1963 wurde das ‚Haus am Checkpoint Charlie' eröffnet und zu einer Insel der Freiheit im letzten Gebäude direkt vor der Grenze. Hier konnten Fluchthelfer durch ein kleines Fenster alle Bewegungen am Grenzübergang beobachten, hier waren Geflüchtete stets willkommen und wurden unterstützt, hier wurden Fluchtpläne ausgedacht und immer gegen das Unrecht in der DDR gekämpft.*

Es galt, das ‚beste Grenzsicherungssystem der Welt' (DDR-Armeegeneral Karl-Heinz Hoffmann) zu veranschaulichen und den Beistand der Schutzmächte – dies bis zur Panzerkonfrontation USA/UdSSR. Weitere Ausstellungen entstanden folgerichtig: 1973: ‚Maler interpretieren DIE MAUER', 1976: ‚BERLIN – Von der Frontstadt zur Brücke Europas', 1984: ‚VON GANDHI BIS WALESA – Gewaltfreier Kampf für Menschenrechte'.

Freundschaften mit Fluchthelfern brachten uns Heißluftballons, Fluchtautos, Sessellifte, ein Mini-U-Boot. Aktivisten im Widerstand verdanken wir ein unter Lebensgefahr abgebautes Selbstschussgerät sowie ein Mauerstück der Rohrauflage – herausgeschlagen von ‚Mauerläufer John Runnings'.

Auch dürfen wir uns das erste Museum des internationalen Gewaltfreien Kampfes nennen. Unter unseren Exponaten sind die Schreibmaschine der Charta 77, der Hektograph des illegalen Periodikums ‚Umweltblätter', Tagebuch und Sandalen von Mahatma Gandhi. Von Elena Bonner die Totenmaske ihres Lebensgefährten Andrej Sacharow.

Über hundert Militärmuseen gibt es in der Welt. In einer Epoche wachsender Verantwortlichkeit für unseren Heimatplaneten werden sicher noch weitere Museen des internationalen Gewaltfreien Kampfes entstehen. ‚Die Welt ist so gut gebaut, dass es gegen jedes Unrecht stärkere, es bezwingende Gegenkräfte gibt. ... In allem Unrecht dauert das Recht fort, in aller Unwahrheit die Wahrheit, in allem Dunkel das Licht' – Worte von Mahatma Gandhi."

Das Mauermuseum – Museum Haus am Checkpoint Charlie ist ein Mekka für junge Menschen geworden. Amanda Lynn Highley (24 Jahre) aus Kalifornien schrieb:

„Lieber Herr Rainer Hildebrandt! Ich habe gerade zehn Stunden in Ihrem Museum verbracht. Ich glaube, ich habe jedes Wort in der gesamten Ausstellung gelesen. Ich bin wirklich begeistert von diesem Ort, und ich glaube, ich möchte ein

Menschenrechtsaktivist werden. Ich wusste schon, dass ich die Welt verändern wollte, aber ich wusste nicht, wie ich das am besten bewerkstelligen könnte – nun weiß ich es. Danke vielmals, von ganzem Herzen."

II. Biographie Dr. Rainer Hildebrandt

1914 Am 14. Dezember wurde Rainer Hildebrandt in Stuttgart geboren.
Vater: Hans Hildebrandt, Kunsthistoriker TU Stuttgart (erste Monographien über Alexander Archipenko und Oskar Schlemmer; während NS-Zeit Verlust des Lehrstuhls, da die Mutter jüdischer Abstammung ist).
Mutter: Lily Hildebrandt, Malerin (Meisterschülerin bei Adolf Hölzel; Malverbot während der NS-Zeit wegen nichtarischer Abstammung).
Kindheit und Jugend in Stuttgart.

1934 Abitur.
April bis August: Arbeitsdienst.

1934 – 1935 Hochschulpraktikantenausbildung in den „Fortuna-Werken", Bad Cannstatt.

1935 – 1936 Frühjahr bis Herbst: Arbeiten, teilweise bereits selbständig, im Laboratorium für angewandte Physik der Robert Bosch AG., Stuttgart.

1936 Erstes Semester (Sommersemester) an der Technischen Hochschule Stuttgart, Studium der Physik.
Übersiedlung nach Berlin.

1936 – 1938 August bis Februar: Werkstudent bei Telefunken.

1938 Seit März Angestellter als Ingenieur bei Telefunken. Selbständiges Arbeiten, Anmeldung von Patenten für Telefunken sowie Anmeldung mehrerer Patente außerhalb seines Arbeitsgebiets. Abgang auf eigenen Wunsch September 1938.

1939 – 1940 Anstellung in der Erfinderabteilung der Radio-Löwe AG Berlin.
Veröffentlichungen seit 1938: Zahlreiche Beiträge über Elektroakustik in den Fachzeitschriften „Funktechnische Monatshefte", „Funk", „Funkschau".

1937 – 1939 Studium der Physik an der Technischen Hochschule Charlottenburg, dann an der Universität Berlin.

seit 1939 Ausdehnung des Universitätsstudiums auf Philosophie, Psychologie, Staatslehre, Volkswirtschaft.
Bekanntschaft mit Albrecht Haushofer.

1942 Promotion an der Friedrich-Wilhelm-Universität Berlin über Arbeitspsychologie bei Prof. Rupp und Eduard Spranger, Nebenfächer Philosophie und Physik; Schüler und Freund von Albrecht Haushofer,

	für ihn auch Briefträger; Freundschaft zu Horst Heilmann, dem Adlatus von Harro Schulze-Boysen; Begegnung von Haushofer und Schulze-Boysen in Wohnung von Rainer Hildebrandt. Vorarbeit für eine neue größere Veröffentlichung auf dem Gebiet der Staatslehre. Sommer: Einberufung zur Wehrmacht, Ausbildung in Schneidemühl. Ab Spätsommer 1942 bei einer Nachrichten-Dolmetscher-Abteilung in Meißen.
1943	Januar: Rückversetzung nach Schneidemühl, im Februar im Anschluss an eine Denunziation Flucht von der Truppe, verhaftet.
1944	Zum zweiten Mal verhaftet, erneut wegen „Zersetzung der Wehrkraft“ (insgesamt 17 Monate).
seit Kriegsende	Publizistische Tätigkeit, zunächst über Walther Rathenau; 1946 Herausgabe der Moabiter Sonette von Albrecht Haushofer, 1948 erste Buchveröffentlichung „Wir sind die Letzten. Aus dem Leben des Widerstandskämpfers Albrecht Haushofer und seiner Freunde“.
1948	Gründung der „Kampfgruppe gegen Unmenschlichkeit“ (KgU), einer Organisation, die einen Suchdienst nach vermissten Gefangenen aufbaute, über NKWD- und DDR-Haft informierte, aber auch Widerstand gegen das Regime in der Sowjetischen Besatzungszone/DDR leistete.
1951	Fünfmonatige Reise mit 40 Vorträgen in den USA, insbesondere über Haftwesen und Justiz und Widerstand in der DDR. Gründung des „Freiheitsbund für Deutsch-Russische Freundschaft“, Ehrenvorsitzender Ernst Reuter, Mitvorsitzender Alexander Truschnowitsch, der gewaltsam entführt und ermordet wurde.
1952	Austritt aus KgU, nachdem diese unter Ernst Tillichs Leitung Sabotageakte unternommen hatte.
bis 1961	Vornehmlich publizistische Tätigkeit, Buchveröffentlichungen „Als die Fesseln fielen“ (Aufstand vom „17. Juni“), auch in den USA erschienen („The Explosion“) und auf Italienisch. Zahlreiche Artikel, u.a. in „Les temps modernes“, sowie laufend (1948 bis 1995) über menschenrechtliche Themen und speziell über die DDR im „Tagesspiegel“. Chefredakteur der Zeitschrift der Deutschen Liga für Menschenrechte. Forschungsaufträge für das Bundesministerium für Gesamtdeutsche Fragen.
1961	Dezember: erste Pressekonferenz mit Flüchtlingen aus der DDR.
1962	19. Oktober: Eröffnung der Ausstellung „Es geschah an der Mauer“

in der Wolliner Straße, aufgebaut mit Unterstützung ehemaliger DDR-Häftlinge, Flüchtlinge und Studenten.

1963 Juni: Anmeldung des eingetragenen Vereins „Arbeitsgemeinschaft 13. August"; seitdem geschäftsführ. Vorsitzender dieses Vereins.
14. Juni: Eröffnung des „Mauermuseum – Museum Haus am Checkpoint Charlie"; seitdem dessen Direktor.

1971 Integrierung der Ausstellung in der Wolliner Straße in das Haus am Checkpoint Charlie.

1973 Eröffnung des Ausstellungsteils „Maler interpretieren DIE MAUER".

1976 Eröffnung des Ausstellungsteils „BERLIN – Von der Frontstadt zur Brücke Europas".

1984 Eröffnung des Ausstellungsteils „VON GANDHI BIS WALESA – Gewaltfreier Kampf für Menschenrechte".

1989 98 Aufführungen des selbstverfassten Theaterstückes „R wie Rosa" (Fluchthilfe mittels einer US-Uniform).

1990 – 1995 Konzeption und Organisation der Wanderausstellung „Ende der Berliner Mauer – Anfang des neuen Europa" durch Osteuropa und Israel.

1991 – 1994 Konzeption und Organisation der Wanderausstellung „BREAKTHROUGH – The Fight for Freedom at the Berlin Wall" durch die USA, gemeinsam mit dem Deutschen Historischen Museum.

1991 Initiierung und Beginn der Täter-Opfer-Gespräche zwischen ehemaligen Häftlingen und Angehörigen der Stasi.
Im Januar wird die „Topographie der Deutsch-Deutschen Grenze als Mahnmal" konzipiert, anschließend aufgebaut und auf der 96. Pressekonferenz der Arbeitsgemeinschaft 13. August am 9. August 1991 der Öffentlichkeit vorgestellt. Es erfolgt die Umsetzung der beiden Grenzschlagbäume zum Tragrahmen der Lichtampelanlage. Die „Topographie" muss zum Jahreswechsel 1993/94 wieder abgebaut werden, um Baufreiheit zu schaffen.

1992 Auszeichnung Dr. Rainer Hildebrandts mit dem Verdienstorden des Landes Berlin.

1994 Auszeichnung Dr. Rainer Hildebrandts mit dem Bundesverdienstkreuz Erster Klasse.

1996 Zahlreiche Versuche der Arbeitsgemeinschaft 13. August, von den Investoren konkret in Erfahrung zu bringen, wann das entsprechende Areal bebaut wird, scheitern. Eine von Dr. Rainer Hildebrandt ins Leben gerufene Bürgerinitiative „Rettet historischen Boden am Checkpoint Charlie", unterstützt von Lew Kopelew und Jack O. Bennett, setzt sich vergeblich für die bedeutungsgemäße Gestaltung dieser historischen Stätte ein.

1998	Auszeichnung Dr. Rainer Hildebrandts mit der Imre-Nagy-Plakette.
2000	August: Einweihung des originalgetreuen Nachbaus der ersten alliierten Kontrollbaracke in der Friedrichstraße.
2004	Dr. Rainer Hildebrandt verstirbt in den frühen Morgenstunden des 9. Januar.
2005	Dezember: Posthum Verleihung der „25 Jahre Solidarnosc – Sondermedaille“.

III.

Die Dr. Rainer-Hildebrandt-Medaille wird einmal im Jahr am Geburtstag von Dr. Rainer Hildebrandt, dem 14. Dezember, vier Tage nach dem „Tag der Menschenrechte“, verliehen an Menschen, die sich weltweit in hervorragender Weise gewaltfrei für Menschenrechte engagiert haben.

Jedermann kann dazu der „Arbeitsgemeinschaft 13. August e.V.“ bzw. dem „Mauermuseum – Museum Haus am Checkpoint Charlie“ oder der „Internationalen Gesellschaft für Menschenrechte“ Vorschläge unterbreiten.

Der Preisträger wird ohne Unterschied der Nation, der Religion, der Rasse und seiner sozialen Stellung gewählt. Der Preis kann auch posthum vergeben werden.

Der Preis kann unter gleichen Voraussetzungen einer Einrichtung, Institution oder Organisation verliehen werden. Auch ist im besonderen Fall die Umwandlung des Preises in einen Auftrag zur Förderung des gewaltfreien Einsatzes für Menschenrechte möglich.

IV.

Die Dr. Rainer-Hildebrandt-Medaille ist von dem Berliner Künstler Matthias Koeppel entworfen worden.

V.

Die Auszeichnung besteht aus der Dr. Rainer-Hildebrandt-Medaille und einem Geldbetrag, der von der „Arbeitsgemeinschaft 13. August e.V.“/dem „Mauermuseum – Museum Haus am Checkpoint Charlie“ im Namen von Sponsoren zur Verfügung gestellt wird.

VI.

Die Jury ist durch die Arbeitsgemeinschaft 13. August e.V. bzw. das Mauermuseum – Museum Haus am Checkpoint Charlie in Absprache mit der Internationalen Gesellschaft für Menschenrechte berufen.

Die Jury:

- Prof. Dr. Henry Kissinger, Friedensnobelpreisträger, Außenminister der USA a.D.
- Hans-Dietrich Genscher, Bundesaußenminister a.D.
- Lord James Douglas-Hamilton, Mitglied des Schottischen Parlaments
- Prof. Dr. Avi Primor, Botschafter a.D., Leiter des Trilateralen Instituts für Europäische Studien an der Universität Herzliya/Israel
- Dr. h. c. Joachim Gauck, erster Bundesbeauftragter für die Stasi-Unterlagen
- Sara Nachama, Direktorin des Touro College Berlin
- Freya Klier, Regisseurin, Bürgerrechtlerin in der ehemaligen DDR
- Rainer Haushofer, Jurist, Neffe von Prof. Dr. Albrecht Haushofer
- Internationale Gesellschaft für Menschenrechte (IGfM)
- Mauermuseum – Museum Haus am Checkpoint Charlie

Den Mitgliedern der Jury werden Vorschläge mit Begründungen für den Preisträger der Dr. Rainer-Hildebrandt-Medaille übersandt. Das Mauermuseum – Museum Haus am Checkpoint Charlie ist zuständig, die Jury mit allen erforderlichen Informationen zu versorgen.

VII.

Nach dem Eintreffen der Vorschläge stellt das Mauermuseum – Museum Haus am Checkpoint Charlie eine Liste zusammen, die alle notwendigen Daten über die vorgeschlagenen Kandidaten enthält. Soweit würdige Preisträger gefunden wurden, werden Preisträger, Presse, Funk und Fernsehen unverzüglich benachrichtigt. Wenn die Jury sich auf keinen der Kandidaten einigen kann, kann die Preisverleihung ausgesetzt werden.

VIII.

Der Preisträger wird von der Jury durch einfache Mehrheit gewählt. Die Jury ist beschlussfähig, wenn mindestens zwei Drittel der Mitglieder ihr Votum abgegeben haben. Dieses Votum muss bis zum 1. September des Jahres schriftlich im Mauermuseum – Museum Haus am Checkpoint Charlie vorliegen. Bei Stimmengleichheit enthält sich das Mauermuseum – Museum Haus am Checkpoint Charlie.

Berlin, im April 2005

5 International human rights award Dr Rainer Hildebrandt Medal

The Dr Rainer Hildebrandt Medal, an international award recognising outstanding achievement in support of human rights, was created on 14th December 2004, the 90th birthday of Museum founder Dr Rainer Hildebrandt. The award was enshrined by the Museum Haus am Checkpoint Charlie Wall Museum and the International Society for Human Rights (IGfM).

Recipients of the Award in 2005 were the assassinated Israeli Prime Minister, Nobel Peace Prize Laureate Yitzhak Rabin, and the interned Chinese dissident and journalist Zheng Yichun. In 2006 the Medal was awarded to Suzanne Mubarak, First Lady of the Arab Republic of Egypt and founding President of the Suzanne Mubarak International Women's Movement for Peace.

Dr Rainer Hildebrandt Medal

This International Award for Human Rights was created on 14th December 2004, the 90th birthday of Dr Rainer Hildebrandt, by the International Society for Human Rights and the Museum Haus am Checkpoint Charlie Wall Museum, an entity operated by the Arbeitsgemeinschaft 13th August e.V. Association.

Charter

I. Preamble

On 14th December 2004, to mark the 90th birthday of Dr Rainer Hildebrandt, founder of the Museum Haus am Checkpoint Charlie Wall Museum, the

International Society for Human Rights and the Museum Haus am Checkpoint Charlie Wall Museum created the Dr Rainer Hildebrandt Medal for outstanding achievement in the field of international human rights.

The Arbeitsgemeinschaft 13th August e.V. Association and the Museum Haus am Checkpoint Charlie Wall Museum were founded in 1963 by Dr Rainer Hildebrandt, who remained director of both until his death on 9th January 2004.

Dr Rainer Hildebrandt: *"The Haus am Checkpoint Charlie was opened on 14th June 1963, an island of freedom in a building directly adjacent to the border. People helping escapees were able to observe through a small window all activity at the border checkpoint. Escapees were always made welcome and given assistance. Escape plans were hatched here and the place was a focal point of struggle against injustice in the GDR.*

I was determined to document in words and pictures 'the best border security installations in the world' (GDR army general Karl-Heinz Hoffmann) and also the support afforded by the Protecting Powers – up until the tank confrontation between the USA and the USSR. This led to other exhibitions being organised: 1973: 'Artists Interpret the Wall'; 1976: 'Berlin – from Urban Battlefield to Bridge across Europe'; 1984: 'From Gandhi to Walesa Non-Violent Struggle for Human Rights'.

Through our friendships with escapee helpers we obtained hot-air balloons, escape cars, chairlifts and a miniature submarine. We have resistance activists to thank for risking death to dismantle an automatic firing device and obtaining a section of wall crown piping – broken off by 'Wall Runner' John Runnings.

We also consider ourselves the first museum devoted to international non-violent struggle. Our exhibits include the Charta 77 typewriter, the hectograph of the underground periodical 'Umweltblätter' and the diary and sandals of Mahatma Gandhi. Elena Bonner donated the death mask of her partner Andrei Sakharov.

There are over one hundred military museums across the world. In this era of increasing sensibility towards our planet it is certain that the world will see an increase in the number of museums dedicated to international non-violent struggle. In the words of Mahatma Gandhi:

'The world is so well constructed that for every injustice there exist mightier forces of justice to counter it.... in the midst of injustice justice persists, in the midst of untruth truth persists, in the midst of darkness light persists.' "

The Museum Haus am Checkpoint Charlie Wall Museum has become a mecca for young people. Amanda Lynn Highley (24) from California wrote:

"Dear Mr Rainer Hildebrandt, I've just spent ten hours in your museum. I think I read every single word in the entire exhibition. This place is amazing and it makes me want to be a human rights activist. I already knew I wanted to change

the world, but I didn't know how best to go about doing it. Now I know. Thank you so much, from the bottom of my heart."

II. Biography of Dr Rainer Hildebrandt

1914	Rainer Hildebrandt born in Stuttgart 14th December. Father: Hans Hildebrandt, art historian at TU Stuttgart (first monographs on Alexander Archipenko and Oskar Schlemmer; during Nazi period banned from teaching (mother is Jewish)). Mother: Lily Hildebrandt, painter (studies under Adolf Hölzel). During Nazi period banned from painting (is of non-Aryan descent). Childhood and adolescence in Stuttgart.
1934	School-leaving exams. April – August: mandatory labour service.
1934 – 1935	Placement training in "Fortuna Werke", Bad Cannstatt.
1935 – 1936	Spring to autumn: employment, and first taste of independent work, in laboratory for applied physics, Robert Bosch AG, Stuttgart.
1936	First semester (summer semester) studying physics at Stuttgart Technische Hochschule. Moves to Berlin.
1936 – 1938	August to February: working student at Telefunken.
1938	Employed as engineer at Telefunken. Independent work on projects. Applies for patents on behalf of Telefunken; submission of a number of patent applications outside his specialist field. Leaves Telefunken voluntarily in September 1938.
1939 – 1940	Employment in the inventions department of Radio Löwe AG, Berlin. Publications since 1938: numerous works on electrical acoustics in specialised publications "Funktechnische Monatshefte", "Funk" and "Funkschau".
1937 – 1939	Physics studies at Charlottenburg Technische Hochschule, Berlin, afterwards at Berlin University.
1939 onwards	University studies extended to include philosophy, psychology, political science, economics. Meets Albrecht Haushofer.
1942	Awarded doctorate in labour psychology at Friedrich Wilhelm University, Berlin, following studies under Prof. Rupp and Eduard Spranger. Subsidiary subjects: Philosophy and Physics; student and friend of – and courier for - Albrecht Haushofer; friendship with Horst Heilmann, the assistant of Harro Schulze-Boysen; Haushofer and Schulze-Boysen meet at home of Rainer Hildebrandt.

Researches a new and larger treatise on political science. In summer conscripted into army; training in Schneidemühl. From late summer 1942 attached to interpreter department of news agency in Meissen.

1943	January: sent back to Schneidemühl. In February, following denunciation, desertion; arrest.
1944	Arrested again, likewise for 'subversion of morale' (sentenced to 17 months imprisonment).
Following end of War	Works published, first on Walther Rathenau; 1946: published "Moabit Sonnets" by Albrecht Haushofer; 1948 first book published: "We are the Last: Stations in the Life of the Resistance Activist Albrecht Haushofer and his Friends".
1948	Foundation of "Action Group against Inhumanity" to locate missing detainees, provide information on conditions in prisons run by GDR authorities and Soviet secret police and oppose the regime in the Soviet Zone of Occupation / GDR.
1951	5-month lecture tour / travelling in USA. Lectures focus on imprisonment, justice and resistance in GDR.
	Foundation of "Freedom Group for German-Russian Friendship". Honorary Chairman: Ernst Reuter, Co-chairman: Alexander Trushnovich, later to be kidnapped and murdered.
1952	Leaves Action Group against Inhumanity following acts of sabotage under leadership of Ernst Tillich.
up to 1961	Predominantly active in publishing. Books: "The Day the Fetters Fell Away" (on the 17th June 1953 workers' uprising in the GDR); also published in USA (as "The Explosion") and in Italy. Numerous articles, e.g. in Les temps modernes and from 1948 to 1995 on human rights-related subjects and on the GDR in the Tagesspiegel. Editor-in-Chief of the organ of the German section of the League for Human Rights. Research assignments for Federal Ministry for All-German Affairs.
1961	December: first press conference featuring escapees from the GDR.
1962	19th October: Exhibition "It Happened at the Wall" opens in Wolliner Strasse. Organised with support from former GDR detainees, escapees and students.
1963	June: Creation of "Arbeitsgemeinschaft 13th August e.V." Association; he is Managing Director and Chairman of Association.

	14th June: Museum Haus am Checkpoint Charlie Wall Museum opens. He becomes Director of the Museum.
1971	Exhibition in Wolliner Strasse incorporated into Museum Haus am Checkpoint Charlie Wall Museum.
1973	Special exhibition "Artists Interpret the Wall" opens.
1976	Special exhibition "Berlin – from urban Battlefield to Bridge across Europe" opens.
1984	Special exhibition "From Gandhi to Walesa – non-violent struggle for Human Rights" opens.
1989	98 performances of his play " 'R' for Rosa" about an escape using the uniform of a US soldier.
1990 – 1995	Conceives and organises travelling exhibition "End of the Berlin Wall – Beginning of the New Europe" through Eastern Europe and Israel.
1991 – 1994	Together with German Historical Museum conceives and organises travelling exhibition "Breakthrough – The Fight for Freedom at the Berlin Wall" charting the significance of the USA.
1991	Initiation and start of Victim-Perpetrator Talks between former detainees and GDR State Security operatives. "Topography of the German-German border as Monument" conceived in January. The assembled project is presented to the public on 9th August 1991, at the 96th press conference of the Arbeitsgemeinschaft 13th August e.V. Association. The two former border barriers are given a new function – as supports for the traffic light installation. To make way for building projects the Association is given until New Year's Eve 1993/4 to dismantle "Topography".
1992	Dr Rainer Hildebrandt awarded Order of Merit of the State of Berlin.
1994	Dr Rainer Hildebrandt awarded Order of the Federal Republic of Germany, 1st Class.
1996	Numerous attempts by Arbeitsgemeinschaft 13th August e.V. Association (to gain information from investors on when area is due to be built upon) fail. Dr. Rainer Hildebrandt creates the "Save the Historic Land at Checkpoint Charlie" Citizens' Action Group, supported by Lev Kopelev and Jack O. Bennett. The Group unsuccessful in its attempt to secure a politically and historically appropriate design for the area.

1998 Dr Rainer Hildebrandt awarded Imre Nagy Insignia.

2000 August: inauguration of faithful reconstruction of first Allied Control Post in Friedrichstrasse.

2004 Dr Rainer Hildebrandt dies in early hours of 9th January.

2005 December: Posthumous award of the Medal of Honour "25 Years Solidarnosc".

III.

The Dr Rainer Hildebrandt Medal is conferred annually on 14th December, the birthday of Dr Rainer Hildebrandt, 4 days after the International Human Rights Day. It is awarded to people who have shown outstanding commitment to non-violent struggle for human rights worldwide.

Any individual is entitled to nominate recipients by contacting the Arbeitsgemeinschaft 13th August e.V. Association, the Museum Haus am Checkpoint Charlie Wall Museum or the International Society for Human Rights.

Recipients are awarded the Medal regardless of their nationality, religion, race or social status. The Medal can also be awarded posthumously.

The Medal can also be conferred on organisations or institutions. The Award may also be presented in the form of a commission to promote non-violent work for human rights.

IV.

The Dr Rainer Hildebrandt Medal was created by Berlin artist Matthias Koeppel.

V.

The Award takes the form of the Dr Rainer Hildebrandt Medal and a sum of money provided in the name of its sponsors of the Arbeitsgemeinschaft 13th August e.V. Association and the Museum Haus am Checkpoint Charlie Wall Museum.

VI.

The Jury is appointed by the Arbeitsgemeinschaft 13th August e.V. Association and the Museum Haus am Checkpoint Charlie Wall Museum in association with the International Society for Human Rights.

The jury:

- Prof Dr Henry Kissinger, holder of Nobel Peace Prize, former US Secretary of State
- Hans-Dietrich Genscher, former German Foreign Minister
- Lord James Douglas-Hamilton, Member of Scottish Parliament

- Prof Dr Avi Primor, former ambassador, head of Trilateral Institute for European Studies at the University of Herzliya, Israel
- Dr h. c. Joachim Gauck, first Federal Commissioner for the Records of the State Security Service
- Sara Nachama, director of Touro College, Berlin
- Freya Klier, film director, civil rights activist in former GDR
- Rainer Haushofer, lawyer, nephew of Dr. Albrecht Haushofer
- the International Society for Human Rights
- the Museum Haus am Checkpoint Charlie Wall Museum

Nominations for recipients of the Dr Rainer Hildebrandt Medal, along with information supporting these nominations, are communicated to Jury members. The Museum Haus am Checkpoint Charlie Wall Museum is responsible for providing Jury members with all the information necessary for the selection of a winner.

VII.

After nominations have been received the Museum Haus am Checkpoint Charlie Wall Museum will compile a list of all nominees and their biographical details. If the Medal is awarded the prize winner will be notified immediately and his/her name communicated to the media. In cases where the Jury is unable to agree on the winner the Medal will not be awarded.

VIII.

The Jury selects the Award Winner by simple majority. The Jury is a quorum when at least two thirds of members have voted. This vote must be communicated in writing to the Museum Haus am Checkpoint Charlie Wall Museum by 1st September. In cases where two Award nominees receive equal numbers of votes the Museum Haus am Checkpoint Charlie Wall Museum will abstain from voting.

Berlin, April 2005

5 Prix international des droits de l'homme «Médaille Dr Rainer Hildebrandt»

Le Prix international des droits de l'homme «Médaille Dr Rainer Hildebrandt» a été créé le 14 décembre 2004, 90e anniversaire du Dr Rainer Hildebrandt, fondateur du Mauermuseum – Museum Haus am Checkpoint Charlie, et la Société internationale pour les droits de l'homme (IGFM).

Les lauréats du Prix en 2005 ont été Yitzhak Rabin, Premier ministre israélien, lauréat du Prix Nobel de la paix, victime d'un attentat, et le dissident chinois Zheng Yichun, journaliste, interné pour ses opinions. En 2006, la médaille a été attribuée à Madame Suzanne Mubarak, épouse du Président de la République arabe d'Egypte, fondatrice et présidente du «Mouvement international des femmes Suzanne Mubarak pour la paix».

La Médaille Dr Rainer Hildebrandt

A l'occasion du 90e anniversaire de la naissance du Dr Rainer Hildebrandt, le 14 décembre 2004, la Société internationale pour les droits de l'homme et Mauermuseum – Museum Haus am Checkpoint Charlie du Groupe de travail 13 août ont créé la Médaille Dr Rainer Hildebrandt.

Statuts

I. Préambule

Le 14 décembre 2004, à l'occasion du 90e anniversaire de la naissance du Dr Rainer Hildebrandt, fondateur du Mauermuseum – Museum Haus am Checkpoint Charlie, la Société internationale pour les droits de l'homme et

Mauermuseum – Museum Haus am Checkpoint Charlie ont créé le Prix international des droits de l'homme Médaille Dr Rainer Hildebrandt.

Le «Groupe de travail 13 août» et «Mauermuseum – Museum Haus am Checkpoint Charlie» ont été fondés en 1963 par le Dr Rainer Hildebrandt et dirigés par lui jusqu'à son décès le 9 janvier 2004.

Ce qu'en disait le Dr Rainer Hildebrandt: *«Le 14 juin 1963 "Haus am Checkpoint Charlie" ouvrait ses portes et devenait ainsi un îlot de la liberté dans le dernier immeuble, directement avant la frontière. Par une fenêtre étroite, les passeurs pouvaient observer ce qui se passait à la frontière, les fugitif y étaient accueillis chaleureusement et recevaient de l'aide, des plans de fuite sont nés ici et, toujours, la tyrannie en RDA y a été combattue.*

Il importait de mettre à nu le "meilleur système au monde de sécurisation d'une frontière" (général d'armée de RDA Karl-Heinz Hoffmann) et d'encourager l'aide apportée par les puissances protectrices, jusqu'au face à face des blindés Etats-Unis – URSS. D'autres expositions sont venues s'inscrire dans cette même perspective: En 1973 "Les peintres interprètent LE MUR", en 1976 "Berlin, hier ville front, aujourd'hui pont en Europe", en 1984 "De Gandhi à Walesa: le combat non violent pour les droits de l'homme".

Les amitiés que nous avons nouées avec les passeurs nous ont apporté différentes pièces d'exposition: des ballons à air chaud, des voitures ayant servi aux fuites, des sièges élévateurs, un sous-marin de poche. Les militants de la résistance ont enlevé, au péril de leur vie, un appareil de tir automatique et le "coureur du Mur John Runnings" a détaché une pièce de la partie brute du Mur.

Nous avons toute raison de nous nommer premier musée de la lutte non violente. Nous avons parmi les pièces exposées la machine à écrire qui a servi à taper la Charte des 77, la machine à polycopier du périodique clandestin "Feuilles de l'environnement", un agenda et les sandales du Mahatma Gandhi. Elena Bonner nous a fait don du masque mortuaire du compagnon de sa vie, Andreï Zakharov.

Il existe plus de cent musées militaires dans le monde. A une époque où grandit la sensibilisation aux responsabilités pour notre planète terre, d'autres musées de la lutte non violente verront très certainement le jour. Le Mahatma Gandhi ne disait-il pas "Le monde est si bien construit qu'à toute injustice répondent des forces opposées plus puissantes qui ont raison d'elle... La justice perdure au plus profond de l'injustice, la vérité est aux aguets dans le mensonge, la lumière luit au fond des ténèbres"?»

Le Mauermuseum – Museum Haus am Checkpoint Charlie exerce une grande attraction sur les jeunes. Amanda Lynn Highley (24 ans) nous écrivait de Californie:

«Cher Monsieur Rainer Hildebrandt, Je viens de passer dix heures dans votre Musée. Je crois avoir lu chacun des mots qui y sont reproduits. Je suis vraiment profondément touchée par ces lieux et je pense que ma vocation est de militer pour les droits de l'homme. Je savais avant de venir que le monde devait être transformé mais je ne trouvais pas de moyen de le faire. Désormais je sais. Je vous remercie sincèrement de tout cœur.»

II. Biographie du Dr Rainer Hildebrandt

1914 Rainer Hildebrandt est né le 14 décembre 1914 à Stuttgart. Son père, Hans Hildebrandt, était professeur d'histoire de l'art à l'Université technique de Stuttgart (premières monographies sur Alexander Archipenko et Oskar Schlemmer; privé de sa chaire d'enseignement sous les nazis parce que sa mère était d'origine juive).
Sa mère, Lily Hildebrandt était peintre (classe de maître d'Adolf Hölzel; elle a été interdite d'exposition sous les nazis parce qu'elle n'était pas aryenne).
Rainer Hildebrandt passe son enfance et son adolescence à Stuttgart.

1934 Baccalauréat.
Avril à août: service du travail obligatoire.

1934 – 1935 Stage pratique d'accession aux études supérieures aux usines Fortuna de Bad Cannstatt.

1935 – 1936 De la fin de l'année 1935 à l'automne 1936 travaux au laboratoire de physique appliquée de la société Robert Bosch AG, Stuttgart, en partie sous sa seule responsabilité.

1936 Premier semestre d'études (semestre d'été) à l'Ecole technique supérieure de Stuttgart, section physique.
Rainer Hildebrandt s'établit à Berlin.

1936 – 1938 D'août 1936 à février 1938: étudiant-ouvrier à la société Telefunken.

1938 A compter de mars, employé comme ingénieur à la société Telefunken. Travaux personnels, dépôt de demandes de brevets pour Telefunken et pour plusieurs autres techniques extérieures à sa spécialité. Rainer Hildebrandt quitte Telefunken à sa demande en septembre 1938.

1939 – 1940 Emploi à la rédaction des inventeurs de la société radiophonique Radio-Löwe de Berlin. Publications à partir de 1938: Plusieurs articles d'électro-acoustique dans les revues spécialisées «Funktechnische Monatshefte», «Funk», «Funkschau».

1937 – 1939	Etudes de physique à l'Ecole technique supérieure de Charlottenburg, ensuite à l'Université de Berlin.
Depuis 1939	Etudes universitaires parallèles de philosophie, de psychologie, de sciences politiques et d'économie. Rainer Hildebrandt fait la connaissance d'Albrecht Haushofer.
1942	Doctorat de troisième cycle à l'Université Friedrich Wilhelm de Berlin sur la psychologie du travail; directeurs de thèse: Pr Rupp et Eduard Spranger; matières secondaires philosophie et physique. Rainer Hildebrandt est l'élève d'Albrecht Haushofer et devient son ami, se chargeant en particulier de porter pour lui divers messages. Rainer Hildebrandt se lie d'amitié avec Horst Heilmann, secrétaire du résistant Harro Schulze-Boysen; Albrecht Haushofer et Harro Schulze-Boysen se rencontrent dans l'appartement de Rainer Hildebrandt. Travaux préparatoires pour une nouvelle grande publication de science politique. Rainer Hildebrandt est enrôlé dans la Wehrmacht et suit une instruction à Schneidemühl. Il est affecté à la fin de 1942 au service de traduction des transmissions de Meissen.
1943	Janvier: Mutation disciplinaire à Schneidemühl; Rainer Hildebrandt quitte la troupe en février, suite à une dénonciation; il est arrêté peu de temps après.
1944	Deuxième arrestation, nouvelle incarcération pendant 17 mois pour «atteinte à l'intégrité des forces armées».
A partir de la fin de la guerre	Différentes analyses historiques et politiques, la première sur Walther Rathenau. Rainer Hildebrandt fait paraître en 1946 les Sonnets de Moabit d'Albrecht Haushofer. Il publie son premier livre en 1948 «Nous sommes les derniers. Scènes de la vie du résistant Albrecht Haushofer et de ses amis».
1948	Rainer Hildebrandt crée le «Groupe de lutte contre l'inhumanité» (abréviation allemande KgU), qui mit en place un service de recherche sur les prisonniers disparus, qui lui-même informa sur la détention par le NKVD et en RDA et entreprit plusieurs actions de résistance au régime mis en place dans la zone d'occupation soviétique et par la suite en RDA.
1951	Voyage de cinq mois aux Etats-Unis, ponctué par 40 conférences publiques, en particulier sur les conditions d'emprisonnement, la justice et la résistance en RDA. Rainer Hildebrandt crée la «Ligue de la liberté pour l'amitié germano-russe», dont le président honoraire est Ernst Reuter et le co-prési-

	dent Alexander Trouchnivitch qui est enlevé et assassiné peu de temps après.
1952	Rainer Hildebrandt démissionne du Groupe de lutte contre l'humanité après que celui-ci, sous la conduite d'Ernst Tillich, ait commis plusieurs actes de sabotage.
Jusqu'en 1961	Nombreuses publications, en particulier le livre Lorsque les chaînes ont été brisées (soulèvement du 17 juin 1953), et des ouvrages parus aux Etats-Unis («The Explosion») et en Italie. Nombreux articles de presse, entre autres pour Les Temps modernes et, pendant toute la période entre 1948 et 1995 sur les droits de l'homme et la RDA dans le quotidien berlinois «Der Tagesspiegel». Rainer Hildebrandt devient rédacteur en chef du magazine de la Ligue allemande pour les droits de l'homme et exécute plusieurs travaux de recherche pour le compte du ministère fédéral des Questions panallemandes.
1961	Décembre: première conférence de presse avec des réfugiés de RDA.
1962	19 octobre: Inauguration de l'exposition «Cela s'est passé au Mur», Wolliner Strasse, avec l'aide d'anciens détenus en RDA, de réfugiés et d'étudiants.
1963	Juin: Enregistrement de l'association «Groupe de travail 13 août» dont Rainer Hildebrandt devient le président exécutif pendant toutes les années qui suivent. 14 juin: Inauguration de «Mauermuseum – Museum Haus am Checkpoint Charlie», dont Rainer Hildebrandt est directeur jusqu'à la fin de sa vie.
1971	Intégration de l'exposition Wolliner Strasse dans les collections de Haus am Checkpoint Charlie.
1973	Inauguration de l'exposition «Les peintres interprètent LE MUR».
1976	Inauguration de l'exposition «BERLIN: De la ville-front au pont en Europe».
1984	Inauguration de la partie d'exposition permanente «DE GANDHI A WALESA: La lutte non violente pour les droits de l'homme».
1989	Représentation de la pièce de théâtre écrite par Rainer Hildebrandt «R comme Rosa» (fuite sous un uniforme américain).
1990 – 1995	Conception et organisation de l'exposition itinérante «La fin du Mur de Berlin, début de la nouvelle Europe» qui se déplace en Europe de l'Est et en Israël.
1991 – 1994	Conception et organisation de l'exposition itinérante «BREAKTHROUGH – The Fight for Freedom at the Berlin Wall», avec le Musée historique allemand, qui est montrée aux Etats-Unis.

1991	Rainer Hildebrandt a l'idée des entretiens coupables – victimes entre d'anciens détenus et d'ex-fonctionnaires de la Stasi et organise les premières rencontres. En janvier, il jette les bases du «Mémorial topographie de la frontière à travers l'Allemagne» qui est ensuite constitué et présenté à la 96e conférence de presse du Groupe de travail 13 août, le 9 août 1991. Les deux barrières de l'ancienne frontière sont utilisées comme cadre pour supporter l'illumination. «Topographie» doit être démontée fin 1993, début 1994 pour libérer les terrains à bâtir.
1992	Le Land de Berlin décerne au Dr Rainer Hildebrandt la médaille du mérite de Berlin.
1994	Le Dr Rainer Hildebrandt est décoré de l'Ordre du mérite de 1e classe de la République fédérale d'Allemagne.
1996	Echec des nombreuses tentatives du Groupe de travail 13 août pour apprendre des promoteurs ce qui sera construit sur l'espace libéré. Le groupe d'initiative créé par le Dr Rainer Hildebrandt «Sauvons les lieux historiques Checkpoint Charlie» et soutenu par Liev Kopelev et Jack O. Bennett, tente vainement de conserver le cadre historique de ces lieux.
1998	La plaquette Imre Nagy est décernée au Dr Rainer Hildebrandt;
2000	Août: Inauguration de la reconstitution conforme à l'original du premier baraquement de contrôle allié Friedrichstrasse.
2004	Décès du Dr Rainer Hildebrandt dans les premières heures de la journée du 9 janvier.
2005	La médaille «Solidarité a 25 ans – Médaille commémorative» est décernée à titre posthume au Dr Rainer Hildebrandt.

III.

La Médaille Dr Rainer Hildebrandt est décernée une fois par an, le 14 décembre, jour anniversaire de la naissance du Dr Rainer Hildebrandt, quatre jours après la «Journée internationale des droits de l'homme», aux personnalités qui ont eu une action méritoire dans la lutte non violente pour les droits de l'homme dans le monde entier.
N'importe qui peut soumettre sa proposition de distinction au Groupe de travail 13 août, à Mauermuseum – Museum Haus am Checkpoint Charlie et à la Société internationale pour les droits de l'homme.

Le lauréat est choisi sans considération de nation, de religion, de race et de position sociale. Le Prix peut aussi être attribué à titre posthume.

Le Prix peut être décerné dans les mêmes conditions à un établissement, une institution ou organisation. Dans certaines circonstances particulières, le Prix peut être transformé en une mission d'encouragement de la lutte non violente pour les droits de l'homme.

IV.

La médaille Dr Rainer Hildebrandt a été conçue par l'artiste berlinois Matthias Koeppel.

V.

La distinction est composée de la médaille Dr Rainer Hildebrandt et d'une certaine somme d'argent mise à la disposition du Groupe de travail 13 août et Mauermuseum – Museum Haus am Checkpoint par les donateurs.

VI.

Le jury est constitué par le Groupe de travail 13 août et Mauermuseum Museum Haus am Checkpoint, en concertation avec la Société internationale pour les droits de l'homme.

Le jury:

- Pr Dr Henry Kissinger, lauréat du Prix Nobel de la paix, ancien secrétaire du Département d'Etat américain
- Hans-Dietrich Genscher, ancien ministre fédéral des Affaires étrangères
- Lord James Douglas-Hamilton, député au Parlement écossais
- Pr Dr Avi Primor, ancien ambassadeur, directeur de l'Institut trilatéral pour les études européennes à l'Université de Herzliya, Israël
- Dr h. c. Joachim Gauck, premier commissaire fédéral pour les dossiers de la Stasi
- Sara Nachama, directrice de Touro College Berlin
- Freya Klier, metteur en scène, ancienne militante des droits civiques en RDA
- Rainer Haushofer, avocat, neveu du Pr Dr Albrecht Haushofer
- Société internationale pour les droits de l'homme (IGFM)
- Mauermuseum – Museum Haus am Checkpoint Charlie

Les propositions avec justification pour l'attribution de la Médaille Dr Rainer Hildebrandt sont envoyées aux membres du jury. Mauermuseum – Museum Haus am Checkpoint Charlie est chargée de fournir toutes les informations nécessaires au jury.

VII.

Après réception des propositions, Mauermuseum – Museum Haus am Checkpoint Charlie établit une liste comportant toutes les informations nécessaires sur les candidatures proposées. Si une candidature est retenue, le lauréat, la presse, la radio et la télévision sont informés sans délai. Le jury décidera de surseoir à l'attribution du Prix s'il ne peut pas parvenir à un accord sur un candidat.

VIII.

Le lauréat est élu à la majorité simple. Le jury atteint le quorum lorsque les deux tiers au moins des membres ont voté. Le vote doit être transmis par écrit au plus tard le 1er septembre de l'année en cours à Mauermuseum – Museum Haus am Checkpoint Charlie. Mauermuseum – Museum Haus am Checkpoint Charlie s'abstient de voter en cas d'égalité des suffrages.

Berlin, avril 2005

↑

Vorstellung des internationalen Menschenrechtspreises „Dr. Rainer-Hildebrandt-Medaille" durch Michael Wichmann von der Internationalen Gesellschaft für Menschenrechte und Alexandra Hildebrandt vom Mauermuseum – Museum Haus am Checkpoint Charlie. Links der Berliner Künstler Matthias Koeppel, der die Medaille entworfen hat (14. Dezember 2004).

Michael Wichmann (right) from the International Society for Human Rights and Alexandra Hildebrandt of the Museum Haus am Checkpoint Charlie Wall Museum make the inaugural presentation of the Dr Rainer Hildebrandt Medal, an international award recognising outstanding achievement in support of human rights. Left: Berlin artist Matthias Koeppel, designer of the Medal (14th December 2004).

Michael Wichmann de la Société internationale pour les droits de l'homme, et Alexandra Hildebrandt de Mauermuseum – Museum Haus am Checkpoint Charlie présentent le Prix international des droits de l'homme «Médaille Dr Rainer Hildebrandt». A gauche, l'artiste berlinois Matthias Koeppel, qui a conçu la médaille (14 décembre 2004).

5.1 Verleihung 2005

5.1 Award ceremony 2005

5.1 Attribution du Prix en 2005

↑

Staatsministerin Hildegard Müller, Alexandra Hildebrandt, Avi Primor, Bärbel Bohley, Eitan Haber (von links).

From left: Minister Hildegard Müller, Alexandra Hildebrandt, Avi Primor, Bärbel Bohley, Eitan Haber.

Madame Hildegard Müller, ministre d'Etat, Alexandra Hildebrandt, Avi Primor, Bärbel Bohley, Eitan Haber (de gauche à droite).

↑

Begrüßung der Gäste durch Hildegard Müller, Staatsministerin im Bundeskanzleramt.

Hildegard Müller, Minister in the Federal Chancellery, welcomes the guests.

Madame Hildegard Müller, ministre d'Etat à la Chancellerie fédérale, pendant son allocution d'accueil.

↑

Anstelle von Yitzhak Rabin nahm Eitan Haber, ein enger Mitarbeiter Rabins, die „Dr. Rainer-Hildebrandt-Medaille“ entgegen.

Eitan Haber, a close associate of Yitzhak Rabin, accepts the Dr Rainer Hildebrandt Medal on behalf of Mr Rabin.

Eitan Haber, proche collaborateur de Yitzhak Rabin, reçoit la «Médaille Dr Rainer Hildebrandt» décernée à titre posthume au Premier ministre israélien assassiné.

←
Die Laudatio auf die beiden Preisträger hielt der ehemalige israelische Botschafter in Deutschland, Avi Primor.

The eulogy to the two recipients of the Award was delivered by the Israeli Ambassador to Germany, Avi Primor.

Avi Primor, ancien ambassadeur israélien en Allemagne, prononce l'hommage aux deux lauréats de la médaille.

↑
Das Wirken Dr. Rainer Hildebrandts würdigte die ehemalige DDR-Bürgerrechtlerin Bärbel Bohley.

Former GDR civil rights activist Bärbel Bohley gave an address detailing the achievements of Dr Rainer Hildebrandt.

Bärbel Bohley, ancienne militante des droits civiques en RDA, rend hommage à l'action du Dr Rainer Hildebrandt.

↑
Anstelle des inhaftierten chinesischen Journalisten Zheng Yichun nahm Lea Zhou die Auszeichnung entgegen.

Lea Zhou accepted the Award on behalf of imprisoned Chinese journalist Zheng Yichun.

Lea Zhou reçoit la distinction en l'absence du journaliste chinois Zheng Yichun, interné.

↑

Unter den Gästen befand sich der Botschafter der Arabischen Republik Ägypten in Deutschland, Seine Exzellenz Herr Mohamed Al-Orabi (links), und die indische Botschafterin in Deutschland, Ihre Exzellenz Frau Meera Shankar (Mitte).

Guests included the Ambassador of the Arab Republic of Egypt in Germany, His Excellency Mohamed Al-Orabi (left) and the Indian Ambassador to Germany, Her Excellency Meera Shankar (centre).

Parmi les invités, Son Excellence Mohamed Al-Orabi (à gauche), ambassadeur de la République Arabe d'Egypte en Allemagne, et Son Excellence Meera Shanker (au centre) ambassadrice de l'Inde en Allemagne.

5.2 Verleihung 2006
5.2 Award ceremony 2006
5.2 Attribution du Prix en 2006

←

Begrüßung der First Lady von Ägypten, Ihre Exzellenz Frau Suzanne Mubarak, durch Alexandra Hildebrandt. Links Bundesaußenminister a.D. Hans-Dietrich Genscher.

The First Lady of Egypt, Her Excellency Suzanne Mubarak, is welcomed by Alexandra Hildebrandt. Left: the former Foreign Minister of Germany, Hans-Dietrich Genscher.

Alexandra Hildebrandt salue Son Excellence Madame Suzanne Mubarak, épouse du Président égyptien. A gauche Hans-Dietrich Genscher, ancien ministre fédéral des Affaires étrangères.

←

Alexandra Hildebrandt geleitet Suzanne Mubarak und Hans-Dietrich Genscher zum Veranstaltungssaal (von links).

Alexandra Hildebrandt escorts Suzanne Mubarak and Hans-Dietrich Genscher to the auditorium (from left).

Alexandra Hildebrandt conduit Suzanne Mubarak et Hans-Dietrich Genscher (de gauche à droite) vers la grande salle.

←

Alexandra Hildebrandt, Suzanne Mubarak und Hans-Dietrich Genscher (von links).

Alexandra Hildebrandt, Suzanne Mubarak and Hans-Dietrich Genscher (from left).

Alexandra Hildebrandt, Suzanne Mubarak et Hans-Dietrich Genscher (de gauche à droite).

→

Hans-Dietrich Genscher bei der Laudatio auf Suzanne Mubarak.

Hans-Dietrich Genscher spoke on the achievements of Suzanne Mubarak.

Hans-Dietrich Genscher prononce l'hommage à Suzanne Mubarak.

→

Ansprache von Suzanne Mubarak.

Address by Suzanne Mubarak.

Suzanne Mubarak pendant son allocution.

↑
Übergabe von Medaille und Urkunde durch Hans-Dietrich Genscher.

Presentation of Medal and Certificate by Hans-Dietrich Genscher.

Hans-Dietrich Genscher remet le diplôme et la médaille.

← ↑

Alexandra Hildebrandt führt Suzanne Mubarak durch das Mauermuseum – Museum Haus am Checkpoint Charlie.

Alexandra Hildebrandt accompanies Suzanne Mubarak through the Wall Museum.

Alexandra Hildebrandt conduit Suzanne Mubarak à l'exposition de Mauermuseum – Museum Haus am Checkpoint Charlie.

 Gedenkstätte „Sie wollten nur die Freiheit“ am Checkpoint Charlie

6 Gedenkstätte „Sie wollten nur die Freiheit“ am Checkpoint Charlie

Im Jahr 1990 hatte der Berliner Senat diesen bedeutendsten Platz der freien Welt an private Investoren verkauft. Den Investoren war aufgegeben, an zentraler Stelle ein Denkmal zu errichten, das den Geist und die historische Bedeutung dieses Ortes wach halten sollte.

Bis zum heutigen Tage ist nichts durch die Verantwortlichen unternommen worden, um der Forderung gerecht zu werden. Mit dieser Tatsache wollen wir uns als Bürger so viele Jahre nach dem Fall der Mauer nicht einverstanden erklären.

80 Meter vom Platz Checkpoint Charlie entfernt arbeitet die Bürgerinitiative „Arbeitsgemeinschaft 13. August e.V.“, die von Dr. Rainer Hildebrandt – Sohn des weltbekannten Kunsthistorikers Prof. Dr. Hans Hildebrandt und der jüdischen Malerin Lily Hildebrandt – 1962 gegründet und bis zu seinem Tode am 9. Januar 2004 auch geleitet wurde.

Mit dem Mauermuseum, dem Museum Haus am Checkpoint Charlie und dem Museum des weltweiten gewaltfreien Kampfes für Menschenrechte protestierte Dr. Hildebrandt gegen die Anerkennung und Hinnahme von bedauerlichen Realitäten – gegen die Menschenrechtsverletzungen in ganz Osteuropa. 42 Jahre lang!

Hier, am Checkpoint Charlie, begann und endete die Weltenteilung.

Hier wurde am 9. November 1989 eine Grenze geöffnet, die nicht nur Deutschland in zwei deutsche Staaten, sondern auch die europäischen Völker in eine östliche und eine westliche Hemisphäre getrennt hatte. An keinem anderen Ort wurde die Teilung zwischen Ost und West deutlicher sichtbar als am Checkpoint Charlie. Hier trennte eine Mauer eine ganze Stadt.

Hier bezeugte das Volk der Vereinigten Staaten von Amerika wirkungsvoll, wie man unabdingbar für Grundwerte wie Menschenrechte, Demokratie und Freiheit einsteht. Viele Staatschefs besuchten den Checkpoint Charlie 28 Jahre lang und gaben damit dem Wunsch der Menschen nach Freiheit und Frieden Hoffnung. Hier erfasste Ronald Reagan die Dimension, die Realitäten zu verändern und den „Eisernen Vorhang“ zu zerreißen.

Mit seiner Initiative „Rettet historischen Boden am Checkpoint Charlie“ protestierte Dr. Rainer Hildebrandt noch im März 2003 gegen die Verpachtung dieses bedeutendsten Ortes der Nachkriegsgeschichte an einen Marktbetreiber und erhielt im August 2003 von der Berliner Volksbank einen Pachtvertrag.

Mit dem von Dr. Rainer Hildebrandt im Jahre 2003 entworfenen und gestalteten Mahnmal „Sie wollten nur die Freiheit“ soll der heranwachsenden Generation vor Augen geführt werden, wie die Welt in ihrer heutigen Gestalt zustande gekommen ist. Dieser Generation wurde ein größeres Erbe hinterlassen als jeder anderen Generation zuvor – Freiheit und Frieden.

Die durch bürgerliche Initiative aufgebaute und am 31. Oktober 2004 eröffnete Gedenkstätte „Sie wollten nur die Freiheit“ mit den 1.067 Kreuzen für die Todesopfer der deutsch-deutschen Teilung wurde am 5. Juli 2005 vom rot-roten Berliner Senat aus politischen Gründen brutal abgerissen.

6 Memorial "All they wanted was Freedom" at Checkpoint Charlie

In 1990, the Senate of Berlin sold this most important plot in the free world to private investors. The investors were told to erect a monument in a central place, which was supposed to keep the spirit and historical importance of the location alive.

Until now the people in charge have done nothing to meet this demand. Today, so many years after the fall of the Wall, we, the citizens, are not prepared to accept this reality.

The citizens' action committee "Arbeitsgemeinschaft 13. August e.V.", founded in 1962 by Dr. Rainer Hildebrandt – son of the world famous art historian Prof. Dr. Hans Hildebrandt and the Jewish painter Lily Hildebrandt – who headed the committee until his death on January 9, 2004, works 80 meters away from Checkpoint Charlie.

With the Wall Museum, the Museum Haus am Checkpoint Charlie and the museum of the global non-violent struggle for human rights, Dr. Hildebrandt protested against the recognition and acceptance of given realities – against the violation of human rights in all of Eastern Europe for 42 years!

It was at Checkpoint Charlie that the political division of the world began and ended. This is where a border opened on November 9th 1989 which divided not only Germany into two separate states but also the European people into an eastern and western hemisphere. There is no other place in the world where the division between east and west was more apparent than here at Checkpoint Charlie. Here is where a wall divided an entire city. Here is where the people of the United States of America effectively vowed to stand up for basic rights like human rights, democracy and freedom. Many heads of state visited Checkpoint Charlie over 28 years and gave rise to the hopes of the people for freedom and peace. Here is where Ronald Reagan decided to change reality and tear down the "Iron Curtain".

With his initiative "Save the Historical Ground at Checkpoint Charlie", Dr. Rainer Hildebrandt protested against the leasing of this historical site of post-war history to a market operator still in March 2003 and received a lease contract from Berliner Volksbank in August 2003.

With this memorial, "All They Wanted Was Freedom", designed by Dr. Rainer Hildebrandt in 2003, we want to show the next generation how the world as it is today was created. This generation was bequeathed a greater inheritance than any other generation before it – freedom and peace.

The monument "All They Wanted Was Freedom", a private initiative that opened on 31st October 2004 and comprised 1067 crosses erected to the victims of the division of Germany, was dismantled on the 5th July 2005 in a callous act reflecting the political motives of Berlin's Socialist Senate.

6 Mémorial de Checkpoint Charlie «Ils ne voulaient que la liberté»

En 1990, le Sénat de Berlin avait vendu ce lieu, le plus important du monde libre, à des promoteurs privés. Ceux-ci avaient l'obligation d'ériger en un point central un mémorial rappelant l'esprit et la signification historique de ce lieu.

Jusqu'à aujourd'hui, les responsables n'ont rien entrepris pour satisfaire à leur obligation. Tant d'années après la chute du Mur, nous, c'est-à-dire toute la population, nous ne pouvons pas l'accepter.

A une distance de 80 mètres de Checkpoint Charlie est établi le comité d'initiative «Groupe de travail 13 août », créé en 1962 par le Dr Rainer Hildebrandt, fils du Pr Dr Hans Hildebrandt, historien de l'art connu dans le monde entier, et de la peintre juive Lily Hildebrandt, et qu'il a dirigé jusqu'à son décès le 9 janvier 2004.

Pour le Dr Hildebrandt, le Mauermuseum – Museum Haus am Checkpoint Charlie et le Musée de la lutte mondiale non violente pour les droits de l'homme, étaient la matérialisation du refus de la reconnaissance et de l'acceptation des réalités, une protestation véhémente contre la violation des droits de l'homme dans toute l'Europe de l'Est, pendant 42 ans.

C'est ici, à Checkpoint Charlie qu'a commencé et qu'a fini la division du monde en deux camps. C'est ici que le 9 novembre 1989, une frontière s'est ouverte qui séparait l'Allemagne en deux Etats, mais aussi les peuples européens par la répartition entre l'Est et l'Ouest. La séparation entre l'Est et l'Ouest n'était nulle part ailleurs aussi visible qu'ici Checkpoint Charlie. La ville était partagée ici par un mur.

Ici, le peuple des Etats-Unis d'Amérique a montré de manière efficace qu'il voulait défendre impérieusement les valeurs fondamentales telles que les droits de l'homme, la démocratie et la liberté. Pendant 28 ans, les chefs d'Etat ont été nombreux à se rendre Checkpoint Charlie pour traduire l'espoir de liberté et de paix. Ici, Ronald Reagan a pris toute la mesure de la situation et a exigé que le «rideau de fer» soit abattu.

Par son initiative «Sauvons le site historique de Checkpoint Charlie», le Dr Hildebrandt a poursuivi son action en protestant contre la cession à bail par la banque Berliner Volksbank du lieu le plus significatif de l'après-guerre à un promoteur. Le mémorial «Ils ne voulaient que la liberté», qui a été conçu et réalisé par le Dr Hildebrandt en 2003 était destiné à montrer à la jeune génération comment est né le monde d'aujourd'hui. Cette génération reçoit comme succession beaucoup plus que les précédentes: la liberté et la paix.

Le Mémorial créé par le Comité d'initiative et inauguré le 31 octobre 2004 «Ils ne voulaient que la liberté», avec les 1.067 croix en souvenir des victimes de la division de l'Allemagne, a été retiré sans ménagement par le Sénat socialistes-communistes de Berlin le 5 juillet 2005.

The Washington Times | von Tom Goeller | erschienen am 27. Juni 2005

Berliner Mauer-Mahnmal soll abgerissen werden

Berlin – Ein in Privatinitiative errichtetes Mahnmal für die Opfer der Berliner Mauer wird am 4. Juli, wenn die Pacht für das Grundstück nahe dem ehemaligen Checkpoint Charlie abläuft, mit dem Bulldozer weggeräumt, was die Befürworter des Projekts und konservative Politiker ärgert.

Aber der sozialistische Berliner Senat erklärt, man sei froh, dass das Mahnmal abgerissen wird, und dass es keinen Weg gegeben hätte, dies im Hinblick auf die Regierung von Bundeskanzler Gerhard Schröder zu verhindern, der heute in Washington ist, um Unterstützung für einen ständigen Sitz Deutschlands im UN-Sicherheitsrat zu suchen.

Alexandra Hildebrandt, die Direktorin des privaten Checkpoint-Charlie-Museums, erklärt, für den kommenden Montag, 4.00 Uhr morgens, habe sich eine Abrisstruppe angemeldet, um das aus 1.067 Kreuzen errichtete Mahnmal wegzuräumen, das für Menschen steht, die auf der Flucht aus Ost-Berlin getötet wurden.

Der Checkpoint Charlie war während des Kalten Krieges der Hauptübergang zwischen Ost-Berlin und dem amerikanischen Sektor der geteilten Stadt. Das an diesem Ort gebaute Museum besitzt Ausstellungsstücke von den zahlreichen Hilfsmitteln, die Ostdeutsche zur Flucht über die Mauer benutzten. Das vom Checkpoint-Charlie-Museum privat finanzierte Denkmal ist bei Berlin-

Besuchern äußerst beliebt und zieht wöchentlich Tausende Menschen an. Dem politischen Establishment der Stadt, das von einer Koalition aus der früheren Kommunistischen Partei (PDS) und der Sozialdemokratischen Partei dominiert wird, war es jedoch von Anfang an ein Dorn im Auge.

„Nirgendwo sonst in der einst geteilten deutschen Hauptstadt können Touristen und Besucher besser die Brutalität des ehemaligen kommunistischen Regimes nachempfinden", sagt Frank Henkel, Generalsekretär der konservativen Christdemokraten (CDU) in Berlin. „Der Ort um den Checkpoint Charlie herum ist wichtig für das Erinnern an die Geschichte der Stadt, wie auch für die deutsche Geschichte insgesamt. Wir müssen immer in der Lage sein, Geschichte in einer Weise zu vermitteln, die sie fühlbar macht. Dieses Mahnmal tut genau das", so Frank Henkel. Doch PDS-Mitglied Thomas Flierl, Kultursenator von Berlin, bezeichnet das Projekt als „falsches Mahnmal am falschen Ort".

Alexandra Hildebrandt sagt, die Bankaktiengesellschaft (BAG), ein Konzern, der das Grundstück erworben hat, habe das Museum aufgefordert, den Ort entweder zu räumen, wenn der gegenwärtige einjährige Pachtvertrag abläuft, oder das 7.400 m² große Grundstück zu einem Preis von rund $45 Mio. zu kaufen. Bankdirektor Udo Wittler lehnte ein Interview für diesen Artikel ab.

Michael Donnermeyer, ein Sprecher des Regierenden Bürgermeisters Klaus Wowereit, erklärt: „Die Stadt Berlin hat ihr eigenes Konzept dafür, wie der Maueropfer zu gedenken ist. Unser Konzept ist wissenschaftlich korrekt, während Frau Hildebrandts Mahnmal lediglich eine Privatinitiative darstellt und historisch nicht korrekt ist." Das Mahnmal als „Scharlatanerie" bezeichnend, fügt Donnermeyer hinzu, es „suggeriere durch die Art und Weise seiner Gestaltung, dass am Checkpoint Charlie Menschen erschossen worden wären, was niemals der Fall war."

Frank Henkel erklärt, Mitglieder der CDU würden versuchen, zwischen der Bank und dem Museum zu vermitteln. „Unser Ziel ist es, Zeit zu gewinnen, um eine Kampagne zur Geldbeschaffung zu starten, so dass wir in der Lage sind, das Grundstück zu kaufen und auf diese Weise das Mahnmal zu erhalten", sagt er. „Wir als Opposition sind allerdings zu klein, um dies allein zu schaffen. Es liegt in der Verantwortung des Regierenden Bürgermeisters Wowereit, sich einzumischen und das Mahnmal zu erhalten. Er könnte eine entscheidende Rolle im Hinblick auf erfolgreiche Verhandlungen mit der Bank spielen, wenn er nur wollte."

Michael Donnermeyer erwidert, der Regierende Bürgermeister „müsse sich an das Gesetz und gerichtliche Entscheidungen halten" und dürfe sich nicht in Privatangelegenheiten einmischen. Der Sprecher zeigte sich allerdings überrascht, als er erfuhr, dass der Abriss am Unabhängigkeitstag der USA stattfinden soll. „Wenn es stimmt, dass der Abriss am 4. Juli stattfindet, wäre dies mit Sicht auf die Medien unklug. Man sollte die Aktion zumindest aufschieben", erklärt er.

The Washington Times | by Tom Goeller | published June 27, 2005

Berlin wall memorial to be razed

Berlin – A privately built memorial to the victims of the Berlin Wall is to be bulldozed on July 4, when a lease on the property near the former Checkpoint Charlie runs out, angering backers of the project and conservative politicians.

But the Socialist-led city government in Berlin has said that it is content to see the memorial taken down and there has been no move to prevent it from the government of Chancellor Gerhard Schroeder, who is in Washington today seeking support for a permanent German seat on the U.N. Security Council.

Alexandra Hildebrandt, director of the private Checkpoint Charlie Museum, said a demolition crew has been scheduled to arrive at the site of Checkpoint Charlie at 4 a.m. next Monday to remove the memorial, made up of 1,067 crosses representing people killed trying to escape from East Berlin.

Checkpoint Charlie was the main crossing point between East Berlin and the American sector of the divided city during the Cold War. The museum, built on the site, has exhibits on the varied means used by East Germans to escape across the wall. The monument, privately financed by the Checkpoint Charlie Museum on an adjacent site, has proven extremely popular with visitors to the city, attracting thousands of people per week. But it has never been popular with the city's political establishment, which is dominated by a coalition of the former Communist Party (PDS) and the Social Democratic Party.

"Nowhere else in the once-divided German capital can tourists and visitors experience better the brutality of the former communist regime," said Frank Henkel, secretary-general of the conservative Christian Democrats (CDU) in Berlin. "The spot around Checkpoint Charlie is important for the remembrance of the history of Berlin, as well as of Germany as a whole. We must remain able to show history in a way that it can be experienced. This memorial does exactly that," Mr. Henkel said. But PDS member Thomas Flierl, senator for culture in the Berlin government, has called the project the "wrong memorial at the wrong site."

Mrs. Hildebrandt said the Bank Aktiengesellschaft (BAG), a conglomerate that has gained ownership of the property, has told the museum that it must either vacate the site when the current one-year lease expires or purchase the 80,000-square-foot property at a price of nearly $45 million. Bank Chairman Udo Wittler refused to be interviewed for this article.

Michael Donnermeyer, a spokesman for Berlin Mayor Klaus Wowereit, said, "The city of Berlin has its own concept of how to remember the victims of the wall. Our concept is scientifically correct, whereas Mrs. Hildebrandt's memorial is just a private initiative and historically incorrect." Describing the memorial as "charlatanry," Mr. Donnermeyer said the display "suggests in the way it is arranged that people were shot at Checkpoint Charlie, which was never the case."

Mr. Henkel said members of the CDU are trying to mediate between the bank and the museum. "Our goal is to gain time and to start a fundraising campaign in order to be able to purchase the site and, by this, keep the memorial intact," he said. "However, we, as the opposition, are too small to do this alone. It actually is the responsibility of Mayor Wowereit to step in and help to maintain the memorial. He can be a decisive power to negotiate successfully with the bank if he only wants to."

Mr. Donnermeyer responded that the mayor "has to obey the law and juridical decisions" and stay out of private matters. The spokesman expressed surprise, however, when told that the demolition was scheduled for America's Independence Day. "If it is true that the demolition will happen on Fourth of July, this would be mediawise imprudent. One should at least postpone the day," he said.

The Washington Times | article de Tom Goeller | 27 juin 2005

Le Mémorial du Mur de Berlin doit être démantelé

Berlin – Le Mémorial pour les victimes du Mur de Berlin érigé par un comité d'initiative privé sera rasé le 4 juillet prochain par les bulldozers lorsque le bail pour le périmètre de ce qui était autrefois Checkpoint Charlie entrera en vigueur, au grand dam des défenseurs de ce projet et des politiques conservateurs.

Le Sénat socialiste de Berlin fait savoir à cette occasion qu'il est satisfait que le Mémorial disparaisse et que rien ne pouvait s'y opposer, compte tenu des contraintes imposées au gouvernement fédéral par Gerhard Schröder qui est aujourd'hui à Washington demander le soutien américain pour un siège de membre permanent au Conseil de sécurité à l'ONU destiné à l'Allemagne.

Madame Hildebrandt, directrice du Musée de Checkpoint Charlie, fondation privée, a fait savoir qu'un groupe de travail s'était constitué et se rendra lundi prochain à 4h00 du matin sur le site pour enlever les 1.067 croix du Mémorial, c'est-à-dire autant que les victimes de tentatives de fuite en provenance de Berlin-Est.

Pendant la guerre froide, Checkpoint Charlie était le principal point de passage dans la ville divisée entre Berlin-Est et le secteur américain. Le musée qui a été aménagé à cet endroit possède des pièces d'exposition constituées par les nombreux ustensiles que les Allemands de l'Est ont utilisés pour franchir le mur. Les visiteurs de Berlin sont nombreux à se rendre au Mémorial financé à titre privé par le musée de Checkpoint Charlie et, semaine après semaines, on y dénombre plusieurs milliers de personnes. Depuis toujours, le Mémorial a été considéré comme un corps étranger par la classe politique de la ville que domine une coalition des anciens communistes (PDS) et du Parti social-démocrate.

Frank Henkel, secrétaire général du Parti démocrate-chrétien conservateur (CDU), fait ce commentaire: «Nulle part ailleurs dans la capitale allemande autrefois divisée, les touristes et les visiteurs n'ont la possibilité de voir de manière aussi concrète la brutalité de l'ancien régime communiste. Tout le périmètre de Checkpoint Charlie est un lieu du souvenir pour la ville, il rappelle ce qu'a été l'histoire de la ville et l'histoire de l'Allemagne. Nous devons être capables de toujours restituer l'histoire de manière perceptible. C'est justement ce que fait ce mémorial.» Thomas Flierl, membre du PDS et sénateur en charge de la culture à Berlin, dit qu'il s'agit «d'un mauvais mémorial au mauvais endroit».

Alexandra Hildebrandt nous dit que le Groupement de banques Bankaktiengesellschaft (BAG) qui a acquis le terrain, a sommé le musée d'évacuer le terrain à la date d'expiration du bail actuel ou de faire l'acquisition de toute l'aire, d'une superficie de 2.438 m^2 pour le prix de 45 millions de dollars. Le directeur de la banque, Udo Wittler, a refusé de répondre à nos questions.

Michael Donnermeyer, porte-parole du maire de Berlin Klaus Wowereit, déclare à ce sujet: «La ville de Berlin a son idée à elle sur la manière d'honorer la mémoire des victimes du mur. Notre projet s'appuie sur des bases historiques correctes alors que le mémorial de Madame Hildebrandt est l'aboutissement d'une initiative privée, et ne correspond pas à la vérité historique.» Ce mémorial est l'œuvre de «charlatans», ajoute Michael Donnermeyer, avant de préciser: «Il suggère cette idée par sa présentation que des hommes ont été abattus Checkpoint Charlie, ce qui n'a jamais été le cas.»

Frank Henkel nous a dit que plusieurs membres de la CDU se feraient les intermédiaires entre la banque et le musée: «Nous voulons gagner du temps afin de lancer une campagne de collecte qui nous permettra d'acheter le terrain et de sauver le mémorial. Nous sommes dans l'opposition et nous sommes trop faibles pour y parvenir seuls. Il appartient au maire Wowereit d'intervenir et de sauver le mémorial. Il pourrait, s'il le voulait, jouer un rôle éminent pour le succès des négociations avec la banque.

Michael Donnemeyer rétorque que le maire «est tenu de respecter la loi et les décisions des tribunaux», sans chercher à s'ingérer dans des affaires de nature privée. Le porte-parole s'est toutefois dit surpris lorsqu'il a appris que le démontage devait avoir lieu le Jour de l'indépendance des Etats-Unis. «S'il est vrai que le démontage doit avoir lieu le 4 juillet, dit-il, ce serait une mauvaise décision eu égard à ses retombées médiatiques. Il devrait être possible de le retarder de quelques jours.»

Sie wollten nur die Freiheit

Wir gedenken der bis heute bekannten 1.245 Todesopfer des DDR-Grenzregimes der Sozialistischen Einheitspartei Deutschlands (SED), denen wir die heutige Freiheit in der Einheit zu verdanken haben.

Todesopfer

in Berlin 1946 – 1961,
an der Berliner Mauer,
an der innerdeutschen Grenze,
bei Fluchtversuchen über die Ostsee,
an außerdeutschen Grenzen,
auf sonstigen Fluchtwegen,
die getöteten DDR-Soldaten,
die getöteten sowjetischen Fahnenflüchtigen,
in Folge von Flugzeugabschuss bzw. -behinderung,
nach erfolgreicher Flucht im Westen liquidiert,
nach erfolgreicher Flucht „zurückgeholt" und hingerichtet
oder anderweitig zu Tode gebracht,
bei Fluchtvorbereitung bzw. auf der Flucht verhaftet
und hingerichtet oder anderweitig zu Tode gebracht,
nach Freikauf auf Transitstrecke verhaftet und „verstorben".

Arbeitsgemeinschaft 13. August e.V.
Mauermuseum – Museum Haus am Checkpoint Charlie
Museum des weltweiten gewaltfreien Kampfes für Menschenrechte
Arbeitskreis 17. Juni 1953

All they wanted was freedom

We remember the 1,245 known victims who died at the hands of the GDR Regime of the Socialist Unity Party of Germany (SED). To them we owe our freedom in unity today.

Fatalities

in Berlin between 1946 and 1961,
at the Berlin Wall,
at the inner-German border,
at external German borders,
during escape attempts across the Baltic Sea,
during escape attempts using other routes and methods,
GDR soldiers and Soviet deserters killed
when their planes were shot down or prevented from taking off,
those liquidated after successful escape to the West,
those "brought back" to the GDR and executed
or killed after making a successful escape,
those arrested while preparing, or attempting, to escape and
executed or killed by other means,
those arrested and "deceased" on the transit route after ransoming.

Arbeitsgemeinschaft 13. August e.V.
Mauermuseum – Museum Haus am Checkpoint Charlie
Museum of the global non-violent struggle for human rights
Arbeitskreis 17. Juni 1953

Ils ne voulaient que la liberté

Nous nous inclinons devant la mémoire des 1.245 victimes connues à ce jour du régime frontalier de la RDA imposé par le parti socialiste unifié d'Allemagne (SED), à qui nous devons de vivre aujourd'hui libres et unis.

Victimes

à Berlin, de 1946 à 1961,
au Mur de Berlin,
à la frontière interallemande,
lors des tentatives d'évasion via la mer Baltique,
aux frontières internationales de l'Allemagne,
sur d'autres voies de fuite,
les soldats de RDA qui ont été tués,
les déserteurs soviétiques qui ont trouvé la mort
dans leur avion abattu ou en tentant de fuir,
«rattrapés» et liquidés à l'Ouest après le succès de leur fuite,
ou tués de tout autre manière,
arrêtés pendant les préparatifs de fuite et pendant la fuite,
exécutés ou tués de tout autre manière,
arrêtés sur les voies de transit après avoir été rachetés
et «décédés» mystérieusement.

Groupe de travail 13 août
Mauermuseum – Museum Haus am Checkpoint Charlie
Musée de la lutte mondiale non violente pour les droits de l'homme
Groupe de travail 17 juin 1953

Gedenkstätte „Sie wollten nur die Freiheit" am Checkpoint Charlie

← ↑

Gedenkstätte
„Sie wollten nur die Freiheit“,
Oktober 2004.

Memorial
“All They Wanted Was
Freedom”, October 2004.

Mémorial
«Ils ne voulaient que la liberté»,
octobre 2004.

← ↑

Die Mutter des am 5. Januar 1974 am Checkpoint Charlie bei einem Fluchtversuch ermordeten Burkhard Niering am Kreuz ihres Sohnes.

The mother of Burkhard Niering next to the cross dedicated to her son, who was murdered on 5th January 1974 while attempting to escape through Checkpoint Charlie.

La mère de Burkhard Nierring, abattu le 5 janvier 1974 Checkpoint Charlie alors qu'il tentait de fuir, devant la croix dédiée à son fils.

9-22h
frei

← ↑

Eröffnung der Gedenkstätte „Sie wollten nur die Freiheit" am 31. Oktober 2004.

The opening of the "All They Wanted Was Freedom" Memorial on 31st October 2004.

Inauguration du Mémorial «Ils ne voulaient que la liberté», le 31 octobre 2004.

← ↑

Gedenkstätte „Sie wollten nur die Freiheit“.

“All They Wanted Was Freedom” memorial.

Le Mémorial «Ils ne voulaient que la liberté».

← ↑

Brutaler Abriss der Gedenkstätte „Sie wollten nur die Freiheit“ am 5. Juli 2005 durch den rot-roten Berliner Senat.

The callous dismantling of the “All They Wanted Was Freedom” Memorial on 5th July 2005 on the instructions of Berlin's Socialist Senate.

Enlèvement sans ménagement des croix du Mémorial «Ils ne voulaient que la liberté», le 5 juillet 2005, sur ordre du Sénat socialistes - communistes de Berlin.

MAUERMUSEUM THE WALL LE MUR
HAUS AM CHECKPOINT CHARLIE
ALLIED CHECKPOINT
U.S. ARMY CHECKPOINT

7 Anhang
7 Appendix
7 Annexe

7.1 Verzeichnis der Abkürzungen
7.1 Directory of abbreviations
7.1 Répertoire des abréviations

AG	Aktiengesellschaft Public limited company Société anonyme
BAG	Bankaktiengesellschaft Bank Société de banque par actions
CBS	Amerikanischer Hörfunk- und Fernsehsender Columbia Broadcasting System Columbia Broadcasting System
CDU	Christlich-Demokratische Union Deutschlands Christian Democratic Union of Germany Union chrétienne démocrate d'Allemagne
DDR GDR RDA	Deutsche Demokratische Republik German Democratic Republic République Démocratique Allemande
DM	Deutsche Mark German Mark Deutsche Mark
EAC	Europäische Beratende Kommission European Advisory Commission Commission Consultative Européenne
FDP	Freie Demokratische Partei Free Democratic Party Parti libéral-démocrate
Gestapo	Geheime Staatspolizei Secret Police Gestapo
GI	Bezeichnung für US-Soldaten (government issue) GI Nom officiel des soldats américains

GÜSt	Grenzübergangsstelle Border crossing point Poste-frontière
ID	Personalpapiere ID Identification
IG Farben	Chemieunternehmen, gegründet 1926 (IG = Interessen-Gemeinschaft) Chemicals company, founded in 1926 (IG = interest group) Entreprise chimique fondée en 1926 (IG = groupe, Farben = colorants)
IGfM	Internationale Gesellschaft für Menschenrechte International Society for Human Rights Société internationale pour les droits de l'homme
KgU	Kampfgruppe gegen Unmenschlichkeit Action Group Against Inhumanity Groupe de lutte contre la barbarie
KZ	Konzentrationslager Concentration camp Camp de concentration
LKW	Lastkraftwagen Lorry Camion, poids lourd
MfS	Ministerium für Staatssicherheit Ministry of State Security Ministère de la sûreté de l'Etat
MPi	Maschinenpistole Machine pistol Pistolet mitrailleur
NKWD **NKVD**	Volkskommissariat für innere Angelegenheiten, sowjetischer Geheimdienst Commissariat for internal affairs, Soviet secret service Commissariat du peuple à l'Intérieur, services spéciaux soviétiques
NS	nationalsozialistisch National Socialist national-socialiste
NSDAP	Nationalsozialistische Deutsche Arbeiterpartei National Socialist German Worker's Party Parti nazi
NVA	Nationale Volksarmee National People's Army Armée nationale populaire
PDS	Partei des Demokratischen Sozialismus Party of Democratic Socialism Parti du socialisme démocratique
PKE	Passkontrolleinheiten Passport control units Unités de contrôle des passeports
Pkw	Personenkraftwagen Car Voiture particulière

RIAS	Rundfunk im amerikanischen Sektor Radio in the American Sector Radio en secteur américain
RSHA	Reichssicherheitshauptamt Reich security headquarters Office central de sécurité du Reich
SA	Sturmabteilung Storm Division SA
SD	Sicherheitsdienst Security service SD
SED	Sozialistische Einheitspartei Deutschlands Socialist Unity Party of Germany Parti socialiste unifié d'Allemagne
SPD	Sozialdemokratische Partei Deutschlands Social Democratic Party of Germany Parti social-démocrate d'Allemagne
SS	Schutzstaffel SS SS
Stasi	Staatssicherheitsdienst (der DDR) State Security Service (of the GDR) Stasi (sûreté de l'Etat - RDA)
TU	Technische Universität Technical University Université technique
UdSSR USSR URSS	Union der Sozialistischen Sowjetrepubliken Union of Soviet Socialist Republics Union des Républiques socialistes soviétiques
UNO ONU	Vereinte Nationen United Nations Organisation Organisations des Nations Unies
USA	Vereinigte Staaten von Amerika United States of America Etats-Unis d'Amérique
VEB	Volkseigener Betrieb Nationally-owned company Entreprise d'Etat
VK UK	Vereinigtes Königreich Großbritannien und Nordirland United Kingdom of Great Britain and Northern Ireland Royaume-Uni de Grande-Bretagne et d'Irlande du Nord
Vopo/s	Volkspolizei/Volkspolizist/en Police / policeman/woman Vopo(s)

7.2 Personenregister

7.2 Index

7.2 Index des noms de personnes

Adenauer, Konrad	175, 176, 303
Aeschbacher, Marcel	303
Albertz, Heinrich	303
Al-Orabi, Mohamed	375
Andresen, Øjvind Feldsted	303
Archipenko, Alexander	349, 356, 363
Arias Sánchez, Óscar	7, 12, 17, 303, 328
Attlee, Clement	45, 51, 57
Bach, Johann Sebastian	299, 326
Bahr, Egon	303, 314
Baker, Alfred	325
Baker, James A.	7, 12, 17, 157, 160, 162, 303
Bannischka, Sieglinde	282
Barbe, Angelika	303
Barzel, Rainer	303
Bastian, Gert	303
Bäthge, Reiner	256
Baumgarten, Klaus-Dieter	142
Bennett, Jack O.	303, 351, 358, 366
Berlusconi, Silvio	7, 12, 17, 303
Biedenkopf, Kurt	303
Biermann, Wolf	303
Bohl, Friedrich	303
Bohley, Bärbel	281, 291, 303, 339, 370, 373, 422
Bonner, Elena	7, 12, 17, 303, 348, 355, 362
Borkowski, Dieter	303
Bormann, Martin	60, 64, 68
Bosch, Robert	349, 356, 363
Bouchet, Christophe	303
Brandt, Willy	228, 303, 307, 310, 314, 317
Brazauskiene, Kristina	303
Buch, Hans Christoph	303
Bundke, Frank	267
Busch, Jana	287
Bush, George W.	171
Carter, Rosalynn	319
Chrétien, Aline	303
Chruschtschow, Nikita	99, 200, 305, 312, 335
Chruschtschow, Sergej	335, 422
Churchill, Winston	39, 340
Clay, Charles C.	333, 422
Clay, Lucius D.	7, 12, 17, 198, 199, 200, 303, 333

Clinton, Chelsea 7, 12, 17, 303, 327
Clinton, William Jefferson "Bill" 303, 327
Coats, Daniel 340, 422
Costner, Kevin 7, 12, 17, 304
Dalos, György 304
Dehler, Thomas 175, 176
Diba, Farah 7, 12, 17, 304
Diepgen, Eberhard 304
Dolgova, Alexandra 345
Dönitz, Karl 61, 65, 69
Donnermeyer, Michael 386, 388, 390
Douglas-Hamilton, Lord James 353, 359, 367
Dumas, Roland 7, 12, 17, 157, 160, 162, 304
Eisenman, Peter 304
Elisabeth II., Königin 171
Eppelmann, Rainer 304
Faust, Siegmar 304
Fechter, Peter 8, 9, 10, 13, 14, 15, 18, 20, 210, 211, 219, 220, 221, 224, 225, 310, 424, 426, 428
Felipe, Prinz 304
Ferguson, Sarah 7, 12, 17, 304
Filipescu, Radu 304
Flick, Friedrich 58
Flierl, Thomas 386, 388, 389
Flockhart, Calista 304
Foster, Norman 304
Frank, Hans 60, 64, 68
Frederick, Prinz 7, 12, 17, 304
Frick, Wilhelm 60, 64, 68
Frisch, Max 148
Fritsche, Hans 62, 66, 70
Fuchs, Jürgen 304
Funk, Walter 61, 65, 69
Furrer, Reinhard 304
Gallus, Jutta 282, 345
Gandhi Bhattacharjee, Tara 303
Gandhi, Ela 7, 12, 17, 304
Gandhi, Mahatma 303, 304, 348, 351, 355, 358, 362, 365
Gauck, Joachim 304, 353, 360, 367
Geißler, Heiner 304
Genscher, Hans-Dietrich 158, 161, 163, 171, 172, 173, 304, 332, 353, 359, 367, 376, 377, 378, 422
Goebbels, Joseph 62, 66, 70
Goeller, Tom 385, 387, 389
Gorbatschow, Michail 7, 12, 17, 304
Göring, Hermann 60, 64, 68
Gousev, Fjodor T. 26, 30, 34
Granet, Roseline 326
Grass, Günter 304
Groeben, Karl Konrad Graf von 338, 422
Grotewohl, Otto 175, 176
Grützke, Johannes 304
Gutzeit, Martin 304
Haber, Eitan 370, 372, 422

Hambleton, Richard 7, 12, 17, 294, 304
Haring, Keith 7, 12, 17, 297, 304
Hasselhoff, David 339, 422
Haushofer, Albrecht 342, 349, 350, 353, 356, 357, 360, 364, 367
Haushofer, Hubert 342, 422
Haushofer, Rainer 353, 360, 367
Havemann, Katja 304
Hegedüs, Andras 304
Heilmann, Horst 350, 356, 364
Henkel, Frank 386, 387, 388, 389, 390
Herzog, Christiane 304, 331
Herzog, Roman 304, 331
Heß, Rudolf 60, 61, 64, 65, 68, 69
Heuss, Theodor 175, 176
Highley, Amanda Lynn 348, 355, 362
Hildebrandt, Alexandra 327, 329, 332, 333, 336, 337, 338, 339, 340, 342, 343, 345, 369, 370, 376, 379, 385, 386, 387, 388, 389, 390
Hildebrandt, Hans 349, 356, 363, 381, 382, 384
Hildebrandt, Lily 349, 356, 363, 381, 382, 384
Hildebrandt, Rainer 8, 13, 18, 23, 27, 171, 172, 209, 210, 211, 213, 246, 247, 276, 318, 323, 324, 325, 327, 328, 329, 330, 331, 332, 333, 336, 338, 342, 347, 348, 349, 350, 351, 352, 353, 354, 355, 356, 358, 359, 360, 361, 362, 363, 364, 365, 366, 367, 368, 369, 372, 373, 381, 382, 383, 384, 385, 423, 424, 425, 426, 427, 428
Hilsberg, Stephan 304
Hirsch, Ralf 291, 304
Hitler, Adolf 38, 41, 47, 53, 58, 60, 61, 62, 64, 65, 66, 68, 69, 70, 330
Höer, Manfred 239, 240, 241, 243
Höer, Peter 239, 240, 241, 243
Hoffmann, Karl-Heinz 142, 348, 355, 362
Hölzel, Adolf 349, 356, 363
Holzer, Jerzy 304
Honecker, Erich 149, 283
Hubert, Karin 267
Hurd, Douglas R. 7, 12, 17, 157, 160, 162, 304
Illiescu, Ion 171
Ionesco, Eugène 7, 12, 17, 304
Jackson, Michael 304
Jodl, Alfred 60, 64, 68
John, Otto 330
Johnson, Philip 7, 12, 17, 304
Juschtschenko, Kateryna 305, 345, 422
Juschtschenko, Viktor 305, 345
Kaiser, Jakob 175, 176
Kaltenbrunner, Ernst 60, 64, 68
Karl XVI. Gustav, König 7, 12, 17, 305, 324
Keitel, Wilhelm 60, 64, 69
Kelam, Tunne 305

Kelly, Petra 305, 324
Kennedy, Edward M. 171
Kennedy, John F. 7, 12, 17, 199, 200, 210, 211, 305, 314, 316
Kennedy, Robert F. 7, 12, 17, 305, 312
Khayat, Edmont 272
Kießling, Werner 318
King, Martin Luther 305
Kinzer, Stephen 332
Kissinger, Henry 305, 353, 359, 367
Kleckner, Susan 278
Kleihues, Josef Paul 305
Klemmer, Joachim 233
Klier, Freya 291, 305, 353, 360, 367
Koeppel, Matthias 305, 335, 352, 359, 367, 369
Kohl, Hannelore 305, 331
Kohl, Helmut 305, 331
Koizŭmĭ, Junichiro 305, 337, 422
Kolár, Jirí 7, 12, 17, 305
Kopelew, Lew 7, 12, 17, 305, 351, 358, 366
Kops, Romano 191
Kornblum, John C. 305
Kowaljow, Sergej 7, 12, 17, 305, 329
Krawczyk, Stephan 291, 305
Kristoffersen, Arild 260
Krupp von Bohlen und Halbach, Gustav 58, 62, 66, 70
Krupp, Alfried 58, 62, 66, 70
Kulhanek, Alfred 284
Kulhanek, Helga 284
Lasky, Melvin 305
Leber, Julius 305, 330
Leber-Christiansen, Katharina 305, 330
Lehnartz, Klaus 424, 426, 428
Lemmer, Ernst 209, 308, 309
Lengsfeld, Vera 281
Lenin, Wladimir Iljitsch 298
Lenk, Peter 298
Leonhard, Wolfgang 305
Ley, Robert 62, 66, 70
Liebknecht, Karl 291
Lightner, Allan 198, 199, 200, 305
Linke, Barbe 305
Linke, Dietmar 305
Lionaes, Åase 7, 12, 17, 305
Littell, Robert 305
Lochner, Robert 305
Lübke, Heinrich 305, 310
Luxemburg, Rosa 291
Mádl, Ferenc 171
Maleter, Judith 305
Maleter, Pal 305
Masson, André 305
McCloy, John 59, 63, 67
Mehlhorn, Ludwig 305
Merkel, Angela 305, 332

Meyer, Michael	10, 15, 20, 228
Michnik, Adam	305
Milch, Erhard	58
Mitljanskij, Daniel	323
Momper, Walter	305
Moore, Roger	7, 12, 17, 292, 306
Mubarak, Suzanne	347, 354, 361, 376, 377, 379, 422
Mühlbach, Falk	257
Müller, Hildegard	370, 371
Müller, Wolfgang	250, 251
Mundstock, Karl-Heinz	215
Musharraf, Pervez	306, 336, 422
Nachama, Sara	353, 360, 367
Nagy, Imre	352, 359, 366
Neubert, Ehrhart	306
Neurath, Konstantin von	61, 65, 70
Niebel, Dirk	344, 422
Niering, Burkhard	249, 397
Nixon, Richard	7, 12, 17, 306, 316
Noir, Thierry	306
Nussberg, Lew	7, 12, 17, 306
Papen, Franz von	62, 66, 70
Petersen, Jane	250, 251
Pflugbeil, Sebastian	306
Pflüger, Friedbert	344, 422
Pofahl, Hans-Joachim	254
Pool, Hans-Werner	10, 15, 20, 228
Poppe, Ulrike	281
Powers, Francis Gary	341
Powers, John	300
Powers, Jr., Francis Gary	341, 422
Primor, Avi	353, 360, 367, 370, 373, 422
Quayle, Dan	338, 422
Rabin, Yitzhak	347, 354, 361, 372
Raeder, Erich	61, 65, 70
Ragno, Gino	275
Rainier, Fürst	306
Rathenau, Walther	350, 357, 364
Rau, Christina	306
Rau, Johannes	306
Reagan, Ronald W.	7, 12, 17, 306, 320, 381, 383, 384
Reich, Jens	306
Reuter, Ernst	350, 357, 364
Ribbentrop, Joachim von	60, 65, 69
Riewendt, Robert	282
Rosenberg, Alfred	61, 65, 69
Rossi, Aldo	306
Rostropowitsch, Mstislaw	7, 12, 17, 299, 306, 326
Rudolph, Hermann	335, 422
Rulewski, Jan	306
Runnings, John	10, 15, 20, 277, 348, 355, 362
Rupp, Prof.	349, 356, 364
Sacharow, Andrej	323, 348, 355, 362
Sandys, Edwina	340, 422

Sauckel, Fritz 61, 65, 69
Schabowski, Günter 149
Schacht, Horace Greeley Hjalmar 62, 66, 71
Schewardnadse, Eduard 7, 12, 17, 158, 161, 163, 306
Schirach, Baldur von 61, 66, 70
Schlemmer, Oskar 349, 356, 363
Schmidt, Helmut 306, 320
Schöpf, Peter 239, 240, 241, 243
Schorlemmer, Friedrich 306
Schorr, Daniel 317
Schröder, Gerhard 171, 385, 387, 389
Schult, HA 306
Schulze-Boysen, Harro 350, 356, 364
Schumann, Conrad 322, 423, 425, 427
Schütz, Albert 9, 14, 19
Schütz, Klaus 306
Seyß-Inquart, Arthur 61, 65, 69
Shankar, Meera 375, 422
Shriver, Sargent 316
Sievert, Bernd 234
Silvia, Königin 7, 12, 17, 305, 324
Smith, J.W. 207
Solowjew, Andrej 198, 199, 200
Sooki 335
Sparre, Victor 306
Speer, Albert 62, 66, 70
Spranger, Eduard 349, 356, 364
Springer, Axel 209, 225, 306, 310, 311
Stahmer, Ingrid 306
Stalin, Josef 39, 45, 51, 57
Stallone, Sylvester 7, 12, 17, 293, 306
Stein, Manfred 260
Stein, Shimon 333, 422
Steinbeck, John 7, 12, 17, 306
Stephan, Birgit 286
Stobbe, Dietrich 306
Strang, William 26, 30, 34
Streicher, Julius 61, 65, 69
Strelzyk, Peter 320
Stüber, Paul Wolfgang 252, 253
Sündermann, Liane 293
Taylor, Maxwell D. 313
Tillich, Ernst 350, 357, 365
Timken, Jr., William R. 343, 422
Tolasz, Tibor 318
Truman, Harry S. 39, 45, 51, 57
Truschnowitsch, Alexander 350, 357, 365
Ulbricht, Marita 252, 253
Ulbricht, Walter 175, 176, 194, 312
Vajpayee, Atal Bihari 171
Veil, Simone 306
Vogel, Hans-Jochen 306
Vogel, Wolfgang 284, 285
Vostell, Wolf 306

Wajda, Andrzej	7, 12, 17, 306
Walesa, Lech	7, 12, 17, 306, 348, 351, 355, 358, 362, 365
Watson, Albert	198, 199, 200
Weizsäcker, Richard von	306, 320, 336, 422
Wels, Doris	288
Werner, Joseph	276
Wetzel, Günter	320
Wichmann, Michael	369
Wilhelm, Kaiser	298
Winant, John G.	26, 30, 34
Wittler, Udo	386, 388, 390
Wolf, Philipp	286
Wollenberger, Vera	291
Wowereit, Klaus	171, 386, 388, 390
Wussow, Klausjürgen	342, 422
Yichun, Zheng	347, 354, 361, 374
Zhou, Lea	374

7.3 Bildnachweis
7.3 Picture credits
7.3 Crédits photographiques

AKG Berlin	179
Wolfgang Albrecht	192, 318 (2)
AP	257, 274 (2)
Arbeitsgemeinschaft 13. August	100 (2; Jung), 108o (Jung), 110 (Kleinhans), 112 (Jung), 113 (Horn), 133u, 134, 135 (2), 142, 146o (Bär), 154 (Bär), 170 (Sucksdorff), 189 (Jung), 193 (Horn), 194 (Jung), 196 (Horn), 197 (Horn), 200 (Jung), 203u (Jung), 204 (Jung), 205o (Jung), 208 (Jung), 215 (Jung), 216 (Jung), 217 (2; Jung), 226 (Jung), 246/247 (4; Repros Sucksdorff), 252 (4), 253 (8), 270 (Horn), 276o (Burmeister), 279, 280 (2), 285 (Burmeister), 286 (Walter), 288, 289 (2), 294, 307 (Smith), 321ur, 329, 333o, 333u bis 422: alle Fotos Sucksdorff
privat	324, 325, 327, 328, 330, 331 (2), 332 o/m
Wolfgang Bera	174, 219
Heinrich Bier	212, 273
Bild-Zeitung	222, 268u
Dieter Breitenborn	78, 114, 185u (2), 315u
BZ	254, 277o (Paulenz)
Oskar Dahlke	296, 297, 298
Deutsches Apotheken-Museum	264
dpa	58o, 115, 190, 229u, 275, 278, 291, 308, 309, 321ul
Lilo Frank	228, 228/229, 229o, 230ol
Gesamtdeutsches Institut	77, 186, 187o, 202, 220, 227, 313o, 316u
Paul Glaser	136u
Joachim Klemmer	232 (3)
Hagen Koch	286/287, 290 (2)
Arild Kristoffersen	258/259, 260, 261, 262 (2), 263 (2), 269o, 271
Irm Kühn	320l
Heinz J. Kuzdas	295 (2)

Dirk Lammel	332 u
Landesarchiv Berlin	97, 98, 102/103, 104, 107, 111, 116, 117 (2), 118 (2), 124, 128, 129o, 144, 145 (2), 146u, 147o, 148, 149, 150, 156, 159 (2), 195, 200l, 225, 287
Klaus Lehnartz	105, 120, 126, 129u, 130o, 137u, 147u, 185o, 187u, 201r, 203o, 205u, 207, 210, 267, 268o
Wolfgang Mrotzkowski	140/141, 255
Alwin Nachtweh	155
PEEWEE	277u
Günter Peters	269u, 323
Wolfgang Petro	79, 80
privat	109, 127u, 248, 251, 276u, 284
Ralph Rieth	322
Axel Springer Verlag, Unternehmensarchiv	310 (2), 311 (2)
Stark-Otto	139, 236, 237, 244 (2), 245 (3)
Tagesspiegel	293 (Nowak), 326 (Nowak)
unbekannt	Titel, 22, 38, 122, 123, 137o, 167, 168 (2), 180, 182, 183, 191, 198, 206, 221o, 221u, 223u, 224, 230or, 230u (2), 234, 235 (8), 265, 319 (2), 320r, 324o
Ullstein Bild	6 (Grunwald), 39, 106 (Schubert), 108u (Gadewoltz), 119 (Lehnartz), 121 (Messerschmidt), 125 (Messerschmidt), 127o (Lohse), 130u (Kasperski), 132 (Kasperski), 133o (Kasperski), 136o (Ritter), 143 (Schulz), 151 (Peters), 152 (Fromm), 153 (Fromm), 166 (Zentralbild), 177 (2), 178 (2), 248/249 (Krohn), 256 (Peters), 281 (dpa), 282 (Stark), 283 (Klöckner), 284/285 (Klöckner), 292 (Stark-Otto), 299 (2; Succo), 300 (Bach), 301 (von Nayhauß), 302 (AP), 312 (UPI), 313u (dpa), 314 (Grunwald), 315o (dpa), 316o (Czechatz), 317 (AP), 321o (Stark-Otto)
UPI	214, 266
VFWD	58u, 188, 218, 223o, 272
Gerald Zörner	164, 165

Es wurden auch Fotos verwendet, für die der Rechtsinhaber nicht festgestellt werden konnte. Personen oder Institutionen, die glauben, Rechte an diesen Fotos geltend machen zu können, werden gebeten, sich an den Verlag Haus am Checkpoint Charlie zu wenden.

Photos were used for which the legal holder could not be determined. Persons or institutions who claim rights they may have to the photos are kindly requested to contact the Publishing House Haus am Checkpoint Charlie.

Il n'a pas toujours été possible de déterminer le détenteur des droits pour certaines photos dont nous nous sommes aussi servies. Les personnes ou les institutions qui croient pouvoir prétendre à certains droits vis-à-vis de ces photos sont priées de s'adresser à la maison d'èdition au Haus am Checkpoint Charlie.

7.4 Publikationen des Verlages Haus am Checkpoint Charlie

7.4 Publications of the publishers Haus am Checkpoint Charlie

7.4 Publication des éditions Haus am Checkpoint Charlie

Rainer Hildebrandt – Es geschah an der MAUER

ISBN 978-3-922484-55-4

14,50 €

230 S., 230 Abb., 23. erw. Aufl. 2007 (bisher 1.140.000), zugl. engl., frz., span., ital.; eine Bilddokumentation des Sperrgürtels um Berlin (West), seine Entwicklung vom 13. August 1961 bis zum Fall mit den wichtigsten Geschehnissen.

Alexandra Hildebrandt – DIE MAUER. Zahlen. Daten

ISBN 978-3-922484-52-3

12,50 €

152 S., 65 Abb., 2. Aufl. 2005. Dieses Buch ist ein Versuch, die Zahlen und Daten zur Mauer zusammenzufassen, da die Aufarbeitung der DDR-Vergangenheit noch lange nicht als abgeschlossen betrachtet werden kann. Materialien zu folgenden Kapiteln: Opfer des Zweiten Weltkrieges, Teilung Deutschlands und Berlins, Mauer und innerdeutsche Grenze, Flucht und Todesopfer, Organisation des Grenzregimes und der Staatssicherheit, Unrecht in der DDR, Opposition. Mit einem Geleitwort von Rainer Hildebrandt.

Alexandra Hildebrandt – THE WALL. Figures. Facts

ISBN 978-3-922484-53-0

12,50 €

Alexandra Hildebrandt – Geteiltes Deutschland. Grenzschilder

ISBN 978-3-922484-44-8

7,50 €

80 S., 70 farbige Abb. von Schildern, des weiteren 34 dokumentarische Fotos, zugl. engl., frz. Aus dem Geleitwort von Alexandra Hildebrandt: „DIE MAUER teilte nicht nur den Raum, auch die Zeit. Am 9. November 1989 wurde in Deutschland vermeintlich Utopisches zur Wirklichkeit. Als historische Krönung des Widerstandes, vom Volksaufstand des 17. Juni 1953 bis zu den Leipziger Montagsdemonstrationen, fiel DIE MAUER. Einige Grenzschilder, Mitwirkende der dramatischen Ereignisse an der deutsch-deutschen Grenze, haben ihren Platz im Haus am Checkpoint Charlie gefunden.“ Diese und zahlreiche weitere Schilder aus dem Bereich der Schutzmächte sind in dieser Dokumentation zusammengestellt.

Alexandra Hildebrandt –
Zitate zur deutschen Teilung, zur MAUER und zur Wiedervereinigung

ISBN 978-3-922484-47-9

12,50 €

200 S., 73 Abb., zugl. engl., frz.; westliche Politiker von John F. Kennedy bis Helmut Kohl, östliche Politiker von Nikita Chruschtschow bis Erich Honecker, Politiker aus aller Welt von Corazon Aquino bis Kurt Waldheim – sie alle äußerten sich zur Berliner MAUER, zur Teilung Deutschlands sowie zur deutschen Wiedervereinigung. Diese Zitateauswahl gibt einen Überblick über nahezu ein halbes Jahrhundert deutscher Geschichte in den Worten bekannter Persönlichkeiten.

Rainer Hildebrandt – VON GANDHI BIS WALESA –
Gewaltfreier Kampf für Menschenrechte

ISBN 978-3-922484-33-2

10,50 €

vergriffen, Neuauflage in Vorbereitung

304 S., 369 Abb., zugl. engl., frz. (separate Texthefte in ital. und russ.); Gandhi als Schöpfer der Prinzipien des Gewaltfreien Kampfes; des weiteren Beispiele aus Polen (Solidarnosc), der CSSR (Charta 77), den USA (Martin Luther King), der UdSSR (Sacharow und Helsinki-Gruppen), der DDR (Friedens- und Menschenrechtsbewegung) und der Bundesrepublik sowie Greenpeace. Erweitert um die siegreichen Revolutionen 1989 und 1991 in Osteuropa. Mit einem Vorwort von Lew Kopelew.

Deutsche Nachkriegsgeschichte in ausgewählten Aufsätzen
von Rainer Hildebrandt 1949–1993

Mit einem Vorwort von Hans-Dietrich Genscher, Hg: Alexandra Hildebrandt

ISBN 978-3-922484-42-4

12,50 €

192 S., 235 Abb.; die Publikation vereinigt eine Auswahl von 50 Aufsätzen von Rainer Hildebrandt, die kontinuierlich in der Tagespresse in den Jahren 1949 bis 1993 erschienen sind und einen Überblick geben beginnend von den sowjetischen NKWD-Lagern, über politische Haft in der DDR, den Volksaufstand vom „17. Juni“ 1953, die Flucht aus der DDR und den Mauerbau am „13. August“ 1961 bis zu den gewaltfreien Bewegungen der achtziger und neunziger Jahre. Der ehemalige Bundesaußenminister Hans-Dietrich Genscher schreibt in seinem Vorwort: „Dass wir heute in Europa am Anfang eines neuen Kapitels der Geschichte stehen, dass heute in Europa eine neue Kultur des Zusammenlebens möglich ist, die sich in der Ebenbürtigkeit der Völker und deren Gleichberechtigung begründet, verdanken wir nicht zuletzt Menschen wie Rainer Hildebrandt.“

German Post-War History in Selected Articles
by Rainer Hildebrandt 1949-1993

With a foreword by Hans-Dietrich Genscher. Publ.: Alexandra Hildebrandt

ISBN 978-3-922484-45-5

12,50 €

Alexandra Hildebrandt – Ein Mensch – Rainer Hildebrandt. Begegnungen

ISBN 978-3-922484-41-7

5,50 €

96 S., 94 größtenteils farbige Abb., darunter 23 Dokumente. Das Buch schildert das ereignisreiche Leben von Rainer Hildebrandt: Sohn des Kunsthistorikers Hans Hildebrandt und der Malerin Lily Hildebrandt, Freund und Schüler von Albrecht Haushofer, Widerstandskämpfer gegen die Nazis, Gründer der „Kampfgruppe gegen Unmenschlichkeit", Gründer und Leiter des „Mauermuseums – Museum Haus am Checkpoint Charlie", Buchautor und Publizist. Ergänzt wird diese Biographie, die erstmalig Tätigkeit und Werk von Rainer Hildebrandt in seiner gesamten Breite nachzeichnet, durch zahlreiche Fotos von Begegnungen in diesen 85 Jahren und mit wichtigen Dokumenten.

Eine Welt ohne MAUER

ISBN 978-3-922484-40-0

5,50 €

96 S., 94 Abb. in Farbe. Katalog zum gleichnamigen Malwettbewerb des Mauermuseums – Museum Haus am Checkpoint Charlie, veranstaltet vom Oktober 1997 bis März 1999 in Zusammenarbeit mit UNICEF Deutschland und unter der Schirmherrschaft von Christiane Herzog, von der auch das Vorwort stammt.

Wo Weltgeschichte sich manifestiert

ISBN 978-3-922484-00-4

4,00 €

78 S., 77 Abb., zugl. engl.; 71 Entwürfe (davon 25 in Farbe) zur Hauswandbemalung des (Grenz-)„Haus am Checkpoint Charlie". Katalog des gleichnamigen Wettbewerbs (1978/79) mit Arbeiten von Gisela Breitling, Peter Foeller, Johannes Grutzke, Otto Herbert Hajek, Bernhard Heiliger, Matthias Koeppel, Louis, Wolfgang Nieblich, Karl Oppermann, Siegfried Rischar, Wolf Vostell u.a.

„Wir über uns"

ISBN 978-3-922484-27-1

5,00 €

103 S., 8 Abb.; Stasi-Angehörige dichten über sich selbst, über ihre Einsamkeit, wie Macht zur Lust wird, Gefühlskälte zur Tugend, und was in ihnen leuchtet. Originalgetreuer Reprint eines MfS-Dokumentes von extremer Seltenheit; mit Zeichnungen und Linolschnitten von Angehörigen der „Kreisarbeitsgemeinschaft Schreibende Tschekisten".

Kurt Mühlenhaupt – Maler der Menschenliebe

ISBN 978-3-922484-15-8

5,10 €

64 S., 54 Abb. (davon 29 in Farbe), zugl. engl.; eine Auswahl wichtiger Arbeiten und Zitate. Mühlenhaupt wird als Mensch gezeigt, der erkannte, dass er sich „authentisch" besser vermarkten ließ. Dadurch erhielt sein Leben einen neuen Sinn, das sich durch Ehrlichkeit und Hilfsbereitschaft auszeichnete.

Lusici – Weg-Zeichen

ISBN 978-3-922484-19-6

20,00 €

88 S., 83 Abb. (davon 68 in Farbe), zugl. engl.; der Katalog der gleichnamigen Ausstellung im Haus am Checkpoint Charlie (12. Juni bis 7. August 1988) gibt zum ersten Mal einen Überblick über das vielseitige Werk des 1986 aus der DDR übergesiedelten Künstlers.

Angelika von Stocki – Zerfall der Mauer

ISBN 978-3-922484-35-6

5,00 €

48 S., 26 Abb. in Farbe, zugl. engl. Aus dem Geleitwort von Prof. Dr. Rita Süssmuth: „Die Photos dokumentieren einerseits, wie die Bevölkerung versuchte, der – an der Westseite direkt zugänglichen – Mauer ihren Schrecken zu nehmen durch Graffiti-Bemalungen; mit dem künstlerischen Element der Überblendung von Stacheldraht und Absperrungsketten läßt die Photographin jedoch gleichzeitig keinen Zweifel an dem freiheitsberaubenden und bedrohlichen Charakter des Bauwerks. Den Zerfall der Mauer dokumentieren Fotos, in die die nach der Öffnung bereits mürbe gewordene Struktur der Mauer mit freiliegenden Armierungsstreben überblendet sind."

Rainer Hildebrandt – „... die besten Köpfe, die man henkt"
Ein tragischer Auftakt zur deutschen Teilung und zur Mauer

Hrsg.: Alexandra Hildebrandt

ISBN 978-3-922484-48-6

19,90 €

328 S., 36 farbige und 22 s/w-Abbildungen sowie 112 s/w-Fotos. Neuauflage der 1948 erstmals erschienenen Publikation von Rainer Hildebrandt: „Wir sind die Letzten. Aus dem Leben des Widerstandskämpfers Albrecht Haushofer und seiner Freunde", ergänzt durch zahlreiche Fotos und Originalunterlagen, Anmerkungen, Personenregister, Vorworte von Angehörigen der Familie Haushofer und einer Einleitung der Herausgeberin Alexandra Hildebrandt.

... und beeilt sich der Besucher bei einer Begegnung mit Rainer Hildebrandt, ihm die Frage zu stellen: „Wie sind Sie auf die Idee gekommen, das Museum aufzubauen?" Schweigend führt der legendäre Gründer und Leiter des Berliner Mauermuseums Haus am Checkpoint Charlie zu dem Ausstellungsteil, der dem deutschen Widerstand gegen Hitler gewidmet ist und mit dem der Rundgang durch das Museum beginnt. Vor den Fototafeln bleibt Hildebrandt stehen. „Den Weggefährten gilt ein langer Blick. Ich habe meine besten Freunde, Albrecht Haushofer und Horst Heilmann, im Nazi-Reich verloren und war selbst 17 Monate in Haft. Ich habe gelernt, gegen das Unrecht zu kämpfen. Meiner großen Freude über das Ende Hitlers folgte bald die große Sorge über das Schicksal des besetzten und geteilten Deutschlands. So gründete ich 1948 die ‚Kampfgruppe gegen Unmenschlichkeit' und nach dem Bau der Mauer dieses Museum. Begonnen hat es in einer 2 1/2-Zimmerwohnung, jetzt beträgt die Ausstellungsfläche über 2.000 qm." (Aus der Einleitung)

Rainer Hildebrandt – „... the best heads one hangs"
A tragic Prelude to the division of Germany and the Wall

ISBN 978-3-922484-49-3

21,90 €

7.5 Mauermuseum – Museum Haus am Checkpoint Charlie

7.5 Mauermuseum – Museum Haus am Checkpoint Charlie

7.5 Mauermuseum – Museum Haus am Checkpoint Charlie

Ausstellungen | Exhibitions | Expositions

Die Mauer – Geschichte und Geschehnisse
Originale Objekte gelungener Fluchten unter, auf und über der Erde
Weltweiter Gewaltfreier Kampf für Menschenrechte

The Wall – History and Incidents
Original Artefacts from Successful Escapes by Tunnel, Land and Air
The International Non-Violent Struggle for Human Rights

Le Mur – Histoire et événements
Pièces originales provenant de fuites réussies sur terre, sous terre et dans l'air
La lutte mondiale non violente pour les droits de l'homme

Öffnungszeiten | Opening times | Heures d'ouverture

An allen Tagen des Jahres von 9:00 bis 22:00 Uhr geöffnet
365 days a year 9am to 10pm
Tous les jours, de 9 h 00 à 22 h 00

Anschrift | Address | Adresse

Friedrichstraße 43–45
10969 Berlin-Kreuzberg
Telefon 030.25 37 25-0
Fax 030.2 51 20 75
E-Mail info@mauermuseum.de
Internet www.mauermuseum.de

Charles C. Clay

Shimon Stein

Hermann Rudolph

Sergej Chruschtschow

Richard von Weizsäck

Pervez Musharraf

Junichiro Koizumi

Dan Quayle

Karl K. Graf von Groeben

Bärbel Bohley

David Hasselhoff

Daniel Coats

Edwina Sandys

Francis G. Powers, Jr.

Klausjürgen Wussow

Hubert Haushofer

William R. Timken, Jr.

Friedbert Pflüger

Dirk Niebel

Kateryna Juschtschen

Eitan Haber

Avi Primor

Meera Shankar

Hans-Dietrich Genscher

Suzanne Mubarak

8 Nachwort

Es waren dramatische Tage und Wochen meiner noch jungen journalistischen Laufbahn um den 13. August 1961 in Berlin. Schwer bewaffnete Betriebskampfgruppen, kasernierte Volkspolizei, gepanzerte Militärfahrzeuge und über Straßen und Gehwege gezogene Stacheldrahtrollen waren die ersten Bilder, die ich mit meiner Kamera festhielt.

Brennpunkte des Geschehens waren in den ersten Stunden die bis dahin stark frequentierten Übergänge zwischen „Ost- und West-Berlin“: Brandenburger Tor und Potsdamer Platz. Journalisten aus aller Welt verfolgten hier das noch Unfassbare.

Über dramatische Entwicklungen wurde auch aus anderen Stadtteilen berichtet. Im Bezirk Wedding verlief die Bernauer Straße zwischen dem französischen und dem sowjetischen Sektor exakt auf der Linie der Hausfassaden: Haustüren und Fenster dieser „Grenzhäuser“ wiesen in den Westen und wurden zugemauert, die Wohnungen von einer Stunde auf die andere „zwangsgeräumt“. Verzweifelte Bewohner sprangen aus ihren Fenstern in den Westen. Viele sprangen in den Tod. Die spektakuläre Flucht des DDR Grenzsoldaten Conrad Schumann über den Stacheldraht an der Ruppiner Straße fotografierte ich am 15. August 1961. Stunden später wurden hier quadratmetergroße Betonblöcke abgeladen. Hier begann gegen 15 Uhr der „Bau der Mauer“.

An der Ecke Wolliner Straße im Herbst 1962 eröffnete eine Ausstellung mit dem Titel „Es geschah an der Mauer“. Die Ausstellungsräume befanden sich in einem ehemaligen Geschäft für „Kurzwaren“ und einer darüber liegenden Wohnung, aus deren Fenster der „Blick über die Mauer, Eintritt frei, Feldstecher frei“ angeboten wurde. Gründer dieser Ausstellung war Dr. Rainer Hildebrandt, der intensiv bemüht war, durch aktuelle Fotos und Dokumente seine Ausstellung zu ergänzen. Ich habe ihn mit zahlreichen eigenen Fotos nach Kräften unterstützt.

Die Ost-Berliner Machthaber bestimmten einige wenige „Grenzübergänge“ zwischen Ost- und West-Berlin, denen jeweils bestimmte Personengruppen zugeordnet wurden, z. B. Heinrich-Heine-Straße (Kreuzberg-Mitte) für West-Deutsche, Invalidenstraße (Tiergarten-Mitte) für „Berliner mit Passierschein“ und Friedrichstraße (Kreuzberg-Mitte) für „Ausländer und Diplomaten“.

Die Sektorengrenze an der Friedrichstraße Ecke Zimmerstraße war in den ersten Wochen nach dem 13. August 1961 (journalistisch) kaum beachtet.

Im Oktober 1961 kam es am Checkpoint Charlie zu gefährlichen Zwischenfällen, in die die Westmächte und die Sowjetunion verwickelt waren. Dramatischer Höhepunkt am 25. Oktober 1961: Amerikanische und sowjetische Panzer stehen sich für viele Stunden in der Friedrichstraße schussbereit gegenüber.

Am 17. August 1962 wird unweit des Checkpoint Charlie der junge Ost-Berliner Bauarbeiter Peter Fechter bei seiner Flucht nach West-Berlin von DDR-Grenzsoldaten erschossen. Im Schatten der Mauer verblutet der junge Berliner, ohne dass ihm von den Todesschützen Hilfe zuteil wird. Die Fotos vom langen Sterben des Peter Fechter gingen um die Welt.

Im Sommer 1963 eröffnete Rainer Hildebrandt seine zweite Ausstellung am Checkpoint Charlie. Hier war nun der Ort, wo die immer wieder erweiterte Ausstellung auch internationale Beachtung fand.

Es ist das Verdienst von Rainer Hildebrandt, dass sich Besucher aus aller Welt im Museum Haus am Checkpoint Charlie über die Berliner Mauer und die damit verbundenen Schicksale authentisch informieren können.

Die Mauer ist längst Geschichte wie die Teilung Berlins, die Teilung Deutschlands und Europas. Am ehemaligen Checkpoint Charlie wird die Erinnerung daran wach gehalten. In der Museumsstadt Berlin gehört das Mauermuseum – Museum Haus am Checkpoint Charlie zu den drei meist besuchten Museen. Mit Recht!

Klaus Lehnartz
Berlin, 28. November 2006
Der Mauerfotograph und -journalist der ersten Stunde

8 Postscript

The beginning of my journalistic career was affected by the dramatic days and weeks around the 13th of August 1961 in Berlin. The first pictures I took with my camera show heavily armed factory-brigade groups, the barracked People's Police, armoured military vehicles and barbed-wire obstacles on the streets and footpaths.

The until then highly frequented passages between “East Berlin” and “West Berlin” were the focuses of the first hours' incidents: The Brandenburger Tor and the Potsdamer Platz. Journalists from all over the world witnessed the still incomprehensible things.

Other districts were scenes of dramatic developments as well. The house fronts at the Bernauer Straße in the district Wedding built the exact borderline between the French and the Soviet sector: The front doors and windows of these “border houses” pointed directly westwards and were blocked up. The dwellings were “evicted” without prior notice. Desperate dwellers jumped out of their windows into the west. Many of them jumped into death. On August 15th, 1961, I photographed the spectacular escape of the GDR-border guard Conrad Schumann who jumped over the barbwire at the Ruppiner Straße where square meter-sized cement blocks were unloaded only hours later. This was the place where the “Construction of the Wall” was initiated around 3 pm.

An exhibition titled “It happened at the Wall” opened at the corner of the Wolliner Straße in autumn 1962. The exhibition rooms were located in a former “haberdashery-shop” and in a dwelling on the first floor where the visitors had the opportunity of a “view over the Wall” with “admission free!” and “field glass free!” Dr. Rainer Hildebrandt was the founder of this exhibition. He intensively strived towards completing his exhibition by means of actual photographs and documents. I supported Dr. Hildebrandt to the best of my ability with numerous private photographs.

The East Berlin officials determined a few “border crossings” between “East Berlin” and “West Berlin” each with certain dedicated person groups. For instance Heinrich-Heine-Straße (Kreuzberg-Mitte) for West Germans, Invalidenstraße (Tiergarten-Mitte) for “citizens of Berlin with permit“ and Friedrichstraße (Kreuzberg-Mitte) for “foreign persons and diplomats”. The sector-border at the corner Friedrichstraße/Zimmerstraße had hardly been (journalistically) observed during the first weeks after the 13th of August 1961.

Dangerous incidents between the Western Allies and the Soviet Union occurred at the Checkpoint Charlie in October 1961. Dramatic climax on October 25th, 1961: American and Soviet tanks are opposing each other ready to fire for many hours at the Friedrichstraße.

The young building worker Peter Fechter from East Berlin had been gunned down by GDR-border guards near Checkpoint Charlie in the course of his escape to West Berlin on August 17th, 1962. The young man bled to death at the foot of the Wall without getting help from anyone of the deadly shooters. The pictures of Peter Fechter's death agony went around the world.

Rainer Hildebrandt opened his second exhibition at the Checkpoint Charlie in the summer of 1963. This was the place where the constantly expanding exhibition attracted also international attention.

Due to Rainer Hildebrandt, visitors from all over the world are provided with authentic information regarding the Berlin Wall and the connected fates at the Museum Haus am Checkpoint Charlie.

The Wall as well as the division of Berlin, of Germany and of Europe belong to history long ago. But the former Checkpoint Charlie bears these historical facts in remembrance. In this City of Museums the Museum Haus am Checkpoint Charlie – Wall Museum is one of the three most visited. And with good reason!

Klaus Lehnartz
Berlin on November 28th, 2006
Berlin Wall-photographer and -journalist from the very first

8 Postface

Pour mes débuts dans le métier de journaliste, je vivais des jours et des semaines dramatiques dans le sillage du 13 août 1961: les milices ouvrières avec leurs armements lourds, les gardes mobiles des Vopos, les blindés militaires, les bobines de barbelés sui s'entassaient dans les rues et sur les chemins.

Les points chauds étaient alors les passages entre «Berlin-Est et Berlin-Ouest» qui connaissaient jusque-là une grande affluence, à savoir Porte de Brandebourg et Potsdamer Platz. Les journalistes du monde entier s'y étaient postés pour suivre ce que l'on considérait comme impossible.

L'évolution était tout aussi tendue dans les autres quartiers de la ville. Dans l'arrondissement de Wedding, la rue Bernauer Strasse qui marquait la ligne de partage entre les secteurs français et soviétique courait juste le long des façades des immeubles. Les portes et les fenêtres des «immeubles frontaliers» à l'Est étaient tournés vers l'Ouest et ont été bouchées par une maçonnerie, les appartements étaient vidés d'une heure à l'autre de leurs occupants en vertu d'un «ordre d'expulsion». Certains, au comble du désespoir, sautaient de leurs fenêtres pour arriver à l'Ouest, beaucoup ont trouvé ainsi la mort. J'ai pu prendre en photo la fuite spectaculaire du garde-frontière de RDA Conrad Schumann qui a réussi à enjamber les barbelés dans la rue Ruppiner Strasse, le 15 août 1961; Quelques heures plus tard seulement, l'endroit était entièrement obstrué par d'immenses blocs de béton. C'est ici que commença vers 15 h 00 la «construction du Mur».

A l'automne 1962, une exposition ouvrit ses portes à l'angle de la rue Wolliner Strasse, intitulée «Choses vues sur le Mur». Elle se tenait dans les locaux d'un ancien magasin de mercerie et dans l'appartement à l'étage qui proposait «Vue sur le Mur, entrée gratuite, jumelles gratuites». Le Dr Rainer Hildebrandt en était l'initiateur. Il s'efforçait de compléter sa présentation par des photos et des documents d'actualité.

Les dirigeants de Berlin-Est définirent quels seraient les «passages frontaliers» entre Berlin-Est et Berlin-Ouest, réduits à quelques-uns, et auxquels n'avaient accès que certaines catégories de personnes, par exemple Heinrich-Heine-Strasse (entre les arrondissements de Kreuzberg et de Mitte) pour les Allemands de l'Ouest, Invalidenstrasse (entre Tiergarten et Mitte) pour les

«Berlinois en possession d'un laissez-passer» et Friedrichstrasse (entre Kreuzberg et Mitte) pour les «ressortissants étrangers et les diplomates». Pendant les premières semaines après le 13 août 1961, les journalistes n'avaient pratiquement pas prêté attention à la limite de Friedrichstrasse, angle Zimmerstrasse.

Les événements prirent une tournure grave en octobre 1961, Checkpoint Charlie, avec divers incidents mettant face à face les puissances occidentales et l'Union soviétique, culminant le 25 octobre 1961 par l'arrivée de blindés américains et soviétiques qui se sont bravés Friedrichstrasse pendant plusieurs heures, à quelques mètres seulement les uns des autres.

Le 17 août 1962, non loin de Checkpoint Charlie, le jeune maçon de Berlin-Est Peter Fechter était tué par les garde-frontières de RDA alors qu'il tentait de fuir. Il perdit tout son sang au pied du Mur sans que ses assassins ne fassent quoi que ce soit pour lui venir en aide. Les photos de la mort lente et cruelle de Peter Fechter firent le tour du monde.

Au milieu de 1963, Rainer Hildebrandt ouvrit une seconde exposition Checkpoint Charlie. A partir de là, ce lieu allait être le siège de nombreuses présentation qui ont alarmé le public international.

C'est le grand mérite de Rainer Hildebrandt que d'avoir donné une information directe et authentique aux visiteurs du monde entier au Musée Haus am Checkpoint Charlie et donc de témoigner sur des destins tragiques.

Il y a un certain temps déjà que le Mur a disparu, que la division de Berlin, de l'Allemagne et de l'Europe appartient au passé. A la hauteur de ce qui était Checkpoint Charlie, le souvenir en reste présent. La ville de Berlin, riche en intéressants musées, compte le musée du mur de Checkpoint Charlie, l'un des trois musées les plus visités. A juste titre!

Klaus Lehnartz
Berlin, le 28 novembre 2006
Photographe et reporter du Mur dès le début